Collection Savoir et Formation
dirigée par Jacky Beillerot et Michel Gault

A la croisée de l'économique, du social et du culturel, des acquis du passé et des investissements qui engagent l'avenir, la formation s'impose désormais comme passage obligé, tant pour la survie et le développement des sociétés, que pour l'accomplissement des individus. La formation articule savoir et savoir-faire, elle conjugue l'appropriation des connaissances et des pratiques à des fins professionnelles, sociales, personnelles et l'exploration des thèses et des valeurs qui les sous-tendent, du sens à leur assigner.

La collection *Savoir et Formation* veut contribuer à l'information et à la réflexion sur ces aspects majeurs.

Dernières parutions

Patrice RANJARD, Préface de Gérard MENDEL, *L'individualisme, un suicide culturel. Les enjeux de l'édition*.
Noël TERROT, *Histoire de l'éducation des adultes en France*.
Gérard IGNASSE, Hugues LENOIR, *Ethique et formation*.
Claudine BLANCHARD-LAVILLE, Dominique FABLET, *Analyser les pratiques professionnelles*.
Chantal HUMBERT (ed), *Projets en action sociale*.
Daniel GAYET, *Ecole et socialisation*.
Yves GUERRE, *Le théâtre-Forum*.
Jacky BEILLEROT, *L'éducation en débat : la fin des certitudes*.
Françoise F. LAOT, *La formation des adultes*.
Georges SNYDERS, *Des élèves heureux...*
Bernard BONNET, *La formation professionnelle des adultes*.
Christophe WULF, *L'anthropologie de l'éducation*.
Claudine BLANCHARD-LAVILLE et Dominique FABLET, *L'analyse des pratiques professionnelles* (édition revue et corrigée), 2000.

Jacky BEILLEROT
Pierre BERDOT
Claudine BLANCHARD-LAVILLE
Alain BRONNER
Philippe CARRE
Françoise HATCHUEL
Françoise LAOT
Nicole MOSCONI
Claude POULETTE
Jean-Luc RINAUDO

Formes et formations du rapport au savoir

L'Harmattan
5-7, rue de l'École Polytechnique
75005 Paris - FRANCE

L'Harmattan Inc.
55, rue Saint-Jacques
Montréal (Qc) - CANADA H2Y 1K9

© L'Harmattan, 2000
ISBN : 2-7384-9262-2

Préface

Nicole Mosconi

Voici le troisième livre collectif de l'Équipe du CREF (Centre de Recherche Éducation et Formation) de Paris X - Nanterre : SAVOIRS ET RAPPORT AU SAVOIR. En 1989, lors de la publication de notre premier livre, nous écrivions à la fin de l'avant-propos : « Depuis une dizaine d'années la plupart des grandes disciplines en sciences sociales et humaines ont introduit ou développé des concepts originaux [...] pour décoder la complexité du réel [...] Il se pourrait qu'en éducation, en formation et en pédagogie, la notion de rapport au savoir devienne un des concepts organisateurs majeurs, tant elle apparaît déjà source possible de nombreux travaux et de multiples inspirations ». Il ne nous semble pas que la décennie écoulée ait démenti cette prévision. Tant du côté de notre Équipe que du côté de l'Équipe Escol à Paris VIII ou du côté de la didactique des mathématiques, avec Yves Chevallard, la notion de rapport au savoir a été élaborée, travaillée et utilisée dans des recherches nombreuses et fécondes.

Nous admettons qu'il n'y a pas de rapport au savoir sans sujet et pas de théorie du rapport au savoir sans théorie du sujet. Mais nous n'en concluons pas que cette théorie ne doive être qu'une sociologie du sujet. Sans doute pouvons-nous accepter la définition du sujet que propose Bernard

Charlot : un sujet en relation avec d'autres sujets, pris dans une dynamique du désir, parlant, agissant, se construisant dans une histoire, articulée sur celle d'une famille et d'une société, engagé dans un monde où il occupe une position sociale et où il s'inscrit dans des rapports sociaux. Cependant, pour notre part, nous ajouterions que le sujet est aussi un être qui a une vie psychologique, que cette vie ne se limite pas à un langage et une action organisés par la rationalité consciente mais qu'il a aussi toute une vie inconsciente, imaginaire et fantasmatique, liant représentations et affects, qui est agissante sur une grande partie de son existence et, en particulier, sur son désir de savoir, ses apprentissages et toutes ses pratiques en lien avec les savoirs.

Ces hypothèses sont essentielles, si l'on veut comprendre à la fois les obstacles, les inhibitions, mais aussi les moments créateurs dans les processus et les activités par lesquels un sujet s'approprie ou crée des savoirs. Même s'il est vrai que le désir de savoir du sujet s'actualise dans des milieux qui ont des dimensions groupales, institutionnelles et sociales et qui sont organisés par des rapports sociaux - qui ne sont d'ailleurs pas seulement des rapports de classes mais aussi des rapports de sexe - il n'en demeure pas moins que les apprentissages mettent en jeu des dimensions personnelles, à la fois rationnelles et imaginaires sans lesquelles on ne peut comprendre les phénomènes observés.

Il en résulte que, si on peut convenir qu'une théorie du sujet doit avoir une dimension sociologique, il est non moins nécessaire à nos yeux qu'elle ait une dimension psychologique.

Dans ce nouveau livre, nous voulons aussi montrer que cette dimension psychologique peut être à références multiples. Certes, pour la plupart des membres de l'équipe, cette théorie psychologique nécessaire est à référence psychanalytique. Ainsi Jacky Beillerot dans son deuxième texte, parlant des différences entre désir de savoir et désir d'apprendre, écrit : « Il n'y a rien à comprendre si l'on ne fait pas le postulat de la psychanalyse pour éclairer ce champ-là, postulat d'un certain savoir sur le sujet ». La psychanalyse en effet fait l'hypothèse d'un sujet dont le désir se constitue dans son histoire intime comme désir (ou non-désir) de savoir, comme désir ou peur d'apprendre. Nous rappelons d'ailleurs que, comme dans le livre précédent, nos références psychanalytiques sont volontairement multiples (Freud, Klein, Bion, Castoriadis, Winnicott, Mendel), écartant toute synthèse totalisante et préférant explorer toutes les pistes susceptibles d'apporter un éclairage sur ces questions extrêmement complexes. D'une autre manière, Philippe Carré, qui fait maintenant partie de notre équipe, explore d'autres dimensions psychologiques et sa contribution est pour nous essentielle afin de montrer que des théories psychologiques différentes sont possibles pour théoriser le rapport au savoir, mais qu'en tout cas une théorie sociologique ne suffit pas.

Maintenant pourquoi ce titre : formes et formations du rapport au savoir ? Par le choix de ce terme de « forme », notre propos n'est pas de renvoyer à une théorie philosophique précise. Nous avons conscience du caractère extraordinairement polysémique et ambigu du terme dans ses multiples usages, tout au long de l'histoire de la philosophie. Mais nous voulons mettre l'accent sur les genèses et les évolutions du rapport au savoir, à la fois dans l'histoire individuelle et dans l'histoire collective, et mettre en évidence le fait qu'aussi bien le sujet individuel que les cultures se constituent par des mises en formes et des agencements de savoirs, à chaque fois différents et originaux. Nous avons, certes, voulu faire écho aux « formations de l'inconscient », mais aussi nous avons pensé aux configurations multiples des savoirs, aux mises en forme variables du rapport au savoir qui s'opèrent, selon les cultures, les groupes, les sexes, les âges, mais aussi selon les objets de savoir. Nous cherchons ainsi, à travers le foisonnement multiforme des expériences et des pratiques, à mettre en évidence, autant que faire se peut, tant des singularités que des régularités.

Dans ce nouveau livre, nous avons organisé notre travail dans quatre directions. Une direction théorique : nous avons voulu franchir un nouveau pas dans l'élaboration théorique des notions de savoir et de rapport au savoir. Trois directions de recherche empirique : nous avons fait travailler cette notion principalement dans trois champs spécifiques : les pratiques enseignantes ; la formation des adultes ; la biographie et l'autobiographie.

Dans la première direction, la publication du livre de Bernard Charlot *Du rapport au savoir*, dans lequel il engageait le dialogue avec certains de nos textes publiés dans le livre « *Pour une clinique du rapport au savoir* », a été pour nous une invite à poursuivre celui-ci. Jacky Beillerot a continué son travail de recherche sur la notion de savoir et sur celle de rapport au savoir. Sur le savoir, il montre que l'usage du terme signe l'expression d'une émancipation de nombreux groupes sociaux. L'étude de deux ouvrages, de M. Authier et de G. Mendel contribue à éclairer la notion et à la rendre irréductible à toute autre. Enfin il introduit une réflexion sur « l'archi-savoir », savoir qui précède l'acquisition de tout nouveau savoir. Dans le texte sur le rapport au savoir, Jacky Beillerot, reprenant les conceptualisations antérieures de la notion, approfondit ici ce qu'un sujet doit engager de lui-même pour apprendre, en particulier sa soumission au savoir. Les attitudes conscientes et inconscientes de chacun traduisent alors le désir de savoir et ses inhibitions.

Nicole Mosconi poursuit l'élaboration théorique de la notion de rapport au savoir dans une perspective anthropologique. S'appuyant sur le livre de Gérard Mendel, *L'acte est une aventure,* elle propose une théorie du rapport au savoir fondée sur les notions de vouloir de création et de schéma psycho-familial inconscient. Elle montre aussi en quoi apprendre, que ce soit dans le cadre scolaire ou dans tout autre cadre, outre sa dimension imaginaire, revêt aussi toutes les caractéristiques d'un acte, comme confrontation entre un sujet et une réalité (épistémique) hors-sujet.

Dans la deuxième direction, trois textes sont proposés sur des enseignants du primaire et du secondaire en mathématiques et leur rapport au savoir mathématique ou informatique.

Le premier texte a été écrit en collaboration par Pierre Berdot, Claudine Blanchard-Laville et Alain Bronner. Les travaux d'Alain Bronner en didactique des mathématiques sur les problèmes d'enseignement et d'apprentissage des nombres réels nous font découvrir que les enseignants de mathématiques de collèges et de lycées sont la « proie » d'un certain type de conflits internes à propos de leur rapport au savoir. Dans cette étude, les auteurs montrent qu'en fait, certains enseignants se sentent, lors des réformes de programmes successives, comme « attaqués » au niveau d'une sorte de noyau dur de leur rapport au savoir mathématique, constitutif de leur soi professionnel. En effet, l'évolution des programmes depuis qu'ils ont commencé à enseigner est telle que certains objets fondamentaux du savoir mathématique qui faisaient partie de leurs apprentissages et de leur formation « sont portés disparus ». Cette perte est ressentie plus ou moins violemment par les enseignants selon les aménagements proposés par l'institution. Face à cette sorte de « maltraitance institutionnelle » à leur égard, et en réponse aux conflits que cela suscite en eux, les enseignants eux-mêmes mettent en place, chacun à leur façon, des aménagements qui allègent plus ou moins la souffrance psychique ainsi déclenchée selon les compensations qu'ils peuvent en retirer. Pour aller plus loin, les auteurs proposent d'utiliser ici la notion de « traumatisme institutionnel » et de transposer, dans le cadre de la formation des enseignants, l'idée de transmission intergénérationnelle des traumatismes, en recherchant l'origine de ces traumatismes dans l'histoire des crises du savoir savant et en indiquant qu'on pourrait déceler comme une sorte de généalogie des traumatismes.

Françoise Hatchuel, dans un travail issu de sa thèse de doctorat, interroge le rapport au savoir mathématique d'enseignant-e-s qui animent, en dehors de la classe, des « ateliers mathématiques » où ils-elles proposent aux élèves, en collaboration avec un-e mathématicien-ne professionnel-le, de s'initier à la recherche mathématique. Questionner la position occupée par la recherche mathématique dans l'histoire personnelle de ces enseignant-e-s lui permet de saisir le sens de ce qui peut être investi dans la mise en place d'un atelier. Lorsque cet investissement se fait sur un mode clivant, opposant l'atelier à la classe, la « bonne » recherche au « mauvais » système scolaire, l'atelier court le risque de devenir un modèle idéalisé, illusoirement autonome, sourd à la parole des élèves et de l'institution. Lorsque, au contraire, classe et ateliers parviennent à se relier, pour des raisons psychiques mais aussi institutionnelles, la richesse des apports mutuels s'avère indéniable.

Jean-Luc Rinaudo, quant à lui, explore le rapport au savoir informatique d'enseignants du premier degré. Il montre d'abord en quoi la littérature scientifique sur l'informatique s'articule autour des mythes de Prométhée - mythe des techniques et de la distance - et de Pygmalion - mythe de la formation et du retour sur soi. Ces mythes fondateurs de l'informatique comportent les mêmes éléments qu'une fantasmatique de la formation. Au travers de l'analyse clinique du discours d'une enseignante, ensuite, on peut repérer, dans ce qu'elle dit de l'utilisation de l'informatique dans ses pratiques pédagogiques, ce que celle-ci représente pour elle au niveau fantasmatique : un monstre dévorant, qui la conduit à tenter de protéger ses élèves et fait ressortir son désir de toute-puissance. Dans un mécanisme d'identification projective, elle considère l'ordinateur comme le mauvais objet persécuteur de la relation pédagogique, l'enseignante devenant alors le bon objet.

Dans la deuxième direction, le texte de Philippe Carré fait travailler la notion de rapport au savoir dans le champ de la formation des adultes. En développant la notion d'apprenance, il cherche à illustrer la façon dont la « société cognitive », entre injonction et opportunité, impose et facilite à la fois l'adoption d'un type de rapport social et individuel au savoir nouveau. Ce chapitre propose un premier cadrage de la notion d'apprenance, de sa portée et de ses limites, éthiques, en particulier.

Françoise Laot prolonge les recherches menées pour sa thèse de doctorat sur ce que l'on a appelé « le complexe de Nancy » (Cuces et Infa), en montrant que cette innovation, qui a joué un rôle très important dans l'organisation de la formation des adultes en France tant sur le plan des dispositifs que sur celui de la pédagogie, est une des origines de la notion de rapport au savoir. Elle pose aussi la question de l'existence d'un rapport au savoir collectif dans une institution de formation et en montre les aspects fantasmatiques, imaginaires et affectifs.

Dans la troisième direction, Jacky Beillerot s'intéresse à la pièce de Bertolt Brecht, *La vie de Galilée*. Cette pièce, traduite en français en 1955, permet d'étudier l'histoire de la révolution intellectuelle de la période du XVIème siècle en Europe, mais aussi ses représentations, depuis le XIXème siècle. Où l'on y voit basculer le rapport au savoir d'une civilisation, même si, dans les faits, ambiguïté et ambivalence sont plus présentes que le dramaturge progressiste allemand ne le proclamait.

Le texte de Claude Poulette, issu lui aussi de sa thèse, poursuit les recherches engagées dans le second livre « *Pour une clinique du rapport au savoir* », sur les relations entre rapport au savoir et autobiographie à travers les textes autobiographiques de Sartre. Il montre, en se référant aux théorisations de Piera Aulagnier, l'importance des identifications dans la constitution du rapport au savoir et du désir d'écrire.

Enfin prend place un dernier texte de Jacky Beillerot qui peut être considéré comme un essai, ou mieux encore, un envoi : « Savoirs et plaisirs ». Dans ce texte, il tisse les liens entre sensualités, plaisirs, jouissance, érotisme et savoirs, montrant que les « acquisitions » de connaissances débordent toute « cognitivité » restreinte. Il montre ensuite les plaisirs « à l'œuvre » dans la lecture, le livre et les bibliothèques.

Ce texte se veut une ouverture possible sur d'autres élaborations théoriques et d'autres recherches empiriques, susceptibles d'ajouter leur pierre à cet édifice en constante construction et transformation : formes et formations des savoirs et du rapport au savoir.

Théorie

Le savoir, une notion nécessaire

Jacky Beillerot

Il faut encore revenir sur la notion de savoir (savoirs) aussi bien parce que le terme connaît une certaine fortune que par le fait qu'il est méconnu ; soit, il est utilisé sans spécifications comme un terme d'évidence, de banalité, (on ne peut quand même pas définir tous les termes qu'on écrit, semblent se dire certains auteurs !), soit, il donne lieu à quelques commentaires étymologiques des plus superficiels, ou encore, il est réputé incompréhensible et bientôt, inutile ou nuisible parce que polysémique[1]. Son sort alors est appelé quasiment à devenir

---

[1] Exception faite pour un ouvrage sur lequel nous allons revenir, AUTHIER (M.), *Pays de connaissance*. Préface de Michel Serres. Editions du Rocher, 1998, 249 p. Ce chapitre était terminé, lorsqu'est sorti en septembre 1999, le livre de J. Ricot *Leçon sur savoir et ignorer*, PUF. (collection Major). Livre de philosophe destiné aux étudiants, ou y parle avec précision de Socrate et Ménon, de Bouvard et Pécuchet, de Galilée. Un travail très utile, d'autant qu'une note illustre bien ce que nous avançons ci-dessous, la non neutralité du savoir, y compris du savoir sur le savoir. L'auteur explique p. 57 que « le centre de l'opération d'enseignement n'est donc ni le maître, ni l'élève, mais l'acte de savoir effectué par ce dernier à l'aide des signes que lui adresse le premier ». Et en note, il poursuit « on ne peut que déplorer le manque de rigueur intellectuelle de l'expression idéologique contemporaine, démagogique et perverse : mettre l'élève au centre du système éducatif, surtout lorsque l'on insinue qu'elle serait la réaction à l'autre terme non moins outrancier

celui auquel Gurvitch vouait la notion d'institution, lorsqu'il écrivait : « On comprendra que la sociologie contemporaine ait tout à gagner à se débarrasser du concept d'institution »[1]. Les institutions ont survécu à un des papes de la sociologie française. Le savoir survivra à son tour. On se propose donc de rappeler quelques acquis de la réflexion sur les savoirs, avant de montrer un certain usage du terme. Nous nous intéresserons ensuite à deux ouvrages récents qui nous permettront d'approfondir les caractères organisateurs des savoirs. Enfin, nous terminerons ce chapitre en introduisant une nouvelle notion, celle « d'archi-savoir ».

Que sait-on des savoirs ?

La vogue, au moins française, du terme de savoir n'est pas due au hasard. La promotion du mot de savoir est liée aux mouvements d'émancipation contemporaine. Que ce soit les « sauvages », les colonisés, les paysans, les ouvriers, les infirmiers, les travailleurs sociaux et maintenant les femmes, toutes les catégories sociales en lutte pour leur identité et leur émancipation, sont conduites à chercher et à revendiquer leur savoir propre. Découverte modeste, mais hautement significative : les savoirs n'existent que dans leur réalité historique et sociale, n'existent que dans des oppositions et des conflits et partant, les savoirs sont multiples et concurrents. En observant encore qu'ils sont constitutifs d'identités collectives, on se rappelle alors qu'ils témoignent d'une représentation du monde, et ne sont rien moins que socialement engagés.

Les savoirs cumulés et accumulables se transforment, même s'ils ont pu apparaître dans certaines périodes immuables, et se transmettent, en particulier de génération en génération. Ils concernent tous les aspects de la vie, de la transformation de la nature aux pratiques de l'invisible. Constitués de récits, de prescriptions, d'images, ils correspondent aux deux

---

de l'alternative qui mettrait l'enseignant au centre du système ». C'est au moins écrire où l'on se situe politiquement sous le parapluie du fonctionnariat philosophique.
[1] GURVITCH (G.) *La vocation de la sociologie. Tome 1 Vers la sociologie différentielle*, PUF., 1963, p. 82.

définitions que nous avons avancées, il y a déjà quelques années :
- *Savoirs* : *Ensemble d'énoncés et de procédures socialement constituées et reconnues.* *C'est par l'intermédiaire de ses savoirs qu'un sujet, individuel ou collectif, entretient une relation au monde naturel et social et le transforme.* Mais si les savoirs peuvent se comprendre comme des données symboliques plurielles, les savoirs deviennent singuliers lorsqu'ils sont envisagés par rapport à une personne ; celle-ci en s'appropriant des savoirs, s'approprie un savoir, une fraction de savoir, qui en précède une autre ; d'où la nécessité de définir aussi le savoir sous une deuxième forme :
- *Savoir (substantif)* : *Ce qui, pour un sujet, est acquis, construit et élaboré par l'étude ou l'expérience. Résultat d'une activité d'apprentissage quelles que soient la nature et la forme de celui-ci (imitation, imprégnation, identification, effet de l'action pédagogique, etc.), le savoir s'actualise dans des situations et des pratiques.*

Tout savoir individuel est donc partiel et s'inscrit dans l'histoire psychique et sociale du sujet sur l'horizon fantasmatique d'un savoir absolu.

Les savoirs circulent dans un groupe social donné, et circulent maintenant de plus en plus entre des groupes sociaux. Mais la multiplicité des savoirs construits, n'élimine jamais la lutte pour la légitimité de chacun d'eux, la lutte aussi pour la domination. Dans chaque société, à chaque moment, un savoir s'impose comme le plus légitime, le plus juste et le plus vrai. L'horizon, (les finalités d'un savoir), est en effet son efficacité, si l'on veut bien admettre que celle-ci est aussi d'ordre symbolique : un mythe est un savoir efficace autant qu'une recette de cuisine puisqu'ils donnent l'un et l'autre accès à une part de maîtrise et de transformation du monde mental et naturel.

Un certain nombre de savoirs sont l'objet de contemplation, de vénération, de sacralisation, aussi bien au nom d'une société toute entière, que dans un modeste groupe social. Ils s'opposent alors à une foule de savoirs minuscules, de savoirs à peine constitués ou en voie de l'être, ils s'opposent alors aux ignorances, qui sont souvent d'autres formes de savoirs[1], ou encore aux refus de savoirs.

Comment sont produits des savoirs ? A partir de quand y a-t-il un savoir ? Les savoirs sont produits par la nécessité des pratiques (privées ou professionnelles), puis, par des dispositifs spécialisés dans la production d'un certain type de savoir, une académie ou un laboratoire. Mais cette réponse demeure insuffisante : en effet, les savoirs sont aussi produits par une activité mentale, cognitive notamment, par une activité réflexive également (penser ses actes ou penser des propositions) par une activité psychique et émotionnelle. Enfin les savoirs, comme l'histoire culturelle l'atteste, sont déterminés par des positions « idéologiques » en partie elles-mêmes conditionnées par les conflits que nous évoquions, il y a quelques lignes. Les savoirs sont donc constitués par le partage qu'un groupe humain en réalise, et donc par l'usage qu'il en fait. Au commencement des savoirs, les pratiques, et à la fin du processus, de nouveau les pratiques ou l'utilisation. Les savoirs existent pour produire, pour toujours « mieux » produire et plus largement pour agir.

Impossible de réfléchir aux savoirs dans nos sociétés, sans prendre en grande considération leurs classifications, c'est-à-dire, aussi bien la division des savoirs que leur hiérarchie. Le savoir en soi n'existe pas socialement, (mais il existe pour le sujet, comme on le voit dans le chapitre sur le rapport au savoir), et il devient, immédiatement pluriel. Cette réalité conduit tout droit à d'autres questions : comment s'opère la division ? S'agit-il de division ou de différenciation des savoirs ? ou d'agencements ? Comment se décrète ou s'instaure leur hiérarchie ? Qui préside et gouverne les destinées des savoirs ? Que signifient les

---

[1] Les distinctions de J. Ricot sur la double forme de l'ignorance reprennent une longue tradition intellectuelle, mais demeurent fructueuses. Il s'agit de la différence entre la docte ignorance et le savoir ignare, ou si l'on préfère, les « « faux savants » » que leurs préjugés (...) éloignent du savoir authentique », lire scientifique, et les « ignorants indemnes de toute idée préconçue et avides de savoir », p. 102.

légitimités de certains savoirs, quelles sont les instances de légitimation ? Or, à côté de ce que peuvent nous apprendre sur ces questions les travaux de sociologie, d'ethnologie, c'est vers l'histoire qu'il faut se tourner.

L'histoire des savoirs en Occident reste à faire. Le point faible *d'une Théorie du savoir*[1], si pionnière en certains termes est d'oblitérer le fait que les savoirs, dans leurs particularités corporatistes, et surtout dans leurs combinatoires, ne peuvent pas se penser autrement aujourd'hui, qu'hérités. Hérités, non seulement comme une pièce du puzzle global des cultures, mais bien comme objets symboliques, résultats du déploiement de la Raison, tout au long des siècles antérieurs, dans un espace donné, celui de l'Europe. C'est cette histoire dont il existe déjà certaines données, qui permettrait de connaître, les enjeux, les retournements et les détournements de la notion, y compris dans les tentatives et tentations de son abolition, pour on ne sait quel terme. Les savoirs constituent les sociétés occidentales, tout simplement parce qu'ils se développent en même temps qu'ils créent les institutions. L'histoire des savoirs est aussi une histoire des institutions, c'est-à-dire de la mise en scène et en œuvre des liens si puissants du pouvoir et du savoir.

Cette histoire à faire qui n'est pas un assemblage historiographique, passera par un moment clé de notre modernité : les XI-XIIè siècles en Occident, période faussement dénommée de première Renaissance, où, justement, l'étymologie nous le rapporte, se constitue le terme de savoir. Période encore où s'inventent les universités et les partages célèbres des trivium et quadrivium, période encore des corporations et donc de la promotion des savoir-faire, sans compter la grande distinction qui s'opère entre la théologie et le droit. Les temps plus récents poursuivent ce qui s'est fondé dans ce moyen âge-là, dans l'ombre des monastères et des cours nomades, aussi bien que dans les activités industrieuses et marchandes[2].

---

[1] SCHLANGER (J.) *La théorie du savoir*, Vrin, 1978.
[2] Une telle histoire du savoir en Occident se différencierait par aires culturelles ; on pourrait alors mieux comprendre ce que l'Europe doit à

La Renaissance, la constitution des Etats, les révolutions de la liberté, l'exaltation de la Raison, le développement des sciences et des techniques (la conjugaison de la Raison et de la science donne naissance au mythe des gouvernements savants), l'invention des sciences sociales et humaines seront les étapes d'une histoire des savoirs dont la clé de voûte est de fournir un double sens possible : celui de la place et de la fonction des savoirs dans les sociétés contemporaines, celui du fantasme pour chaque sujet de tout savoir, fantasme dont l'horizon, selon nous est la scène primitive, qui a, elle aussi son histoire, comme les mythes l'expriment.
A voir les choses ainsi, c'est bien tenter de se poser la question des fondations du savoir. Ce qui fonde le savoir dans une société, est aussi ce qui le fonde en moi et pour moi. C'est pourquoi on n'échappe pas aux renvois institutionnels : ce qui fonde est de l'ordre des institutions qui font et disent le droit et le savoir. Enfin, travailler sur les savoirs et donc leur nécessaire réglementation, implique alors de faire intervenir le rôle de l'Etat.
Les questions posées sont lourdes et difficiles ; elles nécessitent beaucoup d'érudition, beaucoup de collaborations ; elles donnent déjà lieu à des travaux sans doute épars et assurément insuffisants, pour commencer à regarder plus sérieusement les traditions et les changements en matière de savoirs.

Que sait-on de la notion de savoir ? A minima, la manière dont certains auteurs l'utilisent ! Nous tenons le recensement des références de thèses, livres, rapports, chapitres d'ouvrages et articles francophones qui comportent le terme de savoir. Ce travail bibliographique commencé il y a bientôt 15 ans, n'a pas toute l'exhaustivité souhaitée. Cependant, il permet d'étudier près de 500 titres (488). Volume sans doute insuffisant pour mettre en œuvre des traitements statistiques par logiciels interposés. On se contentera donc ici de comptages et de recensions manuels. Notre liste de références de titres s'étale de 1956 (une exception en 1930) à 1999. Alors que de 1956 à 1976, 59 titres sont repérés,

---

l'activité intellectuelle juive, qui pendant deux millénaires, par un incessant travail de la pensée, assura à elle seule, la pérennité, ou le trait d'union, de trente siècles de savoirs.

dans les 20 ans qui suivent, ils sont 403[1]. De 3 titres par an en moyenne (avec 3 années en accroissement, 74, 75 et 76) on passe à 20. Ce n'est plus une intuition mais un fait[2]. Le savoir est une notion de plus en plus utilisée. La décennie la plus productive est celle de 1981 à 1992. La distribution des dates nous apprend aussi que les travaux de Foucault et les intenses critiques de la fin des années 60, mettent plusieurs années à avoir leurs traductions éditoriales. 1974 est la première année significative d'une progression, 12 titres contre 4 en 1973.

Une analyse un peu systématique du vocabulaire des titres fournit plusieurs enseignements.
Un tiers des titres comporte un adjectif qui qualifie le ou les savoirs. La distribution des formes des 139 emplois ou occurrences peut surprendre puisque la liste contient 86 formes différentes, autrement dit, une grande dispersion d'usage, redoublée par le fait qu'aucun adjectif est d'un emploi massif (pas plus de 3 ou 4) qui aurait pu faire une grande partie du score. 56 formes ne sont employées qu'une fois, donc par un seul auteur. C'est dire que la notion de savoir autorise beaucoup de liberté d'emploi, ou que l'on peut parler et écrire sur des savoirs très diversifiés. C'est dire encore que les auteurs ne s'intéressent pas (en majeure partie et dans la limite de nos sources) à un type dominant de savoir. Exemple, le savoir scolaire est à 8 points sur 139 et le savoir ethnographique à un[3].

Après avoir observé comment un grand nombre d'auteurs utilisent la notion de savoir, on peut, grâce à l'actualité éditoriale, s'interroger sur la question de savoir

---

[1] Avec une sous estimation des années 95 et 96 pour des raisons techniques de passage de relais entre une ancienne et une nouvelle équipe de bibliographes L'accroissement est nettement supérieur à l'évolution de l'édition des livres des sciences sociales et humaines pendant la même période.
[2] On avait déjà montré que le Bulletin signalétique du CNRS dépouillé depuis son origine, n'avait pas repéré d'emploi du terme de *savoir* avant 1960.
[3] Voir en annexe du chapitre « les emplois du terme de savoir ».

comment deux auteurs, et sans doute y en aurait-il quelques autres, étudient en direct ou d'une manière plus implicite cette même notion, son usage et ses effets sociaux. Parmi les ouvrages récents qui concernent la réflexion sur les savoirs, on écarte sans crainte de manquer quelque chose d'important, tous ceux qui font la mode de la compétence. L'usage abusif de ce terme défini selon ce que chaque auteur ou instance a besoin, est avant tout un terme social, idéologique, qui, sorti tout droit de ses origines linguistiques, se trouve maintenant le marqueur principal du management français. Il n'y a donc rien à en attendre, du point de vue épistémologique, s'entend.
En revanche, deux livres de facture très différente, méritent qu'on s'y arrête. Il s'agit de l'ouvrage de M. Authier d'une part, et du travail de G. Mendel, d'autre part.
Le premier s'ouvre sur une phrase de Ch. Juliet : « Ce que je sais de l'autre m'empêche de le connaître ». Le livre, est en effet, une longue réflexion sur les relations du savoir et de la connaissance. L'auteur déjà connu pour sa participation très active aux «arbres de connaissances » et à l'invention des blasons, aurait donc pu se dispenser d'une préface outrancière de Michel Serres qui le compare aux hommes de la Renaissance (Rabelais ou Montaigne) et plus loin, à un nouvel Hegel, à Pascal et à Lewis Caroll. Diable ! Les deux hommes prennent fait et cause, en faveur de la connaissance contre le savoir. L'écriture est alerte, et se mêlent réflexions et anecdotes, développements philosophiques et prises de position. La thèse se résume aisément : les savoirs sont du côté de la mémoire et du passé, du côté des pouvoirs installés, des institutions et de l'administration et pour tout dire, le savoir tue la connaissance.
A l'opposé du savoir, la connaissance, largement appuyée sur l'existence de l'autre et sa reconnaissance, « possède, avance, découvre, risque et se lance dans une aventure singulière, encore non tracée, erre sur des terres inconnues ». « Agile et fragile, la connaissance, lourd et raide, le savoir, dont le pouvoir terrifie ». Ou encore : « Nous avons du savoir, nous vivons la connaissance ». Ces extraits de la quatrième de couverture signés du préfacier, dessinent le propos, que la phrase en exergue résumait déjà ; nous perdons le savoir, nous

inventons la connaissance, ou mieux, à laisser le savoir, nous mobilisons la connaissance.

M. Authier, à la fin de son livre se défend de faire du savoir la réification de la connaissance. C'est pourtant, en effet, ce que l'on comprend au fil des pages, et le lecteur ne peut s'en étonner vraiment, puisque l'auteur annonce à la page 205 : « Le savoir n'est pas une connaissance, ni même comme je l'ai cru longtemps, une réification de connaissance ; il est une contrainte par laquelle ceux qui s'y soumettent perçoivent la même chose. On comprend ainsi parce qu'il n'y a de bons savoirs que les savoirs compliqués ».

Voici donc une position originale, même si elle a des précédents. La défense et l'illustration de l'être de la connaissance : vision anarchiste et ensoleillée des rapports sociaux et de l'individu. L'auteur reste fidèle à ses anciens engagements auprès des institutionnalistes vincennois des années 70. En fin de compte, c'est la même idée, des institutions jadis, au savoir maintenant : sous prétexte d'analyser les mécanismes des relations psychologiques et sociales dans des ensembles organisés, il n'en est compris que la dimension contraignante et répressive.

Alors que les institutions produisent toute société, c'est-à-dire qu'elles inscrivent le sacré et le profane, le permis et l'interdit, ou comme l'écrit P. Legendre « Les institutions ont en charge de produire les humains et de les acheminer vers la mort » (quelques lignes plus loin, il écrira que les institutions sont « un étrange savoir social »).[1] ; les anarchistes institutionnels occultent ce que les institutions par là même autorisent et font naître. Autant partir en guerre contre la grammaire sans laquelle chacun ne pourrait émettre que des borborygmes. Il en est de même du savoir. A n'en retenir qu'une vision en forme de stock, à n'en faire qu'un instrument de bureaucratisation, on nie tout simplement la nécessité que pour connaître, il faut savoir. C'est la relation, si l'on veut garder les dualités entre connaissance et savoir (une manière d'ailleurs de définir le rapport au savoir) qui peut constituer un point de vue original. Approfondir les distinctions entre savoir et connaissance est une attitude

---

[1] P. LEGENDRE, *L'empire de la vérité : leçons II*, Fayard, 1983, p. 45.

pertinente, d'autant que les deux concepts ont une longue histoire philosophique, mais aussi une histoire de leurs usages sociaux ; que le savoir soit décrété ce qui est acquis par transmission, et la connaissance comme la découverte par soi-même de ce qui est juste et vrai, c'est-à-dire l'exercice de la vérité et de la vérification, permet sans doute de mieux comprendre le mouvement psychologique et social du lien entre les deux concepts.[1]

Gérard Mendel, quant à lui, dans deux ouvrages successifs de 1998 et 1999, renouvelle la réflexion sur la notion d'acte et sur celle de création.[2] L'anthropologie que développe l'auteur n'aborde pas frontalement ou a priori, la question du savoir ; or, il ne traite finalement que de savoir, des savoirs et savoir-faire. C'est pourquoi, même d'une façon très sommaire, il faut prendre date du travail accompli par l'inventeur de la sociopsychanalyse. Nul doute qu'une étude de plus longue haleine pourra ultérieurement capitaliser l'analyse accomplie par Gérard Mendel, du point de vue de ses conséquences en matière d'apprentissage et de formation, mais aussi renouveler la réflexion sur le rôle des savoirs dans les sociétés contemporaines, aussi bien que dans l'évolution psychique du sujet (lire dans ce même volume le chapitre écrit par N. Mosconi).

La thèse défendue (et avec quelle culture notamment philosophique) est simple, au moins au premier abord. En Occident et durant des siècles, l'acte a été peu ou pas pensé, au bénéfice d'une hypertrophie de l'action. Or, il y a une réalité, une spécificité de l'acte, qui par définition, est le propre de celui qui fait, qui agit. On trouve là, l'essentiel de la démonstration, à savoir la place essentielle du praticien. Mendel repère dans toute l'histoire occidentale deux types, deux formes de savoirs : l'un appelé rationnel théorique,

---

[1] Les définitions usuelles de « savoir » établissent que savoir (comme verbe) est avoir la connaissance de quelque chose, en même temps qu'être capable de faire quelque chose, donc de pouvoir en avoir l'intention, ou le vouloir.
[2] *L'acte est une aventure. Du sujet métaphysique au sujet de l'acte pouvoir*, Editions La Découverte, 1998, 570 p.
Le vouloir de création. Auto-histoire d'une œuvre, Editions de l'Aube, 1999, 155 p.

l'autre rationnel pratique[1]. C'est l'intelligence pratique qui est, pour l'auteur, la plus complexe, la plus difficile, la plus décriée, mais aussi la plus décisive. C'est que l'observation de maintes situations montre qu'il y a chez tout praticien une forte dose et une grande zone de connaissances tacites. L'auteur rappelle la remarque de Michaël Polanyi « nous pouvons savoir plus que nous ne pouvons dire, car nous ne pouvons exprimer toute notre connaissance par des mots »[2], et il faudra un jour reprendre cette idée pour l'éprouver, puisqu'elle pose tout à la fois la question du rapport entre langage et savoir, et donc la question de la nature des savoirs réflexes et préconscients.

Pourquoi Mendel accorde-t-il une telle place à l'acte ? Tout simplement, parce que pour lui, l'acte est la rencontre interactive du sujet et de la réalité (la nature, autrui, la société). Autrement dit, c'est par l'acte, les actes, que chaque être humain se réalise au plus profond. Il écrira plusieurs fois dans ces deux ouvrages, que le sujet psychique, pour sa partie psychosociale, est celui-là même que ses actes sociaux font de lui, ce qui permet sans doute de redire que ce sont l'acte et les situations qui révèlent, signent et vérifient l'existence d'un savoir pour un sujet, qui se construit, en construisant son expérience sous la forme de savoirs. On comprend alors que G. Mendel fasse du vouloir de création un postulat central (un universel empirique écrit-il) de sa réflexion. Il accorde une importance capitale à Winnicott, puisque selon lui, (p. 41) « le vrai conflit anthropologique (...) [est] celui entre un vouloir de création issu des processus transitionnels et la compulsion de répétition régissant l'inconscient ». Il oppose deux héros antiques, Ulysse, l'homme aux mille tours et Œdipe qui ne peut échapper à un destin déjà écrit.[3]

---

[1] Conformément à tout son travail d'intervention institutionnelle depuis 25 ans, Gérard Mendel approfondit sa réflexion d'une relation entre ces deux savoirs, non sous la forme d'une totalité ou d'un syncrétisme, mais sous l'angle du développement des rapports sociaux entre les groupes (et non entre les individus) qui sont les détenteurs majeurs de chacune des deux formes et ce, non pas globalement à l'échelle d'une société, mais dans chaque cas réel de chaque établissement ou chaque institution.
[2] *L'acte est une aventure*, p. 343.
[3] Rappelons que selon Winnicott, ici approuvé par Mendel, les processus transitionnels sont antérieurs à la formation de l'inconscient, caractérisé par la compulsion de répétition, formation qui se situerait entre six et

Revenons à l'acte et à l'action, à l'un par rapport à l'autre. Un acte est précédé d'un projet d'action qui se continue durant le temps même de l'acte. G. Mendel explique alors que l'intention, le projet, constitue la pensée téléologique, une des trois formes de la pensée de l'acte. La seconde, est la pensée du savoir faire ou de l'expérience ; la troisième étant la pensée inventive, la ruse, la métis, la rationalité instrumentale.[1] L'action concerne donc la réflexion intellectuelle, qui prend place notamment dans les temps du pré-acte et du post-acte. L'accent mis dans toute notre culture sur l'action, c'est-à-dire sur ce qui est dans nos têtes, s'effectue au détriment, tout au long de l'histoire, de l'acte, c'est-à-dire de ce qui se fait dans la vie quotidienne.

En quoi, maintenant, cet apport magistral peut-il nous concerner ?

De plusieurs manières ; la réflexion engagée par G. Mendel confirme que la distinction entre savoir et savoir-faire est historique et culturelle, que partant, les liens entre les deux varient et n'appartiennent pas à la seule démonstration logique. Par ailleurs, les savoirs n'ont d'existence que par les actes qu'ils permettent ; en conséquence, ce sont bien les mises en œuvre du savoir qui attestent leur existence, donc que savoir et savoir-faire ont plus de proximité que d'éloignement.

Les deux ouvrages ajoutent une compréhension à l'enjeu des savoirs dans la vie sociale et à celle de la réalité personnelle de chaque individu ; ils explicitent davantage que par le passé les différents caractères organisateurs des savoirs.

On vient de voir que les liens entre savoirs et actes, savoirs et pratiques, sont étroits ; on peut penser également que les savoirs n'existent, dès lors qu'ils dépassent l'individu créateur, que par la nécessité de leur appropriation.
On avait insisté en son temps sur cette dimension dans *L'idéologie du savoir*[2]. Bien évidemment, cette question

---

douze mois.
[1] Le postacte est caractérisé, en particulier, comme le temps du retour sur l'expérience.
[2] Casterman, 1974.

ouvre le continent très visité des apprentissages. Si on ne sait toujours pas vraiment comment l'humain apprend, on en connaît quelques conditions cependant. On voudrait mettre l'accent pour terminer ce chapitre, sur les rapports de la création de savoir et de l'appropriation. Tout accès au savoir ou toute acquisition de savoir, présuppose un savoir. Pour lire un texte, il faut connaître une langue, le sens des mots, une grammaire, ce qui présuppose des syllabes, un alphabet. Précession de tout savoir par un savoir jusqu'à une régression infinie d'un pur commencement. Linguistique, neurosciences et sociologie[1], bien après la philosophie, se sont attaquées à la question, de l'avant et du commencement. L'inné, les synapses, l'habitus, et évidemment l'âme et Dieu sous toutes leurs formes, sont les réponses connues d'un temps. D'autres suivront, et il faudra les suivre. Plus récemment, pédagogues et didacticiens se sont engagés dans le méta-savoir. De quoi s'agit-il ? De la découverte par un sujet, des phases successives par lesquelles il a résolu un problème. On propose alors à un élève ou à un adulte en formation, de réfléchir seul ou avec quelques condisciples, en présence d'un enseignant ou d'un formateur pour reconstituer les questions, les essais, les moments qu'il vient de vivre et d'éprouver en accomplissant une tâche qui lui était soumise ou qu'il s'était donnée. Le travail d'auto-réflexion accompagnée vise moins à faire progresser la connaissance des processus cognitifs ou créatifs qu'à développer les capacités des sujets. En effet, la pratique de cette technique semble obtenir de bons résultats ; les personnes qui y sont soumises apprennent ensuite, mieux et davantage. Le sujet pourrait donc avoir un certain accès, a posteriori, dans l'après-coup, à son propre travail mental. C'est moins la nouveauté de la méthode que sa systématisation et son utilisation « pédagogique » qui sont contemporaines.
Introduire la notion d'archi-savoir procède d'un souci comparable, mieux comprendre certaines conditions de l'apprentissage. Le méta-savoir, savoir au deuxième degré en

---

[1] On pense aussi bien à la grammaire générative de Chomsky qu'à l'habitus de Bourdieu. Les explications en vigueur, notamment parfois la dernière, apparaissent à peu près aussi fondées que la démonstration de la vertu dormitive de l'opium.

somme, met l'accent sur la dimension psychologique des processus, en surévaluant d'ailleurs, l'aptitude rationnelle en offrant donc une voie rationalisante du psychisme.
La philosophie depuis longtemps a identifié la situation paradoxale de l'apprentissage.
Ainsi, V. Jankélevich pouvait écrire :
«...... pour apprendre, il faut déjà savoir un peu, mais pour savoir, il faut avoir préalablement appris, en sorte que le savoir est à la fois le résultat et la condition de l'apprentissage. Le savoir est donc toujours un moment entre deux apprentissages, celui qu'il conditionne et celui dont il résulte ; et l'apprentissage est toujours un moment entre deux savoirs, celui que le rend possible et celui qu'il rend possible...... [1] ».
Paragraphe remarquable en ce qu'il lie apprentissage et savoir et en ce qu'il situe l'un par rapport à l'autre, non pas tant dans une linéarité, « antérieur-postérieur », mais comme un mouvement, un processus, une circularité. On voudrait bien se rallier à la finesse explicite des propos. On ne peut pas totalement le faire, car il y a bien un commencement, un développement, au moins de l'individu, de la cellule au fœtus, puis au bébé. Il y a donc bien une origine qui n'implique sans doute pas une accumulation en empilement, mais qui implique une capitalisation par complexification croissante, marquée notamment par le « jeu » du psychisme et du cognitif.
L'archi-savoir, quant à lui, ouvre une perspective plus culturelle, selon l'orientation du présent texte, où les savoirs veulent être saisis dans leur dimension sociale et historique. L'archi-savoir est « ante » ; il est repérable dans une situation donnée lorsque des savoirs permettent, par exemple, d'assumer les situations d'angoisse, comme des situations de traumatisme : quand on ne sait pas que faire, on s'accroche à un savoir antérieur. L'archi-savoir atténue perte ou deuil, voire autorise la dénégation (du danger, par exemple). L'archi-savoir, sorte de moteur d'inférence, est constitué des acquisitions « spontanées » dont un sujet est l'objet dans son environnement primaire, familial et social. Les savoirs « ambiants » dont chacun bénéficie, sont ceux qui

---

[1] Jankélevich (V.), 1986, *Les vertus et l'amour*, Flammarion, volume 1, p. 82.

sont propres à la famille (ou à son substitut), c'est-à-dire les savoirs que tout groupe humain, même réduit à un couple, constitue (savoirs de la mère, puis du père, seulement en partie partagés, et savoirs tissés ensemble) pour la pensée et l'action, non seulement de chacun des membres, mais au profit et à la nécessité du groupe même. Les savoirs ambiants sont par ailleurs, ceux en vigueur dans la communauté du groupe, tribu ou clan, groupe social d'appartenance, quartier d'abord limité pour l'enfant à quelques rues et maisons.[1] Dans ce contexte, l'enfant apprend principalement par imprégnation, continue d'apprendre serait plus juste, puisque l'on sait maintenant qu'il a commencé d'apprendre avant même sa naissance. Il fixe et reconnaît un ensemble d'informations perceptives. Chaque jour, chaque heure même, lui fournit le matériau à construire son psychisme, à exercer, dès le temps le plus prime, des aptitudes. Or, loin d'être une machine à enregistrer et à absorber, chaque enfant saisit et combine à sa manière, de telle sorte que l'on peut tout à la fois, faire le compte des unités d'apprentissage acquises (des perceptions de goût, de couleurs, de sons, jusqu'au sens des mots, en passant par les essais moteurs), ou possiblement acquises, au point que l'on ne sache jamais réellement, ce qui est acquis.

Or, chaque savoir se comporte là, dans une combinaison encore inconnue, comme appui pour les nouveaux savoirs. Ce phénomène observé et connu depuis des lustres a longtemps fait croire que les connaissances étaient empilables, donc qu'il fallait les apprendre dans un ordre donné que les pédagogues étaient chargés de construire puis d'imposer.

Je reprends un exemple que j'avais déjà présenté, pour montrer que ce dont il est question est le rapport entre archi-savoir, savoir et inventivité[2] : supposons un animateur de réunion de travail qui effectue sa tâche pendant une durée déterminée, au maximum quelques heures. Son activité est faite de discours, d'interventions orales, de gestes, de

---

[1] Nous avons imaginé avec Nicole Mosconi que l'enfant, puis l'adolescent, et l'adulte, avaient à connaître successivement, le savoir de la mère, celui du père, le savoir de la famille, le savoir de leur groupe social, le savoir scolaire et enfin, le savoir professionnel.
[2] In *Educations*, janvier/février 1997.

mimiques, de poses, toutes choses issues d'apprentissage divers, d'habitudes, et d'inventions. Il n'y a guère de problème pour repérer un premier niveau. Soit l'animateur lui-même peut dire (si on le lui demande) ce qu'il est en train de dire ou de faire, selon ce qu'il a appris (d'une façon formelle ou d'une façon informelle), il y a très longtemps, ou plus récemment. Soit encore, à la demande qui lui serait faite, l'animateur peut construire un discours explicatif justifiant ce qu'il a fait à tel ou tel moment, ou ce qu'il fait en telle ou telle circonstance (bien entendu, ce qu'il pense faire ou ce qu'il croit faire). Mais déjà, ici, nous sommes très loin d'une application systématique en termes de recettes organisées et prévues à l'avance. Il arrive fréquemment qu'un animateur mobilise spontanément, en situation, des façons de faire, pour lui disponibles (peut-être comme les tournures linguistiques sont disponibles à l'esprit, sans que l'on puisse dire qu'on les sache, au sens où elles pourraient être stockées et repérées immédiatement) ; or, ces tours de main, ou plutôt ces tours de pensée, sont présents, conscients, au point d'être mobilisables dans une situation, et au point surtout de pouvoir être verbalisés, ultérieurement par l'animateur. Celui-ci ne les a pas appliqués, a priori ; ils constituaient pour lui, une sorte de panoplie.

Il faut faire une distinction dans l'activité de verbalisation, de mémorisation, de remémoration plutôt, entre un animateur qui dirait « voici ce que j'ai fait », « voici ce que je fais en telle ou telle circonstance », et un autre animateur qui trouverait, d'une façon originale et spécifique, sa manière de penser, de parler et de décrire telle ou telle activité qu'il vient de faire, ou qu'il a coutume de faire, en telle ou telle circonstance. Mais comme les auteurs de typologie le montrent, même cette activité de « recréation » intellectuelle du savoir-faire par le praticien, n'épuise pas ce qui se passe pour lui et ne rend pas compte de tout ce qu'il met en œuvre. En particulier, l'activité requiert de l'animateur sa puissance créatrice, sinon à chaque instant, du moins à certains moments. Cette puissance créatrice n'est pas totalement spontanée et imprévisible ; elle est elle-même issue de son expérience, c'est-à-dire de l'histoire, plus ou moins consciente, réfléchie et mémorisée par lui-même, de cas antérieurs plus ou moins similaires. Surtout, cette activité créatrice se déploie dans des cadres, dans des référents de pensée qui sont clairement identifiables et appris, identifiables y compris par l'animateur lui-même. De nouveau, ici, c'est à l'activité de parole que l'on peut penser dans le cadre d'une grammaire et d'un dictionnaire : chaque sujet invente à chaque instant des phrases, beaucoup ayant été sans doute prononcées avant lui, et beaucoup aussi ne l'ayant jamais été et ne le seront plus jamais. Nous sommes donc au carrefour, ou à la confluence, de savoir-faire et d'intuitions et, comme l'on sait, l'intuition mobilise des affects et beaucoup de déterminants (sociaux ou psychologiques) dont le nombre et la complexité interdisent toute prédiction.

On pourrait sans doute poursuivre l'analyse de ces potentiels et de ces activités de création en situation, chaque animateur, par exemple, ayant un style d'intervention, le style étant déjà une très grande réduction parmi toutes les possibilités théoriquement utilisables, en même temps qu'une condition de la création. On peut dès lors se demander quels sont, dans toute cette panoplie, les savoirs qui sont transmissibles, et donc les façons de faire qui méritent véritablement le terme de savoir. Nul doute que la question la plus difficile est celle concernant l'activité créatrice que nous venons d'évoquer. On peut repérer les savoirs qui permettent l'activité créatrice : dans le langage, ce sont des savoirs réels et affermis qui autorisent la création poétique et plus simplement, la création langagière quotidienne. Mais l'activité d'invention, de création, de nouveauté, ne peut sans doute pas s'assimiler à un savoir ; de la même manière que les ordinateurs peuvent être programmés à produire des inventions linguistiques baptisées poèmes, il n'en reste pas moins que les poèmes écrits par les humains ne sont pas identiques (reste encore à déterminer la différence). C'est pourquoi, le phénomène que nous venons d'étudier, lorsqu'il est décrit par les termes de savoir tacite ou savoir caché ou savoir en cours d'action, n'est pas suffisamment éclairé, car au bout du compte, la question des savoirs et des pratiques revient à s'interroger sur la part d'affectivité et d'inconscient que recèle tout acte, toute action, toute activité, dans une situation et dans une réalité de pratique sociale.

La découverte de capacités techniques des machines, puis celles des humains à « computer » a laissé croire que nous étions de puissants algorithmes. Nous sommes sans doute bien autre chose. Chaque savoir constitue le socle d'un nouveau savoir, ce qui rend l'acquisition permanente et indéfinie jusqu'à la mort. L'archi-savoir n'est donc pas tout savoir de base, ou tout savoir qui produit un nouveau savoir, mais ce qui se sélectionne pour une nouvelle acquisition (il y a donc un travail spécifique en partie inconscient). Le sujet ne mobilise pas tous ses savoirs à tous les instants, personne n'en est capable. On peut estimer que cette faculté de tri, de simplification, de croisement parmi les savoirs déjà là, correspond à ce que notre culture a appelé « intelligence ». Pourquoi forger le terme d'archi-savoir ? Archi, signifie prééminent, mais aussi degré extrême, excès. C'est à la fois ce qui vient avant et ce qui est beaucoup trop peut être. Si l'on veut bien ne pas confondre savoir et information, mais admettre que les savoirs sont une sélection ordonnée à haut pouvoir potentiel de faire un acte, alors, à la vision commune d'un manque de savoirs pour savoir, on peut mieux comprendre que l'archi-savoir est un trop plein de savoirs pour savoir.

Qu'ils s'appellent paradigme, structure de pensée, paysages mentaux, habitus, Weltansschaung, ou archi-savoir, ce qui est signifié est double : il y a une forme de savoir qui précède le savoir nouveau, savoir nouveau qui est loin d'être seulement technique ou opératoire ; ce savoir initial est un véritable filtre, plus ou moins conscient, plus ou moins élaboré, plus ou moins justifié et théorisé. Ce savoir en forme première fait appartenir, à un moment donné, dans une culture donnée, chacun de nous, à une catégorie parmi peut être quelques unes, mais en nombre restreint. Je vais apprendre, comprendre, produire des savoirs, qui tiendront compte de ce que je suis, par exemple plutôt déterministe, ou atomiste, ou objectiviste, ou spiritualiste, ou empiriste, ou fondamentaliste.

La deuxième signification qu'il faut accorder à la connaissance d'un savoir en forme première, est l'impossibilité de la saisie du savoir dans sa totalité. Il ne faut pas croire qu'il s'agit d'une banalité, d'une évidence éculée, car on ne se résout pas aisément au partiel ; certes, on aménage et on compose, à faire bonne et petite vie, aussi bien sur le plan matériel que sur celui de l'existence et du désir.

Le savoir et les savoirs remplissent une dimension magique. Non seulement, celle issue de toutes les sociétés anciennes où le sorcier faisait la pluie et le soleil, ou celle plus récente, mais aussi merveilleuse, du savant qui appuie sur un bouton et fait jaillir lumière ou grondement de moteur, magique encore dans la différence fantastique qu'il y a entre l'immatériel qu'est le savoir, et les effets si colossaux comme la chute d'une montagne ou l'envoi d'une fusée dans l'espace. La distinction opérée grâce aux savoirs entre cause et effet a été progressivement dans l'histoire humaine une telle révolution qu'une part de nous-mêmes « ne peut pas y croire », ou plutôt, que même si nous avons tous les moyens de comprendre la rationalité des savoirs (scientifiques ou issus de l'expérience cumulée), il demeure un point d'émerveillement, jamais mieux repéré qu'au moment où chacun de nous, mis face à une réalisation nouvelle très originale, s'écrie « ce n'est pas croyable ! », « c'est extraordinaire ! », alors même qu'il s'agit du savoir le plus croyable, car rationnel et reproductible, justement fort peu extraordinaire, puisque à l'instant même ou presque, la nouvelle invention fait partie déjà de l'ordinaire. Ainsi vont les savoirs.

Annexe : Les emplois du terme de savoir

Nous pouvons obtenir des précisions supplémentaires à partir de liste établie des références comportant le mot de savoir; pour ce faire opérons un premier regroupement :
- Les adjectifs qui désignent des disciplines : *aristotélicien, botanique, criminologue, ethnographique, grammatical 2, historique, mathématique 3, médicaux 2, naturaliste 6, naturel 2, politique, « psycho » 4, sociologique 2*, total : 27
- Les adjectifs de métiers : *agricole, infirmier 4, ouvrier 5, paysan 3, praticien, professionnels 4, techniques 2, sociaux 4, « vert »*, total : 25.

- Les adjectifs liés à l'institution scolaire : *enseigné 4, pédagogique 2, scolaire 8, universitaire*, total : 15
- Enfin, « le reste » : *absolu 2, analytique, antérieur, approprié, collectif, crée, démocratique, déplacé, deux, dynamique, éclaté, élémentaire, enraciné, enseigné, essentiel, faux, féminins, gai 2, généraux, global, grand magic, hérétique, imaginaire, initial, institutionnels, insu, intellectuels, intégral, irréel, légitime, locaux 2, magiques, mobilisés, moral, nouveaux, objectif, occulte, ordinaires, organique, organisé, partagé 2, populaire 4, préalable, réel, réhabilité, religieux, romantique, savant 5, scientifiques 6, stratégique, su, symbolique, théorique, traditionnel, trois, ventriloque*, total : 72.

Essayons un paradoxe pour tenter de comprendre : la première catégorie, quantitativement, est celle des adjectifs utilisés une fois, et très rarement davantage ; cette catégorie comprend 72 occurrences, plus de la moitié de l'emploi des adjectifs, et on peut l'étudier précisément, au lieu de se focaliser sur les emplois les plus nombreux. Le résultat est que les savoirs caractérisés sont d'abord les **savoirs savants,** les savoirs distingués (scientifique, etc.). 22 mentions qui, avec les emplois relatifs aux disciplines, font de cette catégorie de loin la première, le tiers du total (49). On opposerait à ce premier groupe, **les savoirs populaires** qui avec huit occurrences à faible score, atteignent 30 en ajoutant les qualificatifs de métiers. En troisième lieu, **les savoirs sociaux ou de société**, 14, qui passe à 29 si on y inclut les 15 de l'institution scolaire.
On peut estimer que ces trois groupes qui font 108 sur 139 occurrences, caractérisent les savoirs dans leurs rapports avec les institutions et se différencient d'un autre ensemble au score beaucoup plus faible, lui-même composé de 3 « petits blocs » qui considèrent les savoirs comme un **matériau**, qui peut être : « élémentaire ou général, intégral » : 9 fois ; **un matériau « passif »** : déplacé, éclaté, organisé : 11 fois ; **un matériau « actif »** : mobilisé, légitime, objectif dynamique : 11 fois.

Les adverbes dans les titres sont rares ; 13 formes, 25 occurrences, avec le maximum pour « et », 5 fois, « dans » et « si », 4 fois. Avec quels verbes, les savoirs sont-ils associés ? Un nombre réduit de formes et d'occurrences. Dans les titres au moins, le et les savoirs ne servent pas massivement à se conjuguer à l'action : à peine une quinzaine de formes, 31 emplois, avec dix pour « faire » (qui peut être faire savoir, rarement, ou savoir faire dans la plupart des cas). Des verbes attendus existent, mais à usage singulier, comme gérer, raconter, utiliser, partager (2 occurrences).

Voyons maintenant à quoi les auteurs s'intéressent à propos des savoirs. Qu'est-ce qui leur importe d'étudier, de présenter ? La bibliographie permet notamment de repérer les partitifs. A propos des savoirs, les auteurs ont-ils des questions pour des intérêts centrés, ou plutôt dispersés ? Une deuxième fois, la lecture montre la multitude et l'éclatement : à quoi, du savoir, les auteurs travaillent-ils ? Rien de moins que 105 réponses, qui sont les formes différentes représentées, pour un nombre d'emploi à peine supérieur, 132. Et si l'on trouve des termes attendus, ils sont en très faible score, comme *histoire du savoir*. En revanche, des termes sont pour le moins surprenants, parce qu'ils ouvrent les territoires de la métaphore, comme *le sel du savoir ou les cathédrales du savoir*. Fait de vocabulaire, mais significatif d'un phénomène de l'étude des savoirs, aucun terme n'a un emploi très important. Le maximum 5, est pour *enjeux du savoir*, suivi de *représentation(s)* 4 fois. Les regroupements ne semblent pas densifier les résultats ; deux exemples en attestent. La place des disciplines dans l'étude des savoirs se présente ainsi : *anthropologie 1, histoire 2, gestion 1, économie 1, sociologie 2, archéologie 3, soit 17 emplois sur 132. Si les savoirs ont acquis quelque place en pédagogie et notamment dans la formation des adultes, en trouverait-on trace ici ? Réponse : acquisition 2, diffusion du savoir 1, encyclopédie 1, exercice de savoir 2, formation des savoirs 5, généralisation du savoir 1, organisation du savoir 1, parcours 2, partage du savoir 2, promotion du savoir 1, recontextualisation 1, stratégie 1, support du savoir 1, technologies du savoir 1, transfert du savoir 7, transmission 1* : 30 références possibles. C'est en effet **dans le champ de la formation que l'étude du savoir s'impose**[1].

Les autres combinaisons *savoir(s) de*..., concernent les objets les plus scrutés, mais une fois encore, à dose infime : *savoir de la mort, du corps, du pouvoir*, chacune deux mentions, *la recherche, le monde, l'amour et la vérité* (quatre termes pour un titre de roman !), un seul usage chacun. Cependant, à étudier de plus près la liste des noms qui complètent le mot de savoir, se dessinent, par la diversité même, et au-delà des catégories plus évidentes que nous venons de signaler, deux sortes de « méta usage » du terme de savoir.

Le premier rejoint une expression courante de la vie scolaire, qui reste pour autant obscure, lorsque les disciplines à enseigner deviennent les « matières ». De même, dans notre liste, les savoirs sont pressentis comme un matériau. Alors, s'agencent le plus souvent avec un emploi unique, une vingtaine de mots qui décrivent des aspects de cette matière tantôt représentée comme un matériau physique, tantôt un matériau symbolique, et dans les deux cas, dans une vision organiciste du savoir. Les auteurs vont alors écrire sur *la formation, l'état, la crise, la mutation, les tribulations, l'irruption, la promotion, la reproduction, la régulation, le primat, la gestion, la représentation, l'organisation, les structures, la répartition, la fondation, l'aménagement, la dynamique, le système*.

Le second sous groupe manifeste une sorte d'anthropomorphisme au bénéfice du savoir, des savoirs, une tentation de faire du savoir un sujet vivant, autonome, comme le complément « inversé » du groupe précédent. Ici, les auteurs parlent de *la folie (du savoir), du vertige, du cœur, de la possession, de l'ivresse, de la passion, de la sagesse, du parfum, de l'autorité, de la pensée, du vol, de la voie, du sujet, de l'enjeu, de l'armée, de l'origine, de la recherche, de l'apologie, de la mélancolie, du fétichisme, des cathédrales, de la maladie, de la catastrophe*. Plus de vingt mentions qui

---

[1] Le développement de l'autoformation, sa conceptualisation et ses pratiques vont sans doute renouveler encore la réflexion et les travaux à propos des savoirs.

composent l'esquisse d'une figure tutélaire et asexuée du savoir.

Nous n'avons pas encore regardé les liaisons « faibles », c'est-à-dire l'association du savoir avec un substantif, soit marquée par *et*, soit même seulement écrit en apposition à *savoir*. Ce sont les emplois et les usages les plus nombreux. Que nous en apprend l'étude ? Les appositions d'abord, sont au nombre de 19, une seule apposition se retrouve deux fois bien que dans un contexte légèrement différent : *« pouvoir, savoir »*, dans un cas *« sciences, savoir, pouvoir »*, dans l'autre
Nous n'observerons pas pour cette dernière liste de changement dans la distribution. *« Savoir et ... »* représente 56 formes, 77 occurrences. Un seul usage est plus important :» *le savoir et les pouvoirs »*, 9 fois employés. Sinon, on trouve associé le savoir avec *« l'être du monde »* ou avec *les services*, avec *le désir* ou avec l'*Etat*. C'est dire que les champs sémantiques sont vastes.
Lorsqu'un substantif précède le savoir ...» *et le (les) savoir(s)... »*, ce qui est moins fréquent que le cas précédent (38 formes, pour 40 occurrences), on peut aussi bien rencontrer *la sorcellerie et le savoir que le sang et le savoir, le sexe et le savoir, la famille et le savoir, ou encore le prestige et le savoir.*
C'est sans doute dans ce type d'associations que les dimensions cognitives et scolaires du savoir sont les moins présentes.

Le rapport au savoir

Jacky Beillerot

Nous avons compris depuis un certain temps, lecteurs et auteurs d'un moment, qu'il se trame quelque chose dans la conscience et l'inconscient d'un sujet, individu personne d'abord, groupe ensuite, à propos de nos modalités d'apprentissage, à propos de notre rapport au savoir. Il se trame en effet, un complot, où dans l'ombre, rôdent des protagonistes qui font et jouent une histoire, celle, bien évidemment, du «plus malin que moi, tu meurs!». L'histoire est inénarrable tant elle demeure l'intimité de chacun, intimité d'ombres et de lumières. En revanche, la trame justement, elle, peut se raconter.

Au commencement, qu'y a-t-il donc? Le verbe, le fantasme? Non, l'acte. Un acte très précis et rarement simple. Gardons son nom, il est sexuel. Chacun est le résultat d'un acte sexuel accompli à deux (sauf exception, mais à y réfléchir, c'est quand même toujours à deux), deux, différents au moins sur un point, de sexe. Si chacun des deux pouvait copuler avec une, ou un autre, à milliard d'exemplaires, il n'en reste pas moins que la moitié de la totalité du monde lui est impossible pour un acte sexuel fondateur ou créateur d'enfant.

Cet acte, même technicisé, médicalisé aujourd'hui, quasiment bientôt artificiel, a concerné deux personnes, qui pour un

instant avaient affaire ensemble ; quoi donc ? Au moins pour l'un et souvent pour deux, une affaire de jouir.
Jouissance dont résulte parfois un fait : le nouveau-né est déclaré enfant (autrefois, on disait fils !) de l'un et de l'autre sexe.
Cet acte se transforme en scène primitive, elle-même, comme l'on sait horizon, pour chacun, du fantasme de tout savoir. Mais comment s'en étonner ? Comment s'étonner que chacun soit hanté par sa création propre, dont il comprend très vite, qu'il y a un secret qu'il ne comprendra jamais. Car quelle commune mesure peut-il y avoir entre des chairs qui se pénètrent et la conscience d'être, entre du jouir et l'angoisse de vivre ?
Une biologie, une culture, un environnement, un développement moteur et cognitif, un vécu émotionnel. Voici les éléments bien disparates par lesquels un sujet humain va se constituer. L'humain est l'être vivant qui, à ce jour, apprend le plus, qui a la capacité d'apprendre une variété extraordinaire d'unités, et qui nécessairement actualise une part de cette capacité. L'humain ordinaire spontanément apprend, et cumule (partiellement) ses apprentissages. L'apprentissage ne distingue pas l'humain de l'animal qui lui aussi apprend, de ses congénères, ou contraint par l'homme à travers les rets du dressage. L'animal se révèle donc parfaitement capable d'acquérir ce que nous nommons, les savoir-faire, mémorisés, répétés, reproduits à partir de conditionnements. Ce qui fait l'humain n'est donc pas ce niveau d'apprentissage ; en revanche, il existe deux autres niveaux couronnés par une autre dimension encore. L'être humain, de l'enfant au vieillard, apprend de mille et une manières, spontanément, volontairement ou sans le savoir. L'expérience de sa vie est une source inépuisable d'apprentissages. Deuxièmement, l'humain apprend (beaucoup plus tard dans l'histoire humaine), par l'étude, l'observation, qui impliquent à leur tour, diverses formes d'activités et de travail. Ainsi, nous savons depuis quelques siècles, que le même mot, apprendre, recouvre au moins trois situations et réalités différentes, dont la dernière, la plus récente, prend le pas dans notre civilisation sur les deux autres, au point de devenir l'aune de l'apprentissage. La première manière possède des limites, y compris maintenant

celle d'être contestée pour des raisons éthiques. La seconde est imprévisible, aléatoire. Reste alors la troisième manière sur laquelle se concentrent études et réflexions, puisqu'à l'horizon, il s'agit bel et bien de la maîtriser, de la contrôler, de la manipuler. Les trois manières d'apprendre entretiennent sans doute entre elles des relations qu'on ne comprend guère, au point de se demander s'il s'agit bien de relations, ou plutôt quel modèle théorique nous permettrait d'envisager l'ensemble des processus en jeu.[1]
De tous les apprentissages, il faut disjoindre la question du savoir. C'est cette disjonction qu'opère mal le travail, par ailleurs exceptionnel de B. Charlot. Dans une première partie de son œuvre, il se concentre exclusivement sur un rapport social au savoir, c'est-à-dire un rapport scolaire compactant alors rapport au savoir et rapport à l'apprentissage. Puis tout dernièrement, il dilue le rapport au savoir dans un rapport au monde, notion intéressante par son englobement même, mais qui laisse alors, le rapport au savoir comme une notion sans réelle autonomie[2].
S. Boimare a bien montré l'ordre différent de l'apprendre et du savoir[3]. Mais il est vrai qu'il y a peu à comprendre, si on ne fait pas encore aujourd'hui le postulat de la psychanalyse pour éclairer ce champ-là, postulat d'un certain savoir sur le sujet. On parle trop vite à dire ou écrire qu'apprendre est apprendre du ou des savoirs, ou des savoir-faire. Il serait plus juste de considérer que l'on apprend des éléments ou des unités de savoirs (comme l'exprime le partitif « du », « des », mais d'une façon qui demeure ambiguë). Il y a longtemps que l'on a compris, sans en tirer toutes les conséquences, que jamais deux personnes n'apprennent exactement la même

---

[1] Les psychologues énumèrent les types d'apprentissage suivants (A. WEIL-BARAIS *L'homme cognitif*, PUF, 1993): L'empreinte, l'habituation, l'apprentissage associatif, l'apprentissage par essais-erreurs ou par conditionnement, l'apprentissage par l'action, par l'observation-imitation, ou d'une manière coactive, par l'instruction et par le tutorat.
[2] B . CHARLOT *Pour une théorie du rapport au savoir*. Anthropos. 1997.
[3] Cf. notamment « Pédagogie avec des enfants qui ont peur d'apprendre et de penser », in *Penser, apprendre*. Les colloques de Bobigny, Paris, éditions Eshel 1988 pp. 159-169 et *les Cahiers pédagogiques* n° 300, janvier 1992. Et enfin son ouvrage, juste paru *L'enfant et la peur d'apprendre*. Dunod. 1999.

chose, car le savoir, c'est l'apprenant qui le crée, le fabrique, le produit, l'invente. La compréhension précise de l'unité apprise est incontrôlable, de même que la composition de cette unité avec toutes les autres. Perspective constructiviste sans doute, mais qui est aujourd'hui la moins mauvaise. Donc, un apprenant humain ne peut pas se contenter d'apprendre, d'empiler des unités : son esprit travaille pour lui et parfois il le fait travailler. Apprendre des unités de savoirs peut, à son tour, se décomposer en niveaux : ainsi, ces apprentissages scolaires du plus jeune âge ou d'un plus vieux, qui consistent à enregistrer, mémoriser, réciter, oublier, se ressouvenir, qui peuvent parvenir à faire des « moyens-bons élèves ». Des élèves qui apprennent et qui ne comprennent pas, disent les enseignants, ce que les élèves confirment. Les listes ou les calculs se suivent, les références s'alignent comme les récitations, dans une sorte de psittacisme généralisé. Sur cet apprentissage-préhension, peut (mais pas toujours) se développer un apprentissage-compréhension, manifeste si l'on a appris des processus, une logique, et donc si l'on est capable d'insérer les nouvelles unités de savoirs dans un système de relations : ainsi, comprendre l'histoire veut dire savoir (au moins un peu) comment les historiens écrivent et font l'histoire, comment ils savent mettre en relation des faits et des données pour dégager des causalités (réelles ou possibles), et c'est enfin accéder au monde des représentations mentales qui organisent les activités humaines, comme le prestige, la richesse, la violence, la domination, la conquête, le négoce, etc.
Le savoir pour l'apprenant est un récit, pour reprendre un terme de Bruner. Beaucoup d'auteurs contemporains approchent à leur manière cette réalité[1], par exemple B. Charlot encore qui s'est préoccupé de cette question, sous la forme du sens, au point de le mettre au cœur même de sa

---

[1] Le processus que nous décrivons est en effet abordé depuis longtemps par les philosophes ou les psychologues, sans compter maintenant les cognitivistes. Ainsi, certains auteurs estiment qu'il s'agit là du processus de connaissance, celui qui permet de situer, de contextualiser, de globaliser les informations ou les unités de savoir, bref, de structurer. Sans cette fonction, l'information reste, désordre, sans signification pour l'individu, de même qu'à l'inverse, une unité présentée dans une théorisation complètement fermée (cf. les idéologies et les propagandes) est un empêchement de pensée

définition du Rapport au savoir « Relation de sens, et donc de valeur entre un individu (ou un groupe) et les processus produits du savoir. », écrivait-il. Le point de vue est juste, mais trop restrictif et trop cognitif. L'apprenant se fait un récit, se fait son savoir, ou plutôt, un savoir s'impose à lui qui devient son savoir par le remaniement permanent de son psychisme, c'est-à-dire d'une conscience et d'un inconscient. C'est bien pour cela que je ne sais pas le savoir que je sais, jusqu'à l'instant de sa mise en œuvre, de sa mise en activité. L'apprentissage de toute unité de savoir n'est pas enregistrement, mais apprentissage d'un rapport à ce savoir-là, qui inclut pour chaque sujet les imaginaires de ce savoir, ses usages, etc. Le sens implique une autonomie et une liberté de l'individu, face à la question de la vie, du destin et de la mort, face à la question même de « qu'est-ce que le sens ? » Ce mouvement existe sans doute, d'une façon aujourd'hui exacerbée, excitée même, par ce que l'on convient de repérer comme le mouvement de croissance du sujet individuel, orphelin, justement des interprétations dogmatiques et des grands récits pourvoyeurs de sens. Mais le récit intérieur, singulier, dépasse la question du sens. Le récit est histoire, illusions, imaginaire, réunis. Histoire non historicisée du dédale de la construction psychique dont des étapes ou des stades sont nommés par Freud et ses successeurs, mais comme autant de catégories « plaquées » sur un vécu, c'est-à-dire des émotions, des refoulements, des angoisses et des aspirations.[1]
Ainsi, le rapport au savoir d'un sujet s'il se déploie dans une culture, un groupe social, une famille qui en déterminent, une orientation plutôt qu'une autre, demeure bien le rapport au savoir spécifique, mouvant même dans l'histoire d'une vie, comme l'attestent si souvent les changements qui s'opèrent chez les adultes en formation.

Le rapport au savoir n'est pas une distanciation de soi, un discours du « je » à une autre part de lui-même. Sans doute une telle extériorité existe, chacun fait l'expérience de se

---

[1] Si le sujet produit son rapport au savoir ce qui devient son activité mentale principale, on peut se demander alors si la question de générer du sens a encore du sens ou si elle ne représente pas l'antique vision de la philosophie.

parler à lui-même, de se penser lui-même. Mais il s'agit aussi d'un rapport beaucoup plus intime, comme nous l'envisagions il y a quinze ans, rapport à la pensée même. Un savoir se crée qui agit en moi jusqu'à être un savoir inconscient, même si cette notion peut être contestée, dès lors qu'on postulerait qu'il n'y a de savoir que de savoir qui se sait, autrement dit conscient ou préconscient. La preuve d'une double réalité, si l'on ose dire, est qu'il peut y avoir différenciation, clivage entre les deux. Certes, désir de savoir et désir d'apprendre peuvent être réunis chez un même sujet. Cependant un autre veut savoir et ne pas apprendre, un troisième ne veut rien savoir, et apprendre quand même, un quatrième peut-être refuse tout savoir et tout apprentissage. Bien évidemment, une question majeure reste celle de se demander si des comportements catalogués par nous comme identiques, (exemple, le désir d'apprendre) recouvrent en réalité, les mêmes données, la même genèse ; y aurait-il là un faisceau de causes repérables ? Tentation de répondre par l'affirmative.

Apprendre demeure une activité plus ou moins intentionnelle, comme nous l'avons dit, qui implique de la part de chaque sujet une soumission[1] ; phénomène essentiel qui permet de comprendre que le refus d'apprendre, lui aussi plus ou moins intentionnel, est un refus de soumission. Pour apprendre, en effet, le sujet accepte, de fait, de ne pas savoir, puis accepte avec plus ou moins de facilité, les contraintes intrinsèques des choses à apprendre. A bien remarquer que les contraintes évoquées ici sont distinctes d'autres contraintes, celles qui vont être imposées par les individus et les institutions chargés de l'apprentissage. La confusion ou la distinction des deux ordres de contraintes interdit ou autorise la variété des méthodes pédagogiques. Personne ne peut faire qu'apprendre une langue étrangère soit autre chose que la contrainte de sa syntaxe, de sa grammaire, de ses usages et la contrainte d'apprendre à nager est qu'il faut être mouillé, se mouiller, se jeter à l'eau, changer de fluide porteur. Beaucoup de personnes peuvent aider ou accompagner cet apprentissage, y compris tous ceux qui pour aider, ajoutent de

---

[1] « La vérité est qu'il y a en moi un refus d'apprendre qui est aussi puissant que mon désir de savoir », François Truffaut, Lettre à Helen Scott, 9 juillet 1973.

nouvelles contraintes, à savoir les leurs propres : « tu dois apprendre à 9h le mardi matin », ou « tu dois apprendre les mots en commençant par « a » avant la liste des mots « b », « c », etc. ». Mais, revenons à la soumission principale, celle qui est nécessaire à l'acte d'apprendre. Le sujet repère, même si on l'y aide, qu'il ne sait pas. Il accepte de ne pas savoir, puis accepte, ou même, souhaite apprendre. Il accepte donc sa fragilité, c'est-à-dire qu'il n'a pas trop peur. On peut reparler de S. Boimare qui a très soigneusement analysé la distinction entre apprendre et savoir, et qui montre en quoi le refus d'apprendre signe une grande angoisse. Pour certaines personnes, enfants, adolescents ou adultes, le refus d'apprendre, refus de se soumettre donc, est une position de résistance, de crispation qui n'a évidemment rien d'admirable en soi, mais au contraire, est pathétique, comme peut l'être toute angoisse intense et exposée ; encore plus, le refus d'apprendre peut parfois s'associer à la volonté de ne pas savoir.

En ces temps où la soumission n'est plus le fondement culturel de nos sociétés, il est aisé de comprendre la contradiction et les tensions entre l'exigence de soumission pour apprendre et l'expression précoce de l'émancipation. Les scènes de ce drame dans la vie scolaire et dans la vie de famille sont quotidiennes.

Comprendre le rapport au savoir d'un sujet devient dans un premier moment, comprendre son rapport à l'apprendre, comme rapport à la soumission, puis comprendre comment le même sujet « métabolise » ses apprentissages croissants et successifs en savoir pour lui, qui, avant même d'être opératoire, extériorisé en conduites et actes divers, est un rapport au savoir qui n'est pas comparable à une forme générale d'un rapport à tout objet. Le rapport au savoir n'est pas au savoir, ni au sujet, de même nature que le rapport à l'argent est à l'argent.

Comment chacun se soumet-il ? Jusqu'où ? Quels sont les jeux de l'intention et de la volonté, d'une part, des emportements et des passions, de l'autre ? Ces questions n'ont pas encore reçu de réponses systématiques.

Les savoirs sont par définition des réponses, c'est-à-dire des acquis, admis, légitimités, partagés, etc. Ils ont donc la force d'être là, d'exister. Apprendre des éléments de savoir, est alors, non seulement se soumettre, mais aussi admettre les réponses. Je ne peux pas inventer de nouvelles règles de grammaire, ou de nouvelles chronologies de l'histoire de France. Apprendre est apprendre les réponses des autres : ceux du passé et du présent ; le rapport aux réponses devient alors le rapport de chacun aux dogmes, rapport à la dogmatique, c'est-à-dire selon Legendre à la genèse des normes, et partant c'est de filiation dont il s'agit. Il y a donc une deuxième soumission : après avoir reconnu ne pas savoir, il faut maintenant s'engager dans le savoir des autres. Rapport à l'apprendre, rapport aux réponses, constituent les premiers niveaux de tout rapport au savoir, qui est lui-même le récit qui compose les unités de savoir ; récit qui n'existe pas en extériorité du sujet (le rapport au savoir est intérieur), le rapport à l'extériorité du savoir est quant à lui, le rapport au stock de savoir socialisé, rapport producteur de représentations pour le sujet. Certes, ce rapport aussi existe, dès lors que chacun est obligé de « mentaliser » le réel, toutes les pièces du puzzle du réel et le stock de savoirs fait partie du réel parmi bien d'autres éléments que l'individu appréhende. C'est pourquoi le rapport au savoir du sujet inclut les représentations des stocks de savoir, mais aussi leurs usages, leurs modes de production mais ne s'y réduit pas. Le rapport au savoir est une donnée intérieure, vécue, psychique, qui ne peut se confondre avec une machinerie cognitive et stratégique, ce qui rend si difficile son « usage » en termes de recherche.

Nicole Mosconi a écrit dans un compte rendu du livre de M. le Doeuff[1] : « Des mythes règlent notre rapport au savoir (exemple, celui des rapports entre intellectualité et sexualité ; entre sexes et ordres des savoirs) ». Le récit que chaque sujet construit est, en effet, socialement déterminé, ce qui veut dire que tout récit emprunte des éléments de l'environnement. Il emprunte non volontairement, même s'il opère des tris ; le récit de savoir s'inspire en conformité, des normes, des représentations pour ne guère s'en éloigner. Le récit de savoir de chacun communie à un savoir commun,

---

[1] MLE DOEUFF. *Le sexe du savoir*. Aubier. 1998. Compte rendu dans la revue du MAGE « Travail, genre et sociétés ». L'harmattan. 1999

à un savoir communautaire. Les mythes qu'évoque Nicole Mosconi sont eux-mêmes transmis, mais surtout produits et reproduits par les adultes, pas seulement les « patentés » qui leur donnent des mots, mais par tout un chacun qui les éprouve et les agit. Les mythes les plus « efficaces » sont alors bien ceux auxquels on cède sans savoir qu'ils sont des mythes. Le mythe n'est jamais mieux investi que par l'imaginaire familial qui le répète, le met en scène, en allaite le nouveau-né. Au bout de la chaîne, le fantasme et le refoulement de l'enfant trouveront leurs images et leurs mots. Ce que nous appelons mythes peut être considéré comme la matrice des croyances et des illusions sans lesquelles nous ne pouvons penser.

La plasticité cérébrale et psychique est une grande découverte commencée il y a un siècle et qui nous confirme aujourd'hui l'état d'inachèvement de l'humain (on se souvient cependant, que l'histoire judéo-chrétienne s'est fondée sur un inachèvement de l'humain qui par ses conduites et ses œuvres, tout au long de la vie, pouvait espérer parvenir à l'absolu ; or, ce fondement de la religion s'est accompagné pendant deux millénaires, d'une autre croyance physique et laïque, que l'homme, après l'enfance, était adulte une fois pour toutes, pour toute sa vie, immuable donc). Cependant, même si la base biologique et endocrinienne reste en grande partie à déchiffrer, et le sera un jour, restent à comprendre les très grandes variétés du rapport au monde des très jeunes enfants, des bébés, voire des fœtus. La découverte exploratoire de l'environnement, les expressions de curiosité, les précocités motrices et langagières, les phénomènes d'emprise, sont aisément constatables, observables, mais jusqu'à présent ces phénomènes ne donnent pas lieu à des explications convaincantes en termes de genèse, de construction, de développement, pour rendre compte de la variété des phénomènes constatés.

Pour ce qui concerne la production continue du rapport au savoir entendu comme nous l'avons fait ci-dessus, les attitudes fondamentales, de base, comme celles évoquées de l'exploration de l'environnement, ou de la soumission à l'environnement, etc., peuvent être supposées essentielles sans jamais sans doute être déterminantes.

Bion, Klein, Winnicott, Anzieu, pour ne citer que les principaux noms, nous ont appris la place, le rôle, la fonction, de l'autre pour soi. Si on accepte l'idée que le rapport au savoir pour un sujet a pour condition la création et le résultat de son espace psychique et mental, alors on peut comprendre, qu'il y faut, un autre, pour penser, pour l'enfant d'abord, un autre pour contenir, autoriser, sans doute, mais pour beaucoup plus que cela : un autre qui vocalise, qui rêve, qui mentalise pour « entraîner » l'enfant. L'apparence est trompeuse qui laisse croire que ces premiers temps de la vie s'estomperaient à disparaître dans l'âge adulte, moment où chacun aurait atteint une indépendance de pensée, une pensée autonome, en soi. Le temps de l'enfance demeure exactement le temps de la vie, comme les thérapies psychanalytiques le montrent chaque jour. Ce qui se passe, dans la cure n'est pas d'une tout autre nature que ce qui est dans l'ordinaire ; il s'agit d'un dispositif, construit, artificiel et arbitraire si l'on veut, « expérimental », de concentration, mais qui pour notre affaire nous apprend d'abord qu'on ne pense jamais seul. On ne saurait accéder à l'autonomie de pensée individuelle, sans la nécessité permanente de se confronter aux autres. Confronter n'est pas le simple échange d'opinions ou la joute rhétorique. Il s'agit davantage de ce soutien mental que chacun apporte à d'autres, pendant que lui-même est soutenu par des troisièmes. Un tel travail est presque apparent dans les situations d'éducation et d'apprentissage, mais il les dépasse, car il n'est pas réservé à ces seules situations où l'on voit que penser est un compagnonnage bien plus qu'un accompagnement. La différence est d'importance. Il faut un autre et des autres pour penser : ce n'est pas une expression de style. Un autre, qui peut être une personne singulière, particulière, ou une figure qui représente l'altérité ; des autres, parce qu'on pense avec et pour des personnes, une communauté.

La valeur du savoir est une question lancinante. Non la valeur utile, utilitariste, devenue évidente au point d'occulter d'autres interrogations, mais la valeur du savoir pour la vie, et à la question : « A quoi me sert le savoir ? », en conserver une autre : « Que me vaut de savoir ? ».

Ainsi la valorisation du savoir recoupe plusieurs possibilités. Le savoir vaut pour son utilité, soit pour transformer la matière, soit pour vivre en société ; par ailleurs le savoir est ce qui répond pour un sujet aux questions de la vérité et du bien. Les savoirs se constituent alors dans une dimension instrumentale, éthique et politique, en même temps que dans une dimension magique, où l'opérationnalité échappe au sujet. Le magique devient la trace de la capacité imaginaire de l'humain. On peut rappeler ici que l'on doit à Christoph Wulf, anthropologue à Berlin, l'étude de la mimésis, processus primaire des sociétés et du psychisme individuel, qui dépasse largement ce que nous savons de l'imitation. La mimésis, en effet, est l'introduction du travail de l'imaginaire, qui lui-même nous conduit tout droit à l'identification, aux identifications, d'abord à la mère et au père, puis à toutes celles qui se poursuivent la vie durant. Impossible d'échapper au fait que pour exister, c'est-à-dire pour être non seulement ce que je suis, spécifiquement, mais pour être tout simplement un sujet de conscience, j'ai besoin constamment de l'existence des autres, de m'imaginer leur arracher une part d'eux-mêmes. Cette mimésis qui met chacun dans « une forme » pourrait laisser penser, s'il ne s'agissait que du mimétisme, à une sorte de programme acquis mais répétitif. En réalité, c'est le socle à partir duquel l'intention et la volonté, parties intégrantes du sujet, vont pouvoir se développer, déterminées et créatrices à leur tour du, et des, conflits psychiques propres à la vie même de chacun. Le et les savoirs sont ici les liens, les liants, d'une lourde histoire parcellisée, la sienne faite de quelques bribes connues et répétées, mais surtout des milliers d'instants d'activités et d'émotions oubliées, dont peut-être les mémoires gardent trace, mais dont une part est transformée par le sujet en unité de savoir, en savoir, en rapport au savoir.

Le rapport au savoir n'est pas un trait comme un élément de caractère. Ce n'est pas une substance, mais un processus ou une relation entre des éléments. On « n'a pas » un rapport au savoir. Mieux serait de dire que l'on « est » son rapport au savoir. « Etre » son rapport au savoir, cela signifie que mes actes, mes conduites témoignent et transcrivent ce que je veux et ce que je ne sais pas, de la manière dont les savoirs ont été acquis, puis m'ont imprégné. Ce que je fais de mes savoirs, quels qu'ils soient, en degrés, en natures, mais aussi en ignorances et en ratures.

Pour nous, le rapport au savoir est aussi un projet et un « programme ». D'abord, le projet d'un sujet, d'un « auteur » entendu comme celui qui s'autorise, mais aussi celui qui occupe la place qui authentifie, envers les savoirs, ceux qu'il sait, ceux qu'il sait ne pas savoir, ceux qu'il sait savoir sans bien le savoir, ceux qu'il sait vouloir savoir, et encore bien d'autres. Pour exprimer que le rapport au savoir n'est pas seulement du passé, de l'après-coup, mais aussi de la projection, de l'avenir, jusqu'à l'ultime qu'aucun de nous ne sait, ce qu'est mourir, et ce que le savoir sera de ne plus exister. La vie humaine est un grand chemin de savoirs.
A quel instant avons-nous eu conscience de la mort ? La même interrogation occupe les romanciers et les psychologues. On traque les traces sur les murs et dans les éboulis de nos ancêtres, lointains et si proches. Que sont quelques dizaines de milliers d'années en regard des six millions de l'humanisation ? Une seule chose certaine, la lente montée de la conscience qui est peut-être immédiatement celle, en effet, de la mort. On en connaît les « conséquences » : fleuriront alors mythes et magies, pour surmonter l'angoisse et la dépression. L'humain invente l'immortel, comme son double, et assigne dans chaque groupe, une place à ceux qui professent savoir quelque chose sur l'immortalité. La croyance était née pour ne plus nous quitter. Même si savoir et croire dans leur mutuelle histoire peuvent s'opposer, se différencier, toute croyance est d'abord un savoir, même sous la forme d'un croire savoir. Aussi, à l'idée sommaire que les savoirs d'aujourd'hui remplacent les croyances d'antan, mieux vaut penser que nous savons nos nouvelles croyances.
Le rapport au savoir contient ainsi le rapport à ce que nous croyons, non seulement à ce que nous affirmons croire, mais aussi à ce que nous mettons en acte, de nos croyances tacites, et parmi celles-ci, comment chacun mobilise ses savoirs pour affronter la mort toujours imminente et lointaine.

Programme enfin sur un tout autre plan, celui de poursuivre le travail engagé et entamé, seul et à plusieurs, d'explorer le rapport au savoir pour en comprendre quelque chose. Aucun de nous n'évacue la réalité de lui-même dans cette affaire : quelles forces, quels refoulements, quels fantasmes, me mettent en mouvement depuis si longtemps à vouloir savoir le savoir ? Les réponses à ces questions, toujours les unes et les autres remaniées, sont de deux ordres : le premier concerne ma vie psychique, l'histoire de ma vie, et n'importe pas ici. Le second niveau est celui de l'effort de rationalité, dans le contexte des acquis (même temporaires) et des découvertes de ce temps présent qui est le mien.

Quand on élabore un concept, dans le champ des sciences sociales et humaines, on est contraint -telle est l'histoire et l'usage de ces disciplines- de justifier l'usage du concept par des indicateurs observables ; les indicateurs renvoient aux propriétés et qualités des individus eux-mêmes. Dans une précédente note, nous avions proposé une opérationnalisation de la notion de rapport au savoir. Le travail demeure largement à poursuivre. En effet, si le rapport au savoir est le récit, le discours par lequel un sujet organise de multiples unités de savoir comment en chercher le témoignage ? Rappelons que nous avons proposé la définition suivante du rapport au savoir : *Processus par lequel un sujet, à partir de savoirs acquis, produit de nouveaux savoirs singuliers lui permettant de penser, de transformer et de sentir le monde naturel et social.* A bien entendre : non pas le témoignage que des faits, des événements, et leurs indicateurs, justifieraient la notion, car rien ne peut se justifier par le rapprochement de réalités et de la définition. La logique de définition appartient à son seul champ de références. Contraint en quelque sorte de se dire et de dire, « cet ensemble de faits et phénomènes, je le nomme ainsi ». Donc, le témoignage vise précisément à comprendre une genèse, une expression, les conduites d'un sujet qui se parle et parle du savoir. De quels moyens disposons-nous ? L'interview, l'entretien, viennent à l'esprit, sous des formes diverses : du bilan de savoir de l'équipe Escol, à l'entretien d'explicitation ou à l'entretien non directif ; mais les biographies et les histoires de vie aussi, ou les histoires de formation, avec leurs variantes, journaux, groupe d'expression collective, livre à deux voix, ou commentaire d'œuvres littéraires. D'autres « techniques » ont été mises en œuvre. C'est le cas du travail fait sur des documents vidéo ; ici, l'observation des comportements, des interactions et des discours, tente de saisir les niveaux et les facettes d'une mise en acte, dans une situation donnée, qui concerne le savoir pour les uns et les autres. Travail approfondi effectué à partir de documents saisis en situation didactique ou éducative, c'est-à-dire en situation d'apprentissage. C'est probablement tout l'intérêt par la réduction opérée et en même temps, la limite : l'apprendre se distingue du savoir. Dans les techniques du premier genre on est dans l'après coup ; par celles du second, on approche des indicateurs observables (même s'il reste encore à réfléchir la relation entre les indicateurs et les propriétés ou qualités des individus) dont nous parlions plus haut, avec la réserve de la distinction entre apprendre et savoir. Peut-on inventer encore, peut-on espérer, d'autres façons d'appréhender ce qui « se trame »?

En tout état de cause, aujourd'hui, continue à se poser, grâce au matériau accumulé par les uns et les autres, la question d'une modélisation des rapports au savoir. Depuis longtemps, nous avons nous-même cherché la possibilité d'une modélisation. En 1989, par exemple, en témoignent les pages d'un chapitre consacré à la notion en formation[1]. On peut la relire :

Le « rapport au savoir » nomme, aujourd'hui, un processus, dont la réalité ne date pas d'hier. Le savoir est trop important dans l'histoire humaine pour que les situations singulières et contingentes ne soient pas renvoyées à des situations exemplaires, que les tragédies et les mythes dans leur aspiration à l'universalité, sont chargées de transmettre. C'est pourquoi chercher les figures mythiques ou idéal-typiques du savoir et du « rapport au savoir » est progresser dans la compréhension de cette notion. Lacan a tenté de le faire, au moins pour la seule psychanalyse en définissant ses quatre discours ; celui de l'hystérique, de l'analyste, du maître et de l'universitaire. Ici plus largement nous allons chercher les figures, à la fois comme modalités du « rapport au savoir » et représentation du savoir.

Pour chercher les Figures, il faut décider de caractères à partir du « rapport au savoir » comme processus créateur de savoir intégrant les savoirs existants, afin que tout auteur-sujet

---

[1] *Savoir et rapport au savoir. Elaborations théoriques et cliniques.* Editions universitaires, 1982, Citation pp. 200-206.

agisse et pense, c'est-à-dire cherche vérité et signification. Nous allons chercher les figures autour de quatre thèmes : l'appropriation des savoirs, la fonction, les intérêts et les tâches, sans pouvoir composer les figures entre elles.

L'appropriation des savoirs est largement mise en scène dans les mythes lorsqu'elle est exceptionnelle. La première modalité d'appropriation a trait aux conduites face à l'héritage ; les fils se soumettent aux assignations, aux injonctions et aux déterminations de la génération précédente ; cette appropriation en conformité (de classe, d'environnement, de parents) est celle de l'imitateur. S'opposent à ceux-ci, les voleurs, les audacieux, les aventuriers, les rusés qui s'emparent du savoir interdit, quel que soit le prix à payer. Faust lance un défi, Adam agit par tentation, Prométhée par ruse, les chevaliers cherchent le Graal. L'appropriation est celle du transgresseur. L'imitateur désire apprendre, le transgresseur désire savoir. En Occident, l'appropriation, après celle des héritages, est celle opérée à l'école. On y retrouve la même disposition que précédemment : de celui qui apprend le savoir en conformité, où le savoir est un objet déterminé, fermé et construit et qui est l'apprenti, auquel s'oppose celui qui apprend en dehors ou contre les normes, pour qui le savoir reste une question et dont la Figure est l'autodidacte. Le double conforme de l'imitateur et de l'apprenti s'oppose alors au double déviant du transgresseur et de l'autodidacte comme l'héritier contre l'aventurier. L'imitateur autodidacte devient un fouineur et le transgresseur apprenti, un promu ou un déchu social.

La fonction des savoirs est celle mise en scène dans nos grandes épopées : « Au commencement était... ». Le Verbe, puis l'Action, puis le Fantasme.

Quant aux intérêts dégagés par plusieurs auteurs comme intérêts de savoir, ils sont en fait des usages de savoir dans le réel social ; ils peuvent se rassembler, autour de quatre techniques, herméneutiques, émancipatoires, et, (souvent omis) dominateurs.

Enfin, les intérêts de savoir s'insèrent dans la vie quotidienne à travers la variété des métiers et des travaux. Nos sociétés gardent toujours la trace des anciennes distinctions. Les investissements de savoir se retrouvent pour devenir les tâches des Interprètes, des Forgerons, des Inventeurs et des Secouristes.

Ainsi vont par le monde du « rapport au savoir », les orthodoxes et les croyants, les révoltés et les hérétiques. Ceux de la raison et de l'expérience, ceux de la foi et de la vérité, ceux de la science et ceux de la sagesse.

Etaient repérées plusieurs dimensions pour lesquelles on refusait la construction d'un tableau croisé, trop simplificateur et qui aurait pris parti pour des catégories trop arbitraires. La crainte des caractérologies et des typologies était la plus forte. Dans l'ouvrage suivant, la question était reprise et à peine « traitée »[1] :

Face à des situations connues ou inconnues, on peut demander à des sujets (individuels ou groupaux) d'explorer leurs comportements ; on imagine par exemple que l'on pourrait repérer des différences extrêmes entre un rapport au savoir actif/passif, spéculatif/interventionniste, oral/scriptural, rigide/souple, individuel/collectif, autodidacte/hétéro-didacte, anarchique /hiérarchique, etc.

Des échelles aux modèles et aux types, il n'y aurait qu'un pas ; en étudiant les comportements et les variabilités des individus selon certains facteurs, des spécificités s'ajouteraient aux comportements de base. L'étude de micro-situations pourrait utilement compléter les enquêtes statistiques, par exemple on peut envisager l'analyse des rapports aux objets savants comme les livres, les outils, et même plus finement pour chacun d'eux l'analyse très précise de leur usage. On postulerait, selon cette voie, que le rapport au savoir d'un sujet se manifesterait par les savoirs qu'il exprime, par l'attitude qu'il estime avoir et par l'utilisation qu'il fait des savoirs et des objets.

D'un point de vue psychologique, à un moment donné de l'histoire de chaque sujet, ce qui n'est pas renoncer à ses différents passés, nous pouvons observer des attitudes extrêmes. Celles-ci signent et témoignent ce que nous appelions des dispositions, mixte évident de pulsions, d'inhibitions, de fantasmes, d'aptitudes sensorimotrices, de mémoires et d'oublis, d'habiletés diverses.

---

[1] *Pour une clinique du rapport au savoir.* L'Harmattan, 1996, citation pp. 148-149.

Sur les deux axes qui nous occupent, celui du savoir (savoirs) et de l'apprentissage (apprentissages), il semble pertinent d'opposer deux « couples » de catégories. Pour les savoirs la soumission versus la révolte, et pour l'apprentissage, l'actif-inventif, versus le passif-répétitif. On notera que les formes de ces dispositions doivent beaucoup aux cultures et à l'histoire. Ainsi, si leur imagerie contemporaine s'est construite, tout au long du XIXè siècle, pour arriver jusqu'à nous par les nombreux canaux de la communication culturelle, un trait intéressant de ce modeste tableau est la visualisation d'une possibilité de changer « de case », selon les moments de la vie.

Enfin, il ne sera pas oublié que quand bien même nombre de personnes se trouvent avoir mis en œuvre une tendance plutôt qu'une autre, demeure entre deux individus proches dans leur représentation de savoir et leur démarche d'apprentissage, une distinction propre que l'on peut qualifier, à l'instar des créations d'art, le style. La touche originale de chacun, en quelque sorte.

Deux investigations antérieures faites par plusieurs d'entre nous, demeurent sans doute à approfondir, à affiner, peut-être même toujours à retravailler par chacun qui souhaite « utiliser » le rapport au savoir, tant nous devons intérioriser et créer nous-mêmes, pour nous-mêmes, les concepts avec lesquels nous voulons décrypter nos données empiriques ; ce travail en spirale, cette répétition permanente, ce mode de réflexion qui ressemble par certains côtés à l'écriture de Péguy, accumule des éclairages, quelques démonstrations, mais demeure éloigné de ce que nous souhaitons, c'est-à-dire qu'une démonstration ne soit pas seulement propositionnelle, mais trouve une ou des modalités de preuves.

Deux investigations : la première est le travail effectué à partir des auteurs de la psychanalyse, et notamment Freud. Les trois essais sur la sexualité et l'étude sur Léonard de Vinci fournissent l'essentiel : la pulsion de savoir, réponse à l'angoissante question : « d'où viennent les enfants ? » et « que font les parents la nuit ? », mettent en avant l'investigation, l'emprise et le voir. A la première notion, on y associe la curiosité, la chasse de connaissance dont parlait

Montaigne[1]. L'emprise qui se distingue de la maîtrise est la volonté d'une saisie totale de l'autre, de l'envoûtement de l'autre ; enfin, le voir, cette fonction si prééminente dans toute la civilisation occidentale, au point de caractériser la démarche majeure de connaissance dans nos cultures. Nous savons aussi que la mise en forme, la création de la pulsion se poursuivra tout au long de la vie du sujet, par des dédales multiples, qui toujours selon Freud, se repérera en trois grands destins, la pulsion sera inhibée, ou bien elle alimentera la perversion ou encore et enfin, elle se fraiera un passage dans la sublimation.

La deuxième investigation a trait au désir. Pour l'instant, nous conservons cette notion, la plus propice à éviter la réification du rapport au savoir qui permet de signifier la réalité et la force de l'empreinte de l'inconscient, et de maintenir le lien entre le savoir et « l'autre ». Le désir comme force, énergie, aspiration du désir de l'autre nous contraint à réfléchir en profondeur à l'ambivalence et au conflit Le désir est une intensité envers le mystère des origines, jamais satisfait des réponses rencontrées. Le désir de savoir l'origine de l'existence se transfère, par le relais des identifications multiples, en désir de savoirs culturalisés et, donc, sociaux. C'est cette différence entre le désir « absolu » et les savoirs partiels qui engendre la part d'illusion attachée au savoir.

Les expressions ordinaires qui parlent du désir en révèlent sa contiguïté avec la passion : assouvir son désir, endiguer le désir, manifeste gourmandise et puissance, chair et flots, de la profondeur du désir, qui tout à la fois est le ressort et le témoin du combat permanent des forces de vie et des forces de mort, mais où le désir étant, la vie triomphe encore momentanément. On pressent bien que toutes les approches par la rationalité pour comprendre le savoir et

---

[1] A rapprocher d'une toute autre littérature. J. LE CARRE *Single et single*. Le Seuil. 1999. Citation p. 186
« La curiosité, Oliver, rétorqua Tiger, (le père d'Oliver) lèvres pincées,c'est pire parce qu'elle est vaine,naïve, ignorante, complaisante, gratuite, moralisatrice, compliquée. Adam était-il le premier homme ? Je n'en sais rien. Le Christ est-il né le jour de Noël ? Je n'en sais rien. En affaires, on prend la vie comme elle vient, pas comme elle est enrobée par les journaux libéraux du haut de leur chaire ».

l'apprentissage n'y suffisent pas, parce que les enjeux, comme l'a montré Kaës dans plusieurs de ses travaux, s'expriment nécessairement à travers les fantasmes. Se construit alors un ensemble de propositions et d'hypothèses, propres à faire office de théorie, ou de théorisation. Tout apprentissage d'un savoir est en même temps du rapport à ce savoir-ci, et tout apprentissage d'une unité de savoir retravaille les savoirs antérieurs. Si le rapport au savoir peut être compris comme un processus, il naît et se développe en même temps du désir, désir de savoir, certes, mais plus largement désir à être. Aux confins du passé et de l'avenir, de la naissance à la mort, le rapport au savoir de chacun est l'œuvre minimale qu'il a faite de sa vie. Que veut dire d'autre, sinon, la maxime répétée, qu'un vieillard qui meurt, est une bibliothèque qui disparaît ?

Jacques Bouveresse rapporte un propos de Lichtenberg et le commente ainsi :
« Il dit, par exemple : « Aujourd'hui, on célèbre partout le savoir. Qui sait si un jour on ne créera pas des universités pour rétablir l'ancienne ignorance ? » On touche là à un problème fondamental : qu'en est-il de la volonté de savoir ? Est-elle aussi réelle qu'on le dit ? Avons-nous tellement envie de savoir ? Sommes-nous prêts à supporter les conséquences, généralement, peu réconfortantes, qui résultent d'un accroissement du savoir ? On ne peut pas ne pas vouloir savoir, mais en même temps, à cause de tous les déboires qu'est supposé avoir entraînés le triomphe de la raison, on n'en finit pas de regretter de savoir. Quelle est alors la combinaison idéale de vérité et d'illusion dont nous avons besoin pour vivre ? La dose de vérité que l'être humain est prêt à supporter est probablement beaucoup plus réduite qu'on n'aimerait le croire. Mais cela ne peut pas constituer un argument en faveur de l'erreur et de l'illusion. »[1]
C'est aussi ce qui peut justifier notre entreprise.

---

[1] J. BOUVERESSE Le philosophe et le réel. Entretiens avec J.J.Rosat. Hachette. 1998. Citation p. 15

Pour une clinique du rapport au savoir à fondation anthropologique

Nicole Mosconi

La notion de rapport au savoir est de plus en plus utilisée aujourd'hui dans les travaux de sciences de l'éducation, que ce soit dans le champ des apprentissages familiaux et scolaires ou dans le champ de la formation des adultes. Ces utilisations multiples ne contribuent pas forcément à la clarté et à la précision de la notion. Deux équipes de chercheurs s'efforcent d'en pousser la théorisation, l'équipe Escol à Paris 8 et l'équipe « Savoirs et Rapport au Savoir » à Paris X. En 1996, l'équipe de Paris X publiait *Pour une clinique du rapport au savoir* [1], où la première partie tentait de présenter quelques éléments de théorisation, après le premier texte fondateur de Jacky Beillerot, inclus dans le premier volume collectif de l'équipe [2]. En 1998, Bernard Charlot publiait un texte qui avait pour objectif de faire un point théorique sur la notion du point de vue de l'équipe Escol [3]. Il

---

[1] Jacky BEILLEROT, Claudine BLANCHARD-LAVILLE, Nicole MOSCONI (1996), *Pour une clinique du rapport au savoir*, Paris, L'Harmattan.
[2] Jacky BEILLEROT (ed.) (1992), *Savoir et rapport au savoir*, Paris, Éd. Universitaires, p.165-202.
[3] Bernard CHARLOT (1998), *Du rapport au savoir. Éléments pour une théorie*, Paris, Anthropos.

y prenait position sur nos propres théorisations, énonçant ses accords et désaccords.

Ces débats ont le grand intérêt de permettre à chacun de pousser plus avant sa réflexion, d'approfondir sa propre position et ainsi d'apporter une certaine clarification dans les élaborations théoriques en cours.

Une théorie du sujet comme théorie sociologique ?

Qu'est-ce qu'un sujet ?

Un point d'accord fondamental entre les deux équipes est sans aucun doute l'affirmation que « on ne peut faire l'économie du sujet quand on étudie l'éducation »[1] et que, si l'idée d'éducation renvoie nécessairement à la notion de rapport au savoir, il n'y a pas de rapport au savoir sans sujet et « pas de théorie du rapport au savoir sans théorie du sujet ». Les caractéristiques que Bernard Charlot dégage concernant le sujet pourrait rencontrer notre accord : un sujet en relation avec d'autres sujets, pris dans la dynamique du désir, parlant, agissant, se construisant dans une histoire, articulée sur celle d'une famille, d'une société, de l'espèce humaine elle-même, engagé dans un monde où il occupe une position sociale et où il s'inscrit dans des rapports sociaux.

Pourtant ces éléments ne nous paraissent pas encore suffisants pour caractériser le sujet. Nous ajouterions, pour notre part, que le sujet est aussi un être pourvu d'une vie psychique fondée sur les systèmes Inconscient/Préconscient-Conscient et même sur des « vouloirs » antérieurs à la mise en place de ces systèmes, que sa vie ne se limite pas à un langage et à une action organisés par la rationalité consciente mais qu'il a aussi toute une vie imaginaire et fantasmatique, liant représentations et affects, qui échappe en grande partie au contrôle de la conscience, mais qui est agissante sur une grande partie de sa vie et, en particulier, sur ses pratiques en lien avec le savoir et les savoirs.

C'est pourquoi nous ne pouvons donner notre accord à l'idée qu'une théorie du sujet puisse se limiter à une

---
[1] Bernard CHARLOT (1998), op. cit., p.35.

« sociologie du sujet », autrement dit à une théorie uniquement ancrée dans la sociologie. Certes un sujet humain ne peut se comprendre sans la société et le groupe social et familial dans lequel il est inclus. Mais cela ne peut signifier, pour nous, qu'il n'y ait pas d'autre source d'intelligibilité pour le sujet humain qu'une théorie sociologique.

Bernard Charlot marque bien le paradoxe de sa position, en rappelant que « la sociologie s'est construite en se démarquant des théories du sujet »[1]. La critique qu'il fait, dans le chapitre III, des sociologies de l'éducation, en montrant les manières diverses dont elles ont « évacué » le sujet, soit en « rejetant le psychique à l'extérieur dans le social » (Durkheim), soit en « mettant le social à l'intérieur »[2] (Bourdieu), soit en réduisant le sujet à un pur processus de subjectivation (Dubet) sont très convaincantes. On peut trouver très convaincante aussi la critique que fait Bernard Charlot des notions d'intériorisation ou d'incorporation, telles que les utilisent les sociologues. J'avais moi-même esquissé une telle critique, dans mon livre *Femmes et savoir*[3]. Comme l'écrit Bernard Charlot, « penser en termes d'intériorisation aboutit toujours à constituer un psychisme qui n'en est pas un, une subjectivité qui n'en est pas une »[4]. En effet, l'individu « n'intériorise pas le monde, il se l'approprie et ceci parce que le sujet a sa logique propre » : lorsque l'extérieur (social) devient intérieur (psychique), « il ne change pas seulement de place mais de logique »[5] ; penser en termes d'intériorisation, c'est en effet « négliger le fait que "l'intérieur", le psychique, la subjectivité, a des lois propres d'organisation et de fonctionnement, irréductibles à celles de "l'extérieur", du social »[6].

Comme Bernard Charlot, nous affirmons que le sujet, le psychisme a ses modes spécifiques d'organisation et de fonctionnement et on pourrait même ajouter que la

---

[1] Bernard CHARLOT (1998), op. cit., p.36.
[2] Bernard CHARLOT (1998), op. cit., p.38-39.
[3] Nicole MOSCONI (1996), *Femmes et savoir. La société, l'école et la division sexuelle des savoirs*, Paris, L'Harmattan, P.III, chap. , p. 15.
[4] Bernard CHARLOT (1998), op. cit., p.49.
[5] Bernard CHARLOT (1998), op. cit., p. p.38.
[6] Ibidem.

constitution du rapport au savoir dans le sujet est l'un de ces modes d'organisation et de développement. Mais alors on ne comprend plus pourquoi Bernard Charlot va entreprendre ensuite de faire une théorie du sujet qui se limite à une sociologie et n'inclut pas - tout autant - une psychologie. Le sujet, affirme Bernard Charlot, est « un être à la fois singulier et social ». Mais alors, si une sociologie du sujet peut le saisir en tant que social, comment peut-elle le saisir en tant que singulier ? La sociologie étudie des formes générales d'individualités, des types, elle considèrera l'individu comme agent social, acteur social, moi social ou « addition de moi sociaux », mais comment pourrait-elle, de son point de vue, se donner pour objet les individus singuliers ? Habituellement on admet plutôt qu'en tant qu'être singulier, le sujet est l'objet de la psychologie et non pas de la sociologie. Le sujet, affirme Bernard Charlot, est « un être singulier qui s'approprie le social sous une forme spécifique, transmuée en représentations, en comportements, en aspirations, en pratiques, etc. »[1]. Ces termes de représentations, comportements, aspirations ne sont-ils pas plutôt des concepts de la psychologie que de la sociologie ?

La raison pour laquelle Bernard Charlot affirme que la théorie du sujet doit être, malgré tout, une sociologie, c'est sa thèse que le sujet « est social de part en part ». Mais n'y a-t-il pas un paradoxe à affirmer à la fois que le sujet a sa logique propre et ses lois propres d'organisation et de fonctionnement et à vouloir les appréhender par une science qui considère d'autres lois et une autre logique ? De deux choses l'une, en effet : ou bien on définit le sujet de telle sorte qu'il est intelligible uniquement à travers des processus sociaux, mais alors on ne voit pas comment on pourrait reconnaître et sauvegarder sa singularité ; ou bien on reconnaît sa singularité, on admet la spécificité des processus psychologiques et, dans ce cas, on ne voit pas pourquoi une psychologie ne serait pas nécessaire pour les étudier et les comprendre.

En réalité, la formule « le sujet est de part en part social » est très équivoque. Elle peut signifier ou bien que les processus sociaux imposent leur détermination à tous les

---

[1] Bernard CHARLOT (1998), op. cit., p. 47.

aspects du psychisme humain, mais que ces processus psychiques gardent une autonomie relative et doivent être étudiés comme tels, ou bien que ces processus psychiques n'existent pas comme ordre de réalité spécifique et que par conséquent une science spécifique n'a pas lieu d'être pour les étudier. Bernard Charlot soutient une position tout à fait paradoxale, puisqu'à la fois il reconnaît aux phénomènes psychologiques une autonomie relative, une « logique propre », des « lois propres d'organisation et de fonctionnement », mais qu'en même temps il soutient que c'est une science qui étudie un autre type de phénomènes, les phénomènes sociaux, qui doit être à même de les prendre pour objet.

Sujet et rapport au savoir

De même qu'une théorie sociologique est insuffisante en elle-même pour définir le sujet, elle est insuffisante pour définir le rapport au savoir de ce sujet. Bernard Charlot critique Bourdieu en lui reprochant de confondre, dans *La misère du monde*, le rapport au savoir d'un groupe et celui d'un individu, de faire comme si le rapport au savoir de l'élève x appartenant à une famille populaire pouvait se définir de la même façon que le rapport au savoir de « l'élève de famille populaire » comme type spécifique. Cela reviendrait à dire que l'élève x est un simple prétexte pour « donner forme individuelle à une position sociale »[1], cet élève n'étant rien de plus par lui-même que cette position sociale qu'il occupe. Contre cette réduction, Bernard Charlot s'insurge, à juste titre, en affirmant que ce sujet singulier « interprète cette position, fait sens du monde, y agit, y est confronté à la nécessité d'apprendre et à diverses formes du savoir - et son rapport au savoir est l'effet de ces multiples processus »[2]. Mais préciser la nature de ces multiples processus ne supposerait-il pas de faire une théorie psychologique du sujet et du rapport au savoir ?

C'est ici que se situe le point central de divergence entre notre équipe et l'équipe Escol. Tout en acceptant la

---

[1] Bernard CHARLOT (1998), op. cit., p. 40.
[2] Bernard CHARLOT (1998), op. cit., p. 41.

proposition qui affirme que « le sujet est social, y compris dans ce qu'il semble avoir de plus intime »[1], nous affirmons que le sujet, donnant une forme psychique aux rapports sociaux dans lesquels il se constitue, est le siège de processus psychiques qui, ayant une consistance propre, doivent être étudiés comme tels. Et que, pour faire la théorie du sujet et du rapport au savoir, il est nécessaire de se référer aussi à une théorie psychologique.

Psychanalyse et rapport au savoir

Notre choix s'est porté sur la psychanalyse parce que celle-ci représente, à nos yeux, la théorie du sujet la plus consistante proposée jusqu'à ce jour, même si, nous le verrons, des éléments indispensables doivent lui être adjoints du côté de l'organique, et surtout de la socio-culture et de l'histoire, pour composer une théorie non-tronquée du sujet. Peut-être peut-on aborder ces questions avec d'autres théories psychologiques de référence, comme le suggère Bernard Charlot, mais il nous semble en tout cas qu'une théorie psychologique est nécessaire. Ne pas se référer à une telle théorie, en effet, c'est risquer de s'en tenir à une psychologie spontanée - comme on parle de « sociologie spontanée » ou encore, en psychologie sociale de « cognition sociale implicite » - qui véhicule des notions vagues, polysémiques, pleines d'ambiguïtés, d'impensé et d'idéologie. Sans doute loin de nous l'idée que la théorie psychologique serait suffisante et que la sociologie ne doit pas avoir sa place, nous affirmons seulement qu'une théorie sociologique du sujet et du rapport au savoir ne saurait se présenter comme autosuffisante ou comme hégémonique, réduisant les autres disciplines à un rôle secondaire et subordonné.

Quel est l'intérêt de prendre la psychanalyse comme théorie de référence ? Tout d'abord sa méthode clinique nous paraît la mieux adaptée à l'étude du sujet singulier, pourvu qu'on ne l'ampute pas de sa dimension sociale. De plus, la psychanalyse, comme théorie, nous donne des clefs pour répondre à la question de la genèse du rapport au savoir ou encore de ce que nous appelons sa constitution.

---

[1] Bernard CHARLOT (1998), op. cit., p. 39.

Désir de savoir et pulsion

Dès lors quand on cherche à comprendre cette constitution, invoquer le terme de « pulsion » fait-il « régresser vers une interprétation biologisante du désir » et utiliser ce concept a-t-il pour conséquence nécessaire de supposer que le sujet « ne rencontrera l'autre que dans un deuxième temps, et le social dans un troisième »[1] ? Il est vrai qu'il y a un biologisme freudien, lié, d'une part, à l'hypothèse d'une sexualité à fondement organique dès la naissance et d'une détermination essentiellement organique du psychisme et, d'autre part, à celle d'une transmission héréditaire de fantasmes originaires ; ce qui conduit Freud à postuler une nature fixe de l'être humain, des fantasmes et un complexe d'Oedipe immuables[2]. Mais est-ce bien au concept de pulsion que ce biologisme se rattache ? Autrement dit, est-il légitime de parler de biologisme dès qu'est employé le terme de pulsion ?

Pour Freud lui-même, le concept de pulsion n'est pas un concept biologique, c'est, a-t-il toujours affirmé, « un concept-limite entre le somatique et le psychique ». La pulsion provient, certes d'une « poussée » somatique, mais elle est liée à la représentation, à l'affect et au fantasme, qui sont des produits déjà élaborés de la vie psychique.

Mais c'est ici, plus généralement, la question des rapports entre l'organique et le psychique en l'homme qui est posée. Il est certain qu'il est hors de question de ne pas distinguer rigoureusement le niveau de l'infrastructure organique, des processus neurophysiologiques et celui du psychisme, qu'il soit conscient ou inconscient. Le psychisme ne représente pas le produit brut d'un processus organique et ne se réduit pas à l'existence et au fonctionnement d'un certain type de neurones. Pour autant, refuser d'admettre que les processus psychiques ont un support organique, c'est faire preuve d'une « mentalité fakiriste »[3], selon l'expression de Gérard Mendel, c'est imaginer le psychisme sans lien avec le

---

[1] Bernard CHARLOT (1998), op. cit., p. 54.
[2] Cf. à ce sujet le travail critique de Gérard Mendel dans son livre de 1988, *La psychanalyse revisitée*, Paris, Éd. La Découverte.
[3] Gérard MENDEL (1988), *La psychanalyse revisitée*, Paris, Éd. la Découverte, p.89.

corps, comme suspendu au-dessus d'un vide organique. Comme l'a dit si justement Lucien Sève, « il n'est aucunement question de proposer à la psychologie de mépriser le rôle des "données" biologiques - le conditionnement du "biologique" et du "psychologique" ne cesse bien entendu jamais »[1], le biologique étant ainsi le « support » et la « condition de possibilité »[2] de la psychologie et de la personnalité humaines.

Certes, nous savons très peu de choses sur les liens entre la neuro-physiologie du cerveau et la vie psychologique, mais il serait paradoxal d'affirmer qu'ils n'existent pas. Cela ne signifie pas que l'on réduise la vie psychique à ces processus biologiques et que l'on prétende les expliquer uniquement par eux. Sans doute si l'affect, la représentation, le fantasme inconscients, et même la pensée consciente, ont pour support le corps et la neurophysiologie du cerveau, ils ne peuvent s'y réduire : le produit n'est pas assimilable au processus. Car ils sont aussi en même temps le produit d'autres processus faisant intervenir d'autres facteurs, liés à l'histoire singulière du sujet et par conséquent à des facteurs culturels et sociaux. Et l'on peut même penser que ces facteurs sont plus essentiels et plus importants que les facteurs organiques pour comprendre la vie psychique en tant que processus et produit.

Il en est de même pour la question de la pulsion. La pulsion est avant tout un processus psychique, puisqu'elle comporte représentations et affects. Elle ne se saurait se confondre avec des processus physiologiques sous-jacents. Comme telle, elle est déjà liée à l'histoire singulière du sujet et aux facteurs socioculturels qui y interviennent. Mais refuser la pulsion et en déconnecter le désir, afin de dénier que celui-ci ait une base organique, me semble procéder de cette mentalité « fakiriste », dénoncée plus haut. Nous verrons d'ailleurs plus loin, que, dans le modèle anthropologique que nous adopterons, la pulsion n'est pas un phénomène primitif. Il existe, plus primitifs que les pulsions, des « vouloirs » auxquels on peut d'ailleurs aussi supposer un support somatique, tant il est vrai que, si l'homme ne saurait

---

[1] Lucien SEVE (1968), *Marxisme et théorie de la personnalité*, Paris, Éditions sociales, p.277.
[2] Lucien SEVE, op. cit., p.591.

exister sans une société, il ne saurait non plus vivre sans son corps et sans un système corps-cerveau.

On ne peut nier, ni que l'être humain soit un animal, puisqu'il a un organisme, ni qu'il soit un animal radicalement autre, puisque, non seulement il est un animal social, mais que surtout il produit sa société et que sa société en retour le produit dans une interaction historiquement évolutive. L'être humain est un animal sans instinct, au sens strictement biologique du terme - sauf peut-être celui de succion. Chez lui, la place de l'instinct est tenue par l'éducation et la transmission sociale d'une culture. C'est pourquoi l'être humain a capacité à évoluer quand change sa socio-culture. Pour nous donc, le psychisme humain individuel se développe à l'articulation du cerveau organique et de la culture familiale et sociale du sujet. Et c'est cette articulation qui produit un champ nouveau, le psychisme, distinct à la fois du biologique et du social, même si l'on n'est pas plus fondé à déconnecter les processus psychiques de leurs liens avec les processus organiques qu'avec les processus sociaux.

Sujet et socialisation.

Il est faux aussi de dire que, dans une telle théorie, le social ne s'introduit que dans un second temps. Je serais tout à fait d'accord pour dire que l'enfant est d'emblée en rapport avec « l'autre ». Simplement je souhaiterais être plus concrète et dire que cet « autre » abstrait est en réalité la mère ou un personnage maternant, ainsi que d'autres personnages significatifs de l'entourage, père, frères et sœurs, autres membres de la parenté, professionnel-le-s de la petite enfance, etc. Si ces « autres » sont déjà socialisés et représentent la société auprès du jeune enfant, si l'enfant en rapport avec eux est d'emblée sociable - il suffit de voir la précocité du sourire et les multiples compétences du nourrisson que la psychologie nous fait de mieux en mieux connaître - il n'est pas pour autant d'emblée un être social, au sens plein, ce que Bernard Charlot lui-même reconnaît, lorsqu'il affirme que l'enfant a besoin pour cela d'être socialisé ou plutôt de se socialiser. Bien plus, si la famille opère dès le premier jour une socialisation primaire, dans aucune société celle-ci n'est considérée comme suffisante pour constituer l'être humain comme un être social à part entière ; car, dans toutes les sociétés, sous une forme ou une autre, est reconnue la nécessité d'une séparation d'avec la mère et la famille restreinte, quelle que soit la procédure par laquelle celle-ci s'opère : initiation, intégration dans un groupe d'âge ou, dans nos sociétés, entrée à la crèche et scolarisation. Ce n'est pas en un autre sens que doit s'entendre cette socialisation en plusieurs temps. Il est difficile de mettre à la fois - à juste titre - l'accent sur l'éducation et de ne pas reconnaître que l'intégration dans la société - la socialisation - si elle commence dès la naissance - et peut-être avant -, ne se fait que progressivement pour l'enfant jusqu'à l'âge adulte et même se continue sans doute tout au long de la vie.

  C'est ce travail sur la genèse qui nous amènerait à nuancer la formule : « étudier le rapport au savoir, c'est étudier ce sujet en tant qu'il est confronté à la nécessité d'apprendre et à la présence dans le monde de "savoirs" »[1]. Ne se retrouve-t-on pas proche du modèle des sociologues que Bernard Charlot va critiquer ultérieurement ? On pose un sujet d'un côté et un savoir de l'autre et une nécessité qui lui advient de l'extérieur et s'impose à lui d'apprendre. Le rapport au savoir désignerait alors la manière dont un sujet se positionne et s'oriente par rapport à un objet de savoir extérieur à lui. Si cette présentation peut correspondre à l'expérience de l'enfant à son arrivée à l'école, celui-ci a eu cependant auparavant tout un vécu par rapport au savoir et aux apprentissages. Tout d'abord, il a déjà « appris » sans « nécessité » ou du moins sans contrainte extérieure, ces savoirs fondamentaux que sont le jeu, la marche, le langage et de nombreuses pratiques culturelles présentes dans son milieu familial.

  Et surtout, quand on conçoit la genèse du rapport au savoir dans le cadre d'une théorie du sujet à référence psychanalytique, on est amené à concevoir la constitution du rapport au savoir comme un processus psychique complexe, dont les origines sont antérieures chronologiquement et logiquement à l'entrée à l'école et qui se déroule au sein même de la constellation familiale ou des institutions de

---

[1] Bernard CHARLOT (1998), op. cit., p. 35.

garde du jeune enfant. Le désir de savoir fait partie de processus psychiques propres au sujet, par qui les savoirs culturels et sociaux sont réinterprétés : qu'on le fasse naître dès les débuts de la vie, comme Bion ou très précocement, comme Mélanie Klein, dès la première année, comme curiosité concernant l'intérieur de la mère ou, plus tardivement, comme Freud, au moment de la crise œdipienne, le désir de savoir apparaît comme un processus où le sujet met en jeu, comme nous le verrons plus en détail ultérieurement, des pulsions complexes (pulsion de voir, pulsion d'emprise, pulsion d'agressivité, curiosité sexuelle), y compris la recherche du plaisir et se satisfait lui-même par la création d'un premier « savoir », proche du fantasme et que Freud a dénommé - à tort, sans doute, nous y reviendrons - « théories » sexuelles infantiles. Le sujet est donc tout d'abord auteur d'un premier savoir, création fantasmagorique à partir de sa propre constitution psychique d'enfant et de son propre désir de savoir.

La nécessité d'apprendre et la présence d'un savoir social qui s'impose à l'enfant n'est donc pas l'étape première de la constitution du rapport au savoir mais une étape seconde qui est dépendante de la manière dont se sont déroulés, dans l'histoire du sujet, les processus antérieurs. En particulier, c'est de cette première étape que proviennent les dimensions inconscientes du désir de savoir. Ce désir, en effet, s'est heurté d'emblée à des énigmes, souvent interprétées comme liées à un interdit parental (« tu ne dois pas savoir » ou « tu sauras plus tard, quand tu seras grand ») et a été conflictualisé. Par suite de ce conflit, le désir de savoir peut connaître des destins divers, que Freud a décrits dans *Un souvenir d'enfance de Léonard de Vinci* : l'inhibition, l'obsession ou la sublimation. Ainsi cette nécessité d'apprendre, le désir d'apprendre même, peuvent entrer en conflit avec des désirs inconscients (le désir de « ne pas savoir », la peur, le refus d'apprendre[1]), se heurter à des refoulements, à des inhibitions.

Indépendamment des destins qu'a pu subir le rapport au savoir au cours de cette étape première de sa constitution, l'étape seconde qu'est l'entrée en institution et la

---

[1] Cf. Serge BOIMARE (1999), *La peur d'apprendre*, Paris, Dunod.

scolarisation constitue une rupture. C'est ce passage que j'avais essayé de penser dans mon article « De la relation d'objet au rapport au savoir », dans *Pour une clinique du rapport au savoir*. J'y postulais que le passage à l'école non pas comme premier milieu socialisant, puisque la famille est déjà un milieu socialisant, mais comme premier milieu socialisant non familial, était aussi le moment d'une mutation dans la constitution du rapport au savoir, moment où l'enfant devait renoncer à ses premières constructions de savoir fondées sur le principe de plaisir, ce que j'avais appelé, en m'inspirant de Castoriadis, son « savoir privé », pour accéder aux savoirs culturels de sa société, au « savoir commun ». On peut imaginer un conflit entre ces deux types de savoirs, un conflit aussi entre savoirs familiaux et savoirs scolaires et enfin un conflit entre savoir et apprendre. Vouloir apprendre suppose de reconnaître que l'on ne sait pas, c'est-à-dire de renoncer au savoir premier que l'on a créé ou acquis. En ce sens, il est vrai que le savoir de l'école s'impose de l'extérieur comme une contrainte à laquelle l'enfant est confronté. L'apprentissage n'est possible que si ce conflit est dépassé. Le conflit est d'ailleurs plus facile à dépasser si la culture et le savoir présents dans la famille ont une certaine proximité avec le savoir transmis à l'école, alors qu'il peut devenir difficilement surmontable si la distance est trop grande entre les deux types de savoirs ; nous y reviendrons.

    Pour résumer, on peut être d'accord que « l'enfant est jeté dans un monde qu'il doit s'approprier par son activité et qu'il y est confronté en permanence à la question du savoir »[1] ; mais cette question n'est pas une question qui s'impose seulement à lui de l'extérieur, il la porte en lui de l'intérieur. Le savoir n'est pas présent seulement dans le monde hors du sujet, il est présent en lui. Il ne s'impose pas seulement de l'extérieur par la contrainte, mais il est aussi une création du sujet lui-même et les savoirs sociaux rencontrent, pour le meilleur et pour le pire, un désir en lui et les conceptions singulières que ce désir a suscitées.

    De cette discussion, nous conclurons qu'une véritable théorie du sujet ne peut être que pluridisciplinaire et doit

---

[1] Bernard CHARLOT (1998), op. cit., p. 49.

intégrer les acquis de l'ensemble des sciences sociales et humaines, en particulier de la psychologie et de la sociologie. De plus, nous serons d'accord avec Bernard Charlot pour dire que cette théorie du sujet doit reposer sur une anthropologie et que celle-ci manquait à notre précédent livre[1]. C'est pourquoi nous allons tenter maintenant d'esquisser cette anthropologie.

Hypothèses de base pour une anthropologie du sujet

Pour constituer cette théorie du sujet, nous reprendrons les hypothèses anthropologiques de base de Gérard Mendel[2]. Celui-ci postule qu'on pourrait rendre compte de la vie d'un sujet à partir de l'interaction entre, d'une part, un certain nombre de ce qu'il appelle des « universels empiriques », composantes psychiques de base, données de base - forces et structures - présentes en tout sujet, et, d'autre part, les composantes sociales, économiques et politiques de son époque. Car, si le sujet individuel d'aujourd'hui est le fruit de son histoire personnelle, il ne peut se comprendre que si l'on admet qu'il est influencé par les composantes sociales, économiques et politiques de son temps. On ne peut donc parler du sujet sans le localiser dans une culture précise. La notion de sujet elle-même, comme forme générale, supposant une intériorité, est le fruit de l'histoire occidentale. Il n'y a pas de sujet universel ni de nature humaine invariante. C'est à partir de ce modèle du sujet de notre culture que nous tenterons de reconsidérer la théorie du rapport au savoir.

Quels sont ces universels empiriques, ces composantes psychiques de base qui constituent un sujet concret aujourd'hui ? Gérard Mendel les présente dans leur ordre d'apparition chez l'enfant.

---

[1] Bernard CHARLOT (1998), op. cit., p. 55.
[2] Cf. Gérard MENDEL (1998), *L'acte est une aventure. Du sujet métaphysique au sujet de l'actepouvoir*, Paris, La Découverte.

Le vouloir de plaisir

Tout d'abord un vouloir de plaisir, ancré dans le biologique, comme le montre la découverte d' « hormones de plaisir », existant d'une manière précoce chez l'enfant[1]. Ce vouloir de plaisir est le moteur d'une recherche de plaisir qui existe dès la naissance et du développement de stratégies de plaisir. Gérard Mendel substitue le terme de vouloir à celui de pulsion, parce qu'il estime, avec Winnicott, que les processus pulsionnels sont secondaires dans le temps, dans la mesure où ils sont liés à la formation de l'inconscient qui se situe à l'amorce de la crise œdipienne. « Le terme vouloir signifie qu'il s'agit là d'une force agissant de manière non consciente et non-volontaire »[2]. Ce vouloir de plaisir joue un rôle fondamental dans la temporisation de la frustration.

Avec le plaisir, apparaît l'angoisse qui en est le négatif. La frustration, le manque de plaisir fait surgir l'agressivité, d'où naît l'angoisse, qui est une agressivité retournée contre soi. Au fur et à mesure du développement de l'enfant, ce vouloir de plaisir va investir les comportements sociaux et les conduites relationnelles, y compris sexuelles. C'est ici qu'il faudra comprendre comment peut naître peu à peu un plaisir (et une angoisse) attaché à l'apprendre et au savoir[3].

Le vouloir de création

La deuxième composante de base est ce que Gérard Mendel nomme « vouloir de création », désignant par ce terme « l'ensemble des phénomènes transitionnels et leur ligne évolutive »[4]. Reprenant la théorie de Winnicott, dont il dit que c'est la deuxième grande découverte de la psychanalyse, après Freud et sa découverte de l'inconscient et du complexe d'Œdipe, Gérard Mendel nous rappelle que,

---

[1] Cf. Gérard MENDEL (1988), *La psychanalyse revisitée*, Paris, Éd. la Découverte, chapitre 12, p.113 et sq.
[2] Gérard MENDEL (1999), *Le vouloir de création. Autohistoire d'une œuvre en collaboration avec Roger Dosse*. Éditions de l'Aube, p.107.
[3] Le texte de Jacky BEILLEROT, dans ce même volume, cherche à répondre à cette question.
[4] Gérard MENDEL (1999), op. cit., p.107.

selon Winnicott, entre six et douze mois, pour supporter la perception progressive de la séparation entre le monde (représenté essentiellement par la mère) et lui, l'enfant se fabrique l'illusion que c'est lui qui crée le monde. Si la mère réelle est « suffisamment bonne » et apporte dans la relation soins et amour (holding et handling), un « soutien enveloppant et léger »[1] et un amour non-possessif qui rassurent l'enfant, celui-ci peut jouer avec le corps de la mère, son sein, la nourriture et se donner l'illusion que la réponse à ses besoins vient de lui et non d'elle. Il se crée l'illusion que le soi et le non-soi sont à la fois confondus et distincts. L'objet transitionnel, l'ours en peluche, intermédiaire entre le soi et le non-soi, est un objet « trouvé-créé », à la fois déjà là et créé par l'enfant. Il s'agit là d'un temps d'avant l'inconscient qui est tout aussi lourd de conséquences pour l'avenir du sujet que le complexe d'Œdipe. Nous aurons en particulier à préciser le rôle qu'il joue dans la naissance et l'évolution du désir de savoir.

Le schéma psychofamilial inconscient

La troisième composante de base est le schéma psycho-familial inconscient, tel qu'on peut le tirer des découvertes de Freud - indépendamment de son naturalisme. Ce schéma s'est mis en forme intérieurement entre la première et la cinquième année, à partir des relations familiales et des structures de parenté, variables toutes deux selon la période historique et la culture. C'est dans ce schéma que se situe le complexe d'Œdipe, les diverses identifications parentales, mais aussi la séparation entre Conscient et Inconscient, la formation du Surmoi et de l'Idéal du Moi. Et, comme Freud l'a bien montré, cette étape et la structure qui en est résultée sont capitales dans la constitution du désir de savoir et du rapport au savoir d'un sujet. Nous y reviendrons.

L'existence d'un tel schéma psycho-familial explique l'intensité du lien social dans les différentes micro ou macro-sociétés. Il faut noter aussi que ce schéma psycho-familial est une source d'illusion. Il apparaît comme structure élémentaire de la socialité, ce qui fait que chacun, enfant et

---

[1] Gérard MENDEL (1998), *L'acte est une aventure*, op. cit., p.470.

adulte, est amené à le projeter sur le milieu social dans lequel il vit et à avoir de celui-ci une « vision familialiste »[1].

La rationalité instrumentale

Gérard Mendel mentionne encore, comme universel humain essentiel, la rationalité instrumentale. Depuis les origines de l'humanité, les hommes ne parviennent à survivre que grâce à la rationalité instrumentale, en intégrant à la culture les éléments de conduite considérés comme efficaces. L'enfant apprend cette rationalité instrumentale au cours de sa socialisation : il apprend à obéir à une logique instrumentale de l'acte, à atteindre des buts en utilisant les moyens que le milieu social met à sa disposition.

La coopération structurale

Un autre universel humain serait la coopération structurale, c'est-à-dire la capacité à agir avec d'autres, non seulement en prenant en compte l'addition des individus, mais en manipulant dans sa tête les interrelations entre eux. Si on peut imaginer que cette capacité est à l'origine de l'hominisation, dans nos sociétés, ce sont les rapports sociaux qui permettent l'exercice de cette capacité structurale et qui imprègnent l'individu de contenus culturels et historiques. Cette capacité serait aussi à l'origine du dernier universel humain : le langage.

Le langage

« C'est dans le déploiement d'un processus de coopération structurale que les hommes ont inventé puis développé le langage »[2]. Le langage, dans sa triple fonction, référentielle (désigner des réalités objectives), communicationnelle (rendre possible la coopération dans l'action) et imaginaire (créer un monde d'illusion), fonctionne soit comme mode de relation au réel, soit comme auto-efficient et auto-suffisant dans l'intersubjectivité. Ces

---
[1] Gérard MENDEL (1999), op. cit., p.114.
[2] Gérard MENDEL (1999), op. cit., p.118.

deux aspects du langage sont essentiels aussi dans le rapport au savoir.

L'éducation et la transmission socioculturelle

À ces six universels humains, il nous semble qu'un septième devrait être ajouté, sur lequel Bernard Charlot insiste à juste titre : la nécessité de l'éducation comme transmission socioculturelle d'une génération à la génération suivante. C'est ce qui fonde l'existence et la nécessité du savoir. Le fait que l'homme naisse prématurément et dépourvu des comportements instinctifs nécessaires à sa survie, en effet, entraîne la nécessité que ces comportements soient appris et donc transmis. Ils peuvent l'être soit directement par le faire ou l'acte : l'enfant est peu à peu intégré aux faire et aux actes, tant techniques que rituels, qui se pratiquent dans sa propre culture ; soit indirectement : un savoir comme discours sur ces faire et sur ces actes, ou même un savoir qui trouve sa finalité en lui-même, est élaboré, formalisé, exprimé dans un langage pour être transmis et appris comme tel, afin que les enfants deviennent membres à part entière, efficients et coopérants, de leur société et de leur groupe social.

Personnalité psycho-familiale et personnalité psychosociale

À partir de ces hypothèses de base, on pourrait postuler qu'il existe deux temps essentiels dans la constitution d'un sujet, dans notre société, deux stades successifs. Par l'interaction entre l'individu et son milieu familial, lui-même déterminé par les rapports sociaux et les composantes sociales, économiques, culturelles de ce milieu, se constitue la personnalité psycho-familiale, dans laquelle l'élément inconscient et fantasmatique est essentiel, mais dans lequel s'opère aussi l'apprentissage de faire et de pratiques de base.

Par l'entrée de l'individu dans un milieu social plus large, dont la première forme est la crèche ou l'école et ensuite surtout le milieu de travail, se constitue la personnalité psychosociale. Celle-ci est liée avant tout au faire et à l'agir social qui comportent d'autres composantes sociales, économiques et culturelles que le milieu familial, mais, dans nos sociétés qui, par la scolarisation, retarde considérablement l'entrée de l'enfant dans le travail, l'école apparaît comme la première étape d'accès aux faire sociaux, puisque des savoirs préalables sont nécessaires pour y accéder. Comment se constitue le rapport au savoir dans ces deux stades successifs de constitution du sujet, tel sera maintenant notre objet d'étude, en précisant que cette étude est une esquisse qui demandera à être approfondie, complétée en fonction d'études empiriques ultérieures.

Le rapport au savoir dans la personnalité psycho-familiale

Rapport au savoir, vouloir de plaisir et vouloir de création

Le premier lien, le plus fondamental peut-être, entre rapport au savoir et vouloir de plaisir, se noue au niveau de ce que Gérard Mendel appelle vouloir de création. Considérons donc comment le savoir apparaît dans ses relations avec le vouloir de création.

Vouloir de création : objet et aire transitionnels
Nous reprendrons ici les hypothèses de Winnicott et leur réinterpétation par Gérard Mendel[1]. « Le vouloir de création qui, jusqu'à la mort, participera à la substance générique humaine n'est que la forme que prend la force mue par le vouloir de plaisir se modelant dans le cours des processus transitionnels »[2]. La prématurité du nourrisson humain et sa dépendance vitale vis à vis de sa mère permettrait d'expliquer le décalage temporel entre un développement sensoriel précoce et un développement moteur plus tardif ainsi que, fondé sur ce développement sensoriel, l'apparition précoce d'un monde de fantasmes, non verbal, sensoriel et sensuel, déconnecté de l'épreuve de réalité.

---

[1] Gérard MENDEL (1998), *L'acte est une aventure. Du sujet métaphysique au sujet de l'actepouvoir*, Paris, La Découverte, Partie V, chapitre 29, p.405-423.
[2] Gérard MENDEL (1998), *L'acte est une aventure*, op.cit., p.485.

Parmi ces fantasmes, un vécu de totalité, une sensation d'unité entre le nourrisson et sa mère est un élément central. Selon la formule de Winnicott, « l'enfant tète un sein qui fait partie de lui-même et la mère allaite un enfant qui fait partie d'elle-même »[1]. Dans les mois qui précèdent la fin de la première année, cette unité imaginaire va se rompre ; les progrès maturatifs de la perception, de la motricité et enfin de la pensée vont amener le petit enfant à prendre conscience que l'autre (la mère) et lui-même ne sont pas une seule et même réalité, que la mère ne fait pas partie de lui, de son soi, mais qu'ils sont distincts et séparés.

Winnicott fait l'hypothèse que cette découverte provoque un traumatisme et que ce traumatisme de la séparation ne sera jamais vraiment « intégré » par les êtres humains, ni individuellement, ni collectivement ; mais qu'il peut être « apprivoisé ». Telle est la fonction de l'espace transitionnel et des phénomènes transitionnels, selon Winnicott.

Au moment où l'*infans* découvre que le soi et le monde (représenté par la mère) ne font pas une réalité mais deux et n'ont pas une volonté mais deux - moment où le soi doit advenir comme sujet distinct de l'objet - il ne parvient, selon Winnicott, à supporter cette réalité insupportable que grâce aux phénomènes transitionnels, par lequel l'enfant se crée l'illusion que l'objet trouvé est créé par lui. Le premier objet transitionnel est le sein maternel : « si la mère s'adapte suffisamment bien aux besoins de l'enfant, celui-ci en tire l'illusion qu'il existe une réalité extérieure qui correspond à sa capacité de *créer* »[2], dit Winnicott. Ce que Gérard Mendel interprète ainsi : « je ne peux supporter l'existence d'un monde qui se crée sous mes yeux en me niant que si je pense que c'est moi qui l'ai, ce monde, créé »[3]. Pour qu'il puisse accepter le fait qui commence à être perçu par lui que le monde n'est pas le soi, « le petit enfant remplace l'illusion d'*être* le monde par l'illusion qu'il peut *créer* ce monde, qu'il le crée réellement »[4]. Illusion qui lui donne un sentiment de

---
[1] Donald WINNICOTT(1971), *Jeu et réalité. L'espace potentiel*, trad.franç,1975, Paris, Gallimard, p.22.
[2] Donald WINNICOTT(1971), op.cit., p.22.
[3] Gérard MENDEL (1998), *L'acte est une aventure*, op.cit., p.460.
[4] Gérard MENDEL (1998), op.cit., p.411.

toute-puissance : « Dans l'interactivité avec sa mère, en laquelle se résume à ce moment encore le monde, il faut qu'il puisse se penser...*tout-puissant* ». Le sevrage de l'illusionnement ne deviendra possible que dans et par le passage par l'illusion. Avant d'atteindre à une relative adaptation à la réalité partagée avec d'autres, il faut que l'*infans* pense qu'il est le dieu créateur de cette réalité »[1]. Winnicott insiste sur l'importance de la réalité externe, c'est-à-dire de la mère réelle et de sa personnalité. Pour que cet espace transitionnel se constitue, il faut la participation de la mère réelle. « L'un des grands mérites de Winnicott est d'avoir su réintégrer la réalité objective à l'intérieur de la théorie psychanalytique », souligne Gérard Mendel[2]. La mère réelle doit être « suffisamment bonne ». La mère « suffisamment bonne » est celle qui s'adapte à ce qui se révèle nécessaire à son enfant. Ce qui se révèle nécessaire, c'est le *holding* : soutenir sans dominer ; ce n'est pas un amour excessif, intrusif, « son amour doit prendre la forme de la discrétion, pour ne pas écraser l'infans, pour laisser la place (l'aire intermédiaire) à l'expression de sa créativité »[3].

Mais cette capacité de la mère « à vivre les interactivités avec son enfant au sein de l'"aire intermédiaire" »[4] existe chez les mères à des degrés objectivement différents, dépendant de leur propre personnalité ; et ces différences auront des effets sur les modes d'apparition de l'aire transitionnelle, sur les capacités de jeu de l'enfant et, plus tard, sur ses capacités créatives et sur son goût de vivre. S'il y a déficit de cette création première, une réaction défensive va se mettre en place et se développera ce que Winnicott appelle un « faux-soi » qu'accompagnent un refus chagrin de la réalité et, à la place de l'amour, la haine de la vie. Sur la constitution d'un soi authentique repose, au contraire, la capacité du jeu créatif avec le monde, le faire, la pensée, la coopération, l'art, la création théorique et scientifique, l'amitié, l'amour.

---
[1] Gérard MENDEL (1998), op.cit., p.466.
[2] Gérard MENDEL (1998), op.cit., p.410.
[3] Gérard MENDEL (1998), op.cit., p.467.
[4] Gérard MENDEL (1998), op.cit., p.443.

Vouloir de création, jeu et symbole
Si le premier objet transitionnel est le sein, la seconde forme des phénomènes transitionnels est le jeu. L'enfant se crée un espace transitionnel par le jeu. Cet espace dans lequel l'enfant joue avec des objets réels dits « transitionnels » (dont le symbole est l'ours en peluche), est vécu par l'enfant comme à la fois intérieur et extérieur, soi et non-soi. L'« aire intermédiaire » permet au petit enfant de concilier sa vie psychique purement fantasmatique avec la réalité objective : « cette zone intermédiaire pour laquelle ne se pose pas la question de savoir si elle appartient à la réalité intérieure ou extérieure (partagée) constitue la partie la plus importante de l'expérience infantile »[1].

Ce qui est important, ce n'est pas l'objet transitionnel en soi, mais le jeu avec lui. « Ce jeu marque que la réalité ne peut être acceptée authentiquement que dans une attitude créative avec elle »[2]. Le jeu est en fait un jeu avec l'absence de la mère : en jouant en acte la présence-absence de la mère, le tout jeune enfant se donne à lui-même l'illusion de maîtriser cette présence et cette absence. Il passe ainsi de la passivité à l'activité et retrouve une joie à vivre. Gérard Mendel avait commenté en ce sens le célèbre jeu de la bobine[3] : « L'enfant apprend par soi-même à se passer physiquement de sa mère en créant des équivalents symboliques, "culturels" de celle-ci »[4]. Mais il fait remarquer, dans son nouveau livre que le jeu décrit par Freud « représente par sa répétitivité compulsive et indépassable un relatif échec de cette phase transitionnelle »[5]. Le jeu n'est positif que s'il est créatif et évolutif. Grâce au jeu, l'enfant parvient à trouver - ou à créer - « des objets de substitution, de plus en plus éloignés du point de départ et de plus en plus inscrits dans la réalité extérieure et objective »[6]. Car le destin de l'objet transitionnel est d'être abandonné, désinvesti. Il aura de nombreux substituts, et de déplacements en déplacements, l'enfant accèdera au monde spécifiquement

---

[1] Donald WINNICOTT(1971), op.cit., p.25.
[2] Gérard MENDEL (1998), op.cit., p.468.
[3] Gérard MENDEL (1988), *La psychanalyse revisitée*, op. cit., p.150 et sq.
[4] Gérard MENDEL (1998), *L'acte est une aventure*, op.cit., p.411.
[5] Gérard MENDEL (1998), op.cit., p.413.
[6] Gérard MENDEL (1998), op.cit., p.409.

humain du symbole. L'aire intermédiaire va alors s'élargir peu à peu, jusqu'à recouvrir, comme le dit Winnicott, « tout le domaine de la culture »[1], jusqu'à l'âge adulte, où les héritiers de cette aire de l'illusion seront la religion, les arts et toutes les formes de théories. L'enfant y accédera progressivement, avec le patrimoine culturel, comme environnement soutenant.

Ainsi la sublimation serait à comprendre, non plus, à la manière de Freud, comme un recentrage des pulsions partielles sous le primat des pulsions génitales mais « comme la mobilisation de l'ensemble de la personnalité sous le primat créatif de l'aire intermédiaire »[2]. Car « la satisfaction liée à la création originelle de l'objet transitionnel est indépendante de la tension et de la détente pulsionnelle : l'aire intermédiaire ne concerne pas les pulsions de formation ultérieure »[3]. Les pulsions se formeront, à partir de la deuxième année, lors du stade phallique précœdipien, puis de la phase œdipienne et de ses suites. Elles seront en lien avec la fantasmatisation concernant les figures parentales, et se formeront du lien entre des représentations et des affects concernant ces figures, nourris de toute l'ambivalence de sentiments d'amour, de haine et de culpabilité qui les caractérisent. Puis viendront, après cette mise en place de l'appareil psychique, inconscient et conscient, des identifications et des refoulements, la reconnaissance de la réalité naturelle et sociale et l'apprentissage de la rationalité instrumentale.

Vouloir de création et outil.
La thèse de Gérard Mendel, à partir de là, c'est que l'outil et surtout l'acte qui l'utilise sont des prolongements de l'objet et de l'aire transitionnels. Comme l'objet transitionnel, qui n'est pas un substitut de la mère, ni du soi, qui est un « soi/non-soi », l'outil est à la fois moi et non-moi : « si je n'étais pas du tout l'outil, je serais incapable de l'utiliser dans le prolongement de mon corps et du soi-sujet», mais je ne m'identifie pas entièrement à lui, car il peut se dissocier de

---
[1] Donald WINNICOTT( ), *Jeu et réalité*, op.cit., p.13.
[2] Gérard MENDEL (1998), *L'acte est une aventure*, op.cit., p.413.
[3] Gérard MENDEL (1998), op.cit., p.413.

mon geste et exister indépendamment de lui de manière permanente. Mais aussi l'usage de l'outil me permet de façonner la matière, de modifier le monde et à la fois, en me faisant rencontrer les contraintes et la résistance de la matière, il me fait découvrir que le réel, le monde, ce n'est pas moi, qu'ils sont séparés de moi et pas forcément conformes à mes vœux - vérité insupportable - de sorte que le sujet, pour s'y confronter, a besoin d'une certaine confiance en soi, qui n'existe que grâce au souvenir inconscient de l'expérience positive de la prime enfance.

L'outil et son usage ne sont qu'un des substituts de l'objet et des phénomènes transitionnels. Plus largement, c'est « l'intelligence rationnelle-pratique » qui « naît et se développe à partir de l'espace transitionnel »[1]. L'intelligence pratique, que Gérard Mendel caractérise comme étant « à prédominance visuelle, intuitive, analogique, préverbale »[2], déborde largement le domaine du travail manuel ; elle concerne les pratiques dans tous les domaines, économique, thérapeutique, politique, éducatif, jusqu'à celles qui mènent à la création artistique et scientifique. Mais on verra que, dans ces domaines, le langage aussi et les savoirs formalisés interviennent.

Si l'intelligence pratique, « l'inventivité du faire » sont des substituts de l'objet et de l'espace transitionnels, on peut suivre leur développement génétique à partir du jeu avec l'objet transitionnel. Ce développement est lié à celui de la psychomotricité des premières années qui est favorisée dans tous les milieux sociaux (gestes de saisie et de manipulation d'objets, station debout, marche). À l'origine, ce développement est étroitement lié au jeu, dans lequel l'enfant apprend à manipuler des objets et des outils, dans des jeux et des gestes qui, peu à peu, tendent à imiter les objets et les outils des adultes. Une première forme de savoir va apparaître, le savoir-faire ou savoir pratique. Le premier volet de la constitution du rapport au savoir, c'est le développement de ce savoir-faire pratique qui s'exprime à travers la manipulation habile de l'objet-outil.

---

[1] Gérard MENDEL (1998), op. cit., p.411.
[2] Ibidem

Vouloir de création et langage
Mais il y a un autre prolongement de l'objet transitionnel, c'est le développement de l'outil-langage. Le langage - la compétence linguistique, le savoir linguistique - est par excellence l'exemple de l'objet trouvé-créé. À la fois le langage est, comme la culture en général, une réalité déjà là, puisqu'il suppose un code social, la langue, au sens saussurien du terme, création et expression du groupe social, et l'enfant le découvre, parlé par les membres significatifs de son entourage, et en particulier par la mère ; c'est en ce sens que l'on parle de « langue maternelle ». Mais, en même temps, l'enfant s'approprie le langage sans que l'entourage organise un apprentissage formel, comme si celui-ci lui venait peu à peu, de l'intérieur de lui-même, comme s'il l'avait créé lui-même, puisque parfois même il manie les règles du code à sa manière et fabrique des formes morphologiques ou syntaxiques non conformes à l'usage. C'est peut-être là les racines des théories innéistes du langage, sur le modèle de Chomsky. En tout cas, il est certain que l'enfant peut ressentir le langage à la fois comme lui venant de l'extérieur, comme un don de la mère, mais aussi comme venant de lui-même, comme la production d'objets-phrases qu'il crée de lui-même, comme un objet qui est donc à la fois intérieur et extérieur et dont on n'a pas à savoir en définitive s'il est intérieur ou extérieur.

C'est pourquoi le langage est peut-être plus proche que l'outil de l'objet transitionnel. L'objet-outil se confronte à la matière, à la réalité externe, il est amené à se heurter à la résistance du réel et à sa sanction : celui qui en fait usage doit subir « l'épreuve de la réalité ». Il acquiert aussi à cet usage le sens de la réalité. Le sujet peut aussi confronter ses productions langagières à la réalité, mais il n'est pas en rapport direct avec celle-ci. Il ne rencontre pas forcément sa résistance et sa sanction. Il peut fonctionner en circuit fermé et même croire que les mots suffisent à créer ou à transformer la réalité, comme l'enfant du jeu de la bobine, qui, en prononçant son fort-da, se donne l'illusion de maîtriser ou même de créer l'absence ou le retour de la mère. Tel est l'usage magique du langage : les mots comme défense contre le réel, comme refus du réel. L'outil-langage reste donc plus proche de l'illusion que l'outil matériel.

Par opposition à l'outil, le langage permet une autre forme de savoir, proprement humain - on discute pour savoir s'il y a des techniques animales et on tend aujourd'hui à répondre positivement -, le savoir mis en forme langagière, nommé, discouru, formalisé, voire mis en forme théorique. Le savoir, par l'outil et par le langage, est donc issu de l'objet transitionnel, et en tient son paradoxe : pour pouvoir tolérer la réalité trouvée - si contraire à nos vœux - la dire et la recréer, ou refuser la réalité et créer, par la magie des mots, une réalité conforme à nos vœux. Le savoir qui substitue les mots aux choses peut alors apparaître comme une modalité de refus du réel et de l'interactivité avec lui dans l'acte. Mais le sujet peut aussi, par le langage, chercher à rejoindre la réalité et à l'exprimer. En même temps, le savoir, comme le langage, est création collective, sociale et culturelle. Il arrache l'enfant à son univers fantasmatique singulier pour le confronter au langage et aux savoirs communs, comme nous le verrons plus loin, après avoir considéré le moment œdipien et le schéma psycho-familial inconscient.

Rapport au savoir pratique-rapport au savoir théorique
Si l'objet-outil conduit au développement de l'intelligence rationnelle pratique, l'outil-langage mène à celui de l'intelligence rationnelle-théorique. Avec l'acquisition du langage se constitue en germe, une autre forme de rapport au savoir, qui n'est plus rapport au savoir-faire, mais rapport au savoir énoncé, discouru. C'est ici que, dans le développement de l'enfant, les modèles parentaux, ainsi que les différences de milieux sociaux vont très rapidement intervenir. Dans les milieux populaires, les enfants verront les parents bricoler « savoir tout faire avec leurs mains » et valoriser ce savoir ; ils apprendront par identification et imitation des schémas et modèles de savoir-faire manuel : l'intelligence pratique occupera une grande place dans leur personnalité. Leur rapport au savoir se constituera plutôt comme rapport aux savoirs pratiques. Mais, nous l'avons vu, l'intelligence pratique déborde largement le domaine de l'acte manuel et concerne les actes en général. L'intelligence pratique s'exerce dans tous les domaines de travail où l'acte, comme interactivité avec le réel, est central. Il y aura donc

continuité entre jeu transitionnel, apprentissage de la motricité et apprentissage du faire et du faire professionnel.

Mais, dans d'autres milieux sociaux, où l'habileté langagière, par opposition à l'habileté manuelle est plus considérée, un autre scénario peut se dérouler. Le savoir-faire manuel se trouve peu valorisé pour des raisons socioculturelles. « L'enfant entre alors dans un univers autant magique que rationnel, celui des mots »[1]. On peut penser ici à l'autobiographie de Sartre, qu'il a précisément intitulée *Les Mots* et qui est analysée dans un autre article de ce livre[2]. Dès lors, ce sera le rapport au langage et le rapport au savoir théorique qui se trouveront investis et favorisés. De plus, à l'école, l'enfant va trouver confirmation de cette orientation, puisque c'est aussi l'intelligence verbale, abstraite qui se trouve valorisée. Autant donc l'enfant de milieu populaire risque d'y trouver - sauf position contre-identificatoire - un univers déconcertant, éloigné de son univers familial habituel, autant l'enfant de milieu socioculturel dit privilégié - et peut-être surtout ceux des milieux enseignants et intellectuels - va y trouver confirmation de son propre univers familial et des modes de savoirs qui y sont valorisés.

En même temps, le faire, l'acte est une manière de se confronter au réel, d'entrer en interactivité avec lui et donc d'être poussé à l'accepter pour pouvoir agir sur lui, gagner un pouvoir, certes limité, mais relativement efficace sur lui, alors que l'univers du langage et des mots, « constitué d'une manière indépendante du réel immédiat et des référents concrets »[3] risque de faire perdre au sujet le contact avec la réalité et de le faire régresser vers l'irréalité. L'intellectuel pur se trouve contraint de nier la réalité du monde.

Ainsi ne pourrait-on pas dire que l'enfant « théoricien » du complexe d'Œdipe se trouve engagé dans cette tentation de devenir un « intellectuel pur » ?

---

[1] Gérard MENDEL (1998), op.cit., p.421.
[2] Cf. Claude POULETTE.
[3] Gérard MENDEL (1998), op.cit., p.422.

Rapport au savoir et schéma psycho-familial inconscient.

Le moment du complexe d'Œdipe est le deuxième grand moment de séparation. L'un et l'autre « correspondent chacun à la méconnaissance nécessaire d'une réalité insupportable, impossible, inacceptable, bien que devant être assumée »[1]. Pour le premier moment, cette réalité se résumait en la contradiction suivante : « Le cosmos et moi, nous sommes un, je l'ai expérimenté au tout début de ma vie ; pourtant nous faisons deux » ; et, pour le second moment, elle se résume en deux contradictions : tout d'abord, je désire être - et pour l'éternité - l'objet du désir de ma mère et/ou de mon père et pourtant l'objet de son désir est autre ; deuxièmement, « je suis intérieurement (par les identifications) les deux parents, mère et père ; pourtant extérieurement je ne possède qu'un seul sexe anatomique et vais ne devoir assumer qu'un seul genre social »[2].

La création de l'aire transitionnelle était le moyen d'assumer la séparation de la première année entre la mère et l'enfant, le moi et le non-moi, le sujet et l'objet, - par lequel le sujet constitue son identité de base. Le dépassement de l'Œdipe représentera un second moment de séparation, celui où, entre quatre et cinq ans, l'enfant va se séparer de son objet d'amour primitif et de sa bisexualité psychique initiale et où il va devoir constituer son identité sexuée en se séparant de son désir œdipien et de cette identité psychique double, non-différenciée, masculine et féminine et en reconnaissant la réalité : le désir de la mère ou du père pour l'autre et son appartenance à un seul des deux sexes existants[3].

Alors que le premier moment peut être considéré comme la source des savoirs et de l'intelligence rationnels-pratiques, dans toute leur extension, le second moment pourrait être représenté comme l'origine des savoirs et de l'intelligence rationnels-théoriques. Alors que le savoir-faire est lié à l'acte qui participe de la première séparation (entre le sujet et l'objet), le savoir rationnel théorique est plutôt lié, nous allons le voir, à la seconde : la question du désir et de la

---

[1] Gérard MENDEL (1998), op.cit., p.430.
[2] Ibidem.
[3] Gérard MENDEL (1998), op.cit., p.407.

différence des sexes, avec sa problématique de la castration et de la mort. Cependant, sous ses aspects créatifs, il reste lié au vouloir de création. Auparavant, il nous faut voir le lien entre désir de savoir et vouloir de plaisir.

Plaisir de penser et désir de savoir.
Comment le rapport au savoir est-il en lien avec le vouloir de plaisir ? On peut avec Sophie de Mijolla-Mellor, faire l'hypothèse qu'il existe un « plaisir de pensée », une fonction d'intellection, pensée ou jugement, dont l'exercice suscite un plaisir spécifique, avec ses manifestations, ses avatars et ses inhibitions. En ce sens, et malgré sa précocité, le désir de savoir, qui naît - nous y reviendrons plus loin - de ce que Freud appelle « les problèmes sexuels », est second par rapport au développement de la pensée. Il est second aussi par rapport à un vouloir d'investigation qui s'appuie sur le vouloir voir et l'emprise. Il suffit d'observer le nourrisson pour constater à quel point il est avide de regarder tout ce qui l'entoure et de s'emparer de tous les objets qui sont à sa portée pour les manipuler et les mettre à sa bouche. Le vouloir d'investigation précède donc la pulsion ou le désir de savoir qui vont être liés au désir œdipien.

Le vouloir d'investigation est à l'origine du développement de la pensée et en lien avec la création de l'espace transitionnel. On pourrait dire qu'au point de vue génétique, le désir de pensée naît au moment de ce que Gérard Mendel a appelé la Grande Séparation, le moment de séparation entre l'enfant et sa mère, que nous avons décrit plus haut. On a vu l'importance qu'avait dans cette phase le jeu avec l'objet transitionnel et on pourrait supposer que l'activité de pensée est liée à celui-ci.

Par quel processus s'est mis en place le développement de la pensée ? La pensée, comme fonction nouvelle, est liée à la possibilité de se représenter l'objet absent. Avant de pouvoir penser, le bébé, en proie au besoin, sensation mauvaise combinée au vécu de l'absence de l'objet, inscrit comme source de satisfaction, hallucine, afin d'éviter cette sensation mauvaise, le sein et la « gestalt » d'expériences satisfaisantes, dans un mouvement d'autoengendrement de la part du nourrisson omnipotent[1]. En fait, il est lui-même le sein, sa psyché se rassemble à l'intérieur de cet objet incorporé en lui.

Ce n'est qu'après un long travail d'introjection, de construction d'objets internes suffisamment intégrés, fortifiés et secourables, que ces processus hallucinatoires céderont peu à peu la place à la pensée, c'est-à-dire à la possibilité pour la psychè de se représenter l'objet absent et préoccupé par un ailleurs encore irreprésentable, sans que cette absence ni l'irreprésentabilité de cet ailleurs constituent un danger d'anéantissement pour la psyché du sujet[2].

En somme, la naissance de la pensée se rapproche des processus du travail de deuil. Elle correspond, selon Piera Aulagnier[3], à la mise en place d'une nouvelle zone-fonction érogène : les activités du je sont accompagnées d'une sorte de commentaire du vécu qui est l'œuvre et le but même de l'activité de penser. Et cette activité apparaît d'emblée « comme un plaisir partiel lié à la fonction d'intellection par laquelle le sujet traduit en idées ce qu'il vit ». Ce plaisir de penser peut engendrer un désir de penser, mais celui-ci n'est pas l'origine du désir de savoir, car le désir de pensée a pour objet l'idée, alors que le désir de savoir, nous allons le voir, a pour objet l'énigme. Le désir de savoir, lui, est lié à la crise œdipienne. Il est pulsion de recherche, pulsion de voir et de saisir, suscitée par l'énigme de la sexualité adulte, et doit se distinguer de la pensée, même si la curiosité sexuelle pourra utiliser l'énergie du plaisir de penser et aussi du vouloir de création, afin de ne pas se laisser inhiber par le refoulement.

Écroulement de l'évidence et désir de savoir

On ne peut comprendre la naissance du désir de savoir, sans se référer au schéma psycho-familial inconscient. Freud supposait que cette « pulsion de savoir » naissait uniquement d'un souci intéressé et d'un besoin pratique, celui, à la naissance d'un petit frère ou d'une petite sœur, de faire disparaître ce ou cette rival-e. C'est probablement sous

---

[1] Piera AULAGNIER (1975), *La violence de l'interprétation*, Paris, PUF.
[2] Albert CICCONE, Marc LHOPITAL (1991), *Naissance à la vie psychique*, Paris, Dunod.
[3] Piera AULAGNIER (1975), op. cit., À propos de l'activité de penser, p. 70-71.

l'influence de son histoire personnelle que Freud a été amené à cette idée¹. Sophie de Mijolla-Mellor s'inscrit en faux contre cette thèse ; pour elle, la « pulsion de savoir » naît de cet « écroulement de l'évidence » qui se produit dans toutes les circonstances qui amènent le sujet à prendre conscience « de la non-évidence du lien d'amour qui l'attache à ses parents et dans lequel il puise son identité »². Ce que la naissance d'un puîné fait découvrir, c'est que l'amour des parents n'est pas une donnée immuable qui fait partie de l'existence de l'enfant, mais un bien contingent, c'est aussi l'énigme de la sexualité adulte pour l'enfant. Et cette découverte se traduit par une nécessité de savoir, « un besoin de causalité pour rétablir le sens qui s'est effondré »³. Après avoir découvert, dans la première année, que sa mère et lui ne sont pas un mais font deux, l'enfant découvre que l'amour de la mère, des parents, peut venir à manquer.

Diverses situations peuvent être à l'origine de cet « écroulement de l'évidence » : la naissance d'un puîné, certes, mais aussi celle qui est désignée comme « scène primitive », mais aussi la découverte de la différence des sexes et enfin celle de la mort, à travers l'inquiétude éveillée par la mort d'un proche. Sophie de Mijolla-Mellor insiste sur le trouble que peut susciter cette confrontation à la mort, que Freud a négligée, lui dont un frère puîné est mort, alors qu'il était encore tout petit, car l'interrogation de l'enfant sur la vie et son origine est indissociable d'une interrogation sur la mort, la représentation de n'avoir pas toujours existé se relie irrésistiblement à celle de ne pas être assuré d'exister toujours, surtout que cette représentation s'accompagne de la prise de conscience par l'enfant de la non-évidence du lien d'amour qui l'attache à ses parents. Toutes ces situations ont

---

¹ On connaît ce souvenir d'enfance de Freud, où en l'absence de sa mère, il se met à pleurer, exigeant de son demi-frère Philippe qu'il ouvre un coffre où le jeune Freud s'imagine que sa mère pourrait avoir été « coffrée », comme Nanie, sa bonne bien aimée, emprisonnée pour vol, et où l'apparition de sa mère, jeune et svelte (n'ayant pas d'enfant enfermé dans son ventre-coffre) suffit à le calmer. Ne pourrait-on pas voir par ailleurs dans ce souvenir mythique une des sources du désir de savoir si puissant de Freud ?
² Sophie DE MIJOLLA-MELLOR (1999),op. cit., p.20.
³ Ibidem.

en commun de plonger l'enfant dans le désarroi et dans l'angoisse.

Énigme et désir de savoir.

Cette angoisse, suscitée par telle ou telle de ces situations ou par toutes peut être tellement forte qu'elle devient insurmontable : « au point que la seule solution possible devienne l'inhibition de pensée sous toutes ses formes »[1]. Si l'angoisse au contraire n'est pas trop forte, « le premier acte de la démarche de l'enfant consiste d'abord à passer du désarroi à la constitution d'une énigme »[2]. Le terme d'énigme est très intéressant et la définition qu'en donne Sophie de Mijolla-Mellor plus encore : le « savoir, au sens de la "sensation intellectuelle", qu'il y a quelque chose de capital, de vital, qu'on ne sait pas, qu'il serait très excitant de savoir, même si cela peut être aussi interdit voire dangereux »[3]. Ce savoir est celui qui résoudrait la question de l'origine et celle du sexuel en général. L'énigme ne découle pas d'un désir de savoir préalable, c'est l'énigme qui fait désirer un savoir pour la résoudre. Donc la « pulsion de savoir » est une pulsion de recherche (tentative « d'aller y voir » ou d'y « voir clair »), où l'activité de penser s'oriente de telle sorte qu'elle investit et érotise l'énigme.

On se souvient que c'est justement une énigme qu'Œdipe avait à résoudre face à la Sphinge et que c'était une question de vie ou de mort. Mais aussi bien on est très proche du mythe biblique d'Adam et Eve où goûter au fruit de l'arbre de la connaissance du bien et du mal aura pour conséquence le travail, la domination masculine, la souffrance de l'enfantement et la mort.

Cette énigme peut revêtir, pour l'enfant, plusieurs formulations, en fonction des formes que peut prendre cet « écroulement de l'évidence » : par rapport à la naissance d'un cadet, « Où est-ce qu'il était celui-ci qui n'était pas là avant et que je voudrais renvoyer d'où il vient ? et, plus narcissiquement, « où étais-je quand je n'étais pas là ? » ; par rapport à la scène primitive, « Que font les parents quand ils

---

[1] Sophie DE MIJOLLA-MELLOR (1999), op.cit., p.21.
[2] Sophie DE MIJOLLA-MELLOR, Ibidem.
[3] Sophie DE MIJOLLA-MELLOR, Ibidem.

sont seuls dans leur chambre le soir ? » ; par rapport à la différence des sexes, « Pourquoi ne puis-je pas posséder les deux sexes ? Qui suis-je sexuellement ? Semblable sexuellement à ma mère ou bien à mon père ? Destiné à trouver ma complémentarité avec ma mère ou avec mon père ? » ; par rapport à la question de la mort, « Où serai-je quand je ne serai plus là ? ».

Face au désir d'être l'objet du désir de la mère, et à sa question « comment conserver entier l'amour de la mère ? », l'énigme formulée dans la question « comment naissent les enfants ? » opère un premier déplacement. Par le biais de cette question, c'est la sexualité qui est posée comme énigme, mais c'est aussi ne pas en jouir. Autrement dit, pour que surgisse la question « quelle est la cause du désir de la mère (du père) ? », il faut que le sujet ait ressenti qu'il n'en était pas lui-même la cause, qu'il n'était pas l'objet du désir de sa mère. La motion amoureuse « être l'objet du désir de la mère (du père) » s'est déplacée et transformée en désir de savoir : « savoir quel est l'objet du désir de la mère (du père) ».

Ainsi l'énigme peut apparaître comme l'équivalent, dans le champ du savoir théorique, de l'objet transitionnel. Dans l'énigme, le sujet reconnaît l'absence de l'objet et le caractère définitif de cette absence, il renonce à la quête de l'objet lui-même, mais il maintient en même temps cette quête de l'objet - qui cause à la fois son désir et sa souffrance - sous une forme dérivée, en s'interrogeant sur la cause de cette absence et de cette souffrance, pour tenter de les maîtriser. L'énigme permet donc de faire le deuil de l'objet aimé, mais en même temps de le conserver, en suscitant une production psychique qui aura pour fonction de donner un sens à ce deuil et évitera d'avoir à partir en quête d'un objet substitut. En ce sens la pulsion de savoir va se constituer secondairement à l'énigme comme assomption active d'un destin où le savoir peut apparaître comme ce qui va combler ce manque.

C'est donc la formulation de l'énigme qui constitue comme tel le désir de savoir et qui opère le passage du désir de penser au désir de savoir. L'étape ultérieure sera la tentative que va faire l'enfant pour créer un savoir qui donne une réponse à l'énigme.

« *Théories sexuelles infantiles* » ou conceptions magico-sexuelles ?
C'est ce savoir que Freud avait nommé « théories sexuelles infantiles ». Sophie de Mijolla-Mellor critique cette terminologie freudienne, arguant que « toute tentative d'explication n'est pas une théorie »[1], car « la théorie, qu'elle soit infantile ou adulte, a une forme hypothético-déductive »[2], ce qui n'est pas le cas de ces conceptions que Freud appelle « théories sexuelles infantiles ».

De mon côté, j'avais fait une objection analogue à Freud dans mon livre *Femmes et savoir*[3], où je faisais remarquer que la théorie cherche à tenir compte de la réalité, tandis que l'enfant opère sa construction selon le principe de plaisir. C'est pourquoi, j'avais proposé d'appeler « fantasmes » ces théories sexuelles infantiles. Sophie de Mijolla-Mellor écarte cette dénomination en faisant remarquer que, dans le scénario fantasmatique, le sujet est présent, ce qui n'est pas le cas dans ces conceptions infantiles, qui se veulent générales. C'est pourquoi, elle propose le terme de « mythes magico-sexuels ». Comme elle l'écrit, « le mythe est un récit invérifiable car il porte sur l'origine »[4] et les « mythes sexuels », « ce sont des intuitions ayant valeur de certitude, en dehors de toute démarche théorisante » ; ils fonctionnent comme une révélation ; après l'effondrement de l'évidence, il s'agit de retrouver un avant de la certitude, « bref retour à l'évidence originelle ».

Ce qui les caractérise comme mythes, c'est leur logique différente de la logique de la non-contradiction, qu'ils procèdent par association de contraires, faisant coïncider l'origine et la fin, la vie et la mort, et le fait qu'ils associent des bribes d'éléments hétéroclites d'observation, des fragments d'explications données par des adultes ou d'autres enfants, qu'ils utilisent des « mots magico-sexuels mystérieux », des représentations associées à des mots-clés, utilisés, non parce qu'ils sont éclairants, mais parce qu'ils sont « excitants à penser ».

---

[1] Sophie DE MIJOLLA-MELLOR (1999), op.cit., p.31
[2] Sophie DE MIJOLLA-MELLOR (1999), op.cit., p.21.
[3] Nicole MOSCONI (1996), *Femmes et savoir. La société, l'école et la division sexuelle des savoirs*, Paris, l'Harmattan, p.273.
[4] Sophie DE MIJOLLA-MELLOR (1999), op.cit., p.21.

J'aurais pourtant une objection à l'usage de ce terme de mythe. C'est qu'un mythe renvoie généralement à une création collective d'un peuple ou d'un groupe social et non à une création individuelle. Sans doute, on pourrait faire remarquer que, pour Freud, les « théories sexuelles infantiles » étaient « typiques », semblables chez un grand nombre de sujets, comme si elles venaient d'un fonds commun à tout être humain. Mais, précisément, Sophie de Mijolla-Mellor, contre Freud, défend, à juste titre, la thèse inverse et insiste sur le caractère individuel de ces conceptions sexuelles, liées à l'histoire singulière des sujets, à leurs expériences vécues et à leur expression singulière dans le langage. Dès lors, on peut se demander si le terme de mythe est adéquat ; plutôt que de parler de « mythe », ne faudrait-il pas plutôt parler de « conceptions magico-sexuelles » ?

Ce qui est essentiel, en effet, ce n'est pas leur caractère « théorique », c'est plutôt leur forme à la fois magique et sexuelle ; ce que l'on appréhende sous le terme de scène primitive est au centre de cette énigme qui motive les conceptions magico-sexuelles. Le désir de voir va s'y métamorphoser en désir de savoir, parce que, observée ou imaginée, cette scène fait l'objet d'une représentation inquiétante où l'enfant est à la fois concerné, parce qu'il ressent des émois sexuels, et exclu, parce que cette scène le laisse seul devant des éprouvés intenses et inconnus : elle se donne comme une masse fantasmatique qui submerge l'enfant et dépasse sa capacité à mettre en mots. Cette impossibilité de fixer l'image, sous la forme symbolique des mots de la langue et de donner une traduction littérale de la scène vue ou imaginée, de trouver les mots pour exprimer l'indicible et les images pour figurer l'irreprésentable se traduit par la création de ces conceptions magiques par l'enfant : à la manière dont on peut admettre que d'une citrouille peut sortir un carrosse, il admettra que d'une graine enfouie dans la terre sortira un être humain, ou brodera autour des mots entendus « liens du sang ».

On peut donner pour exemple la conception que Simone de Beauvoir relate dans son autobiographie, *Les mémoires d'une jeune fille rangée*. Élevée par une mère très catholique, elle est intriguée, comme beaucoup d'enfants de ce milieu par la formule de la prière à Marie : « Jésus, le fruit de vos entrailles »¹, mais surtout par les expressions incluant le mot « sang » et c'est à partir d'eux qu'elle produira sa conception personnelle de l'origine des enfants : « Les expressions "liens du sang", "enfants du même sang", "je reconnais mon sang", me suggérèrent que le jour des noces et une fois pour toutes on transfusait un peu de sang de l'époux dans les veines de l'épouse ; j'imaginais les mariés debout, le poignet droit de l'homme lié au poignet gauche de la femme ; c'était une opération solennelle, à laquelle assistaient le prêtre et quelques témoins choisis. »². Le mystère se rattachait au fait que l'acte procréateur devait être une cérémonie exceptionnelle où la solennité et le sacrifice sont à la mesure du narcissisme de la petite fille qui s'expliquait ainsi sa venue au monde, tout en déniant les rapports sexuels entre les parents ; elle garantit que cette venue n'est pas l'effet d'un hasard et que les parents qui l'ont faite l'ont aussi désirée et devant témoins.

La magie, dans ces conceptions, s'exprime aussi par les contraires qui s'engendrent l'un l'autre et, en particulier, par l'affirmation que la vie sort de la mort ou coïncide avec elle, comme lorsque l'enfant fantasme que l'enfant nouveau-né va le faire disparaître, lui qui est déjà là, ou que lui-même réincarne d'anciens morts de la famille, qu'il imagine enfouis dans un lieu concret de la maison, tel cet enfant, dont parle Sophie de Mijolla-Mellor, qui creusait le tas de charbon de la cave, persuadé que ses ancêtres y étaient enfouis.

Mais, en même temps, c'est leur qualité sensuelle qui donne du prix à ces conceptions, car ces mots ou ces représentations d'actes valent par leur caractère excitant : « on peut penser que c'est le caractère mystérieux de certains mots qui, joints à un contexte significatif d'un propos sur l'origine ou la différence des sexes, va en faire les mots sacrés d'un mythe qui est à la fois éclairant, incompréhensible, excitant et terrifiant »³ . Ils sont des modalités d'appréhension mais aussi de jouissance de l'énigme. Dans ce que Freud appelle des « théories sexuelles infantiles », le mot « sexuelles » doit être pris en son sens strict : ce qui fait

---

[1] Simone DE BEAUVOIR (1958), *Mémoires d'une jeune fille rangée*, Paris, Éd. Gallimard, Folio, p.56.
[2] Simone DE BEAUVOIR (1958), op. cit., p.118-119.
[3] Sophie DE MIJOLLA-MELLOR (1999), op.cit., p.29.

l'attrait de ces « théories » pour l'enfant, c'est l'excitation qu'elles lui procurent et ce qui fait leur plus ou moins grande valeur, c'est la plus ou moins grande quantité de plaisir que l'enfant ressent à se les formuler[1]. C'est aussi dire que nous sommes dans un fonctionnement au niveau du principe de plaisir et non pas du principe de réalité. Il n'y a pas d'autre critère de vérité de ces « théories » que le plaisir qu'elle procure. La source de ces théories est donc bien dans ce « vouloir de plaisir » présent en l'être humain depuis le début de sa vie. Mais aussi bien n'ayant pas de rapport à la réalité, ces théories se nient elles-mêmes comme théories.

On peut comprendre aussi pourquoi une telle hédonisation de la pensée et du savoir, avec les affects contradictoires qui l'accompagnent peut dans certains cas être facteur d'inhibition ou de difficultés intellectuelles.

Mais on voit bien aussi en quoi ces conceptions magico-sexuelles apparaissent en même temps comme des modes de déni et de refus du réel. Le réel, c'est le fait d'être né du rapport sexuel procréateur des parents, sans pouvoir être assuré du caractère indéfectible de leur amour, de ne posséder qu'un seul sexe anatomique, alors qu'il en existe deux, ce qui entraîne pour chacun un manque inévitable, et de ne posséder en définitive qu'une existence contingente et mortelle, qui suppose l'ignorance sur ce que serait une avant-vie et une après-vie.

Les conceptions magico-sexuelles substituent à ce réel un monde conforme à nos désirs : un monde qui garantirait la non-contingence de notre existence et de l'amour parental (la naissance vient d'un rite magique et solennel qui garantit l'éternité de l'amour parental) ; un monde où n'existerait qu'un seul sexe et non deux, (« théorie » du « monisme sexuel phallique » : il n'existe qu'un seul organe sexuel que certains possèdent et d'autres pas) ; un monde où notre existence n'aurait ni commencement ni fin.

Sophie de Mijolla-Mellor fait remarquer que déjà formuler l'énigme sous la forme : « d'où viennent les enfants ? », c'est supposer qu'ils viennent de quelque part,

---

[1] Sophie DE MIJOLLA-MELLOR (1999), op. cit., p.19-31.

donc qu'ils existaient déjà d'une certaine façon avant leur naissance, donc qu'ils ont toujours existé, ce qui permet aussi d'espérer qu'ils existeront toujours (les bébés venant d'un monde d'avant la vie qui garantissait déjà leur existence, on peut espérer que les morts poursuivent aussi la leur dans un monde d'après-vie).

Les « théories » sexuelles infantiles découvertes par Freud pourraient alors être définies comme l'équivalent, pour la période œdipienne, de l'objet transitionnel, pour la période de la première séparation, en ce sens que l'un et les autres, ignorant le principe de non-contradiction, prétendent être à la fois une chose et son contraire. Comme « l'objet transitionnel est à la fois intérieur et extérieur (il nie et reconnaît la séparation sujet-objet), les « théories » sexuelles infantiles, de la même façon, représentent une défense contre le réel. Elles sont des conceptions intellectuelles qui permettent de tolérer le réel, c'est-à-dire d'interposer de l'illusion entre le désir (d'être et pour l'éternité l'objet du désir de la mère/du père et d'exister toujours) et la réalité (l'objet de leur désir est autre et ailleurs et ils ne nous protègeront pas ou pas toujours de la mort). Elles consistent à substituer à ces réalités la création d'un monde conforme à nos vœux.

Pour Sophie de Mijolla-Mellor, on ne peut pas non plus affirmer, comme Freud, que ces « théories » sexuelles infantiles aboutissent régulièrement à un échec déprimant, base de futures inhibitions intellectuelles. Ne pouvant être considérées comme de véritables solutions de l'énigme qui, par définition, n'en comporte aucune, elles n'apportent qu'une réponse approximative, qui donne indéfiniment l'impression de quelque chose d'ignoré ou d'incompréhensible, et elles préservent le désir de savoir sous la forme d'une quête indéfiniment relancée. Représentant, d'autre part, un effort pour parer l' « effondrement du sol de l'évidence » et une expérience de retour à l'évidence première, source de plaisir, ces conceptions magico-sexuelles sont sans cesse reprises pour réitérer cette brève expérience et elles se poursuivront comme une quête sans fin d'un objet qui, « promesse de plaisir, ne peut être que brièvement entrevu »[1]. Ainsi les conceptions magico-sexuelles procurent une jouissance non de l'objet (la mère-le père) mais de la quête, qui garde indirectement celle-ci (celui-ci) comme visée.

Conceptions magico-sexuelles et formations de pensées dérivées
Mais au fur et à mesure du développement psychique de l'enfant, ces conceptions magico-sexuelles vont être à l'origine d'autres formations de pensée : une activité fantasmatique « qui va broder, à partir du mythe qui en constitue l'ombilic, d'infinies variations dont l'enfant est le centre » ; une activité historisante où l'enfant s'intéresse au passé de la famille, en espérant qu'il va lui expliquer son présent. Cette activité peut, elle aussi, revêtir une allure fantasmatique sous la forme du « roman familial », où l'enfant se reconstruit une origine et une identité glorieuses ; enfin l'activité théorisante « qui cherche des règles déterminant l'ordre de succession des faits et la causalité qui les unit »[2]. Dans la conception magico-sexuelle, l'attitude théorisante n'est présente qu'en germe seulement ; pour qu'elle se développe, il faudra « que l'épreuve du doute suivie du plaisir de la mise en doute active vienne transformer le mythe en objet de réflexion »[3].

Ces diverses formations de pensée trouveront leur prolongement chez l'adulte dans les diverses productions de la culture. C'est ici qu'interviendront à nouveau l'aire transitionnelle et son vouloir de création. On pourrait dire que les formations de pensée que l'adulte va construire dans le prolongement de ces conceptions infantiles se trouvent toujours dans cette aire de l'illusion, à mi-chemin entre le monde imaginaire et le monde réel et sont des objets transitionnels, plus ou moins proches du monde réel, plus ou moins éloignés du monde imaginaire. Mais une différence essentielle surgit dans ces conceptions adultes, c'est qu'elles se créent dans un monde de la culture, qui est un monde social et collectif.

---

[1] Sophie DE MIJOLLA-MELLOR (1999), op.cit., p.23.
[2] Sophie DE MIJOLLA-MELLOR (1999), op.cit., p.22.
[3] Sophie DE MIJOLLA-MELLOR (1999), op.cit., p.31.

Conceptions magico-sexuelles et productions de culture
Les conceptions magico-sexuelles se prolongeront directement dans les mythes, par lesquelles les sociétés cherchent à rendre compte de leur origine et de leur organisation. Les mythes d'une société tendent à englober l'ensemble de l'ordre social et naturel et à intégrer les différents domaines de significations dans une totalité symbolique qui constitue et légitime l'unité de la société. Ils construisent un imaginaire « familialiste » du réel, puisque les dieux ont aussi, comme les hommes, leur généalogie et leurs rapports de parenté ; et des formes de déni de la réalité : ainsi les mythes d'origine de l'homme, tels les mythes grecs de l'autochtonie, ou le mythe juif d'Adam et Eve, sont des prolongements des constructions enfantines tendant à dénier la réalité du rapport parental procréateur. Nous sommes ici dans l'univers de la croyance.

La fantasmatisation se prolongera dans la création romanesque, ou la création artistique en général. La création artistique se présente explicitement comme illusion, refus du monde réel - « aucun artiste ne peut tolérer le réel », disait Nietzsche - et comme l'affirmation de l'omnipotence du sujet qui veut créer un monde propre, conforme à ses vœux, au plus près du monde imaginaire, au plus éloigné de la réalité sur laquelle il pense ne pas avoir de pouvoir. Gérard Mendel propose de la définir comme un « délire réussi, c'est-à-dire qui intègre le dialogue avec la tradition acceptée-refusée »[1].

L'activité historisante se prolongera dans la recherche historienne, sachant que celle-ci pourra prendre une double direction, celle du mythe, dans la création collective d'une histoire de l'origine d'un peuple, requérant la croyance des membres du groupe ou celle de la recherche objective d'une histoire réelle. On rejoint alors le troisième domaine, celui où l'attitude théorisante se prolonge dans l'activité théorico-scientifique.

À l'inverse de la création artistique, la démarche théorique se présente comme une tentative pour tenir compte du réel et en rendre compte. La théorie est bien un objet transitionnel, au sens de Winnicott, un objet trouvé-créée. Elle ne cherche pas à transformer la réalité, comme la

---
[1] Gérard MENDEL (1998), op.cit., p.460.

rationalité pratique, elle cherche à en rendre compte, donc à la trouver ; mais elle en rend compte avec un langage, dont l'usage et l'agencement sont précisément la création du sujet qui connaît. La théorie cherche à rejoindre la réalité, mais les mots créent une distance à la réalité et théoriser plutôt qu'agir peut être un moyen de s'en éloigner, dès lors qu'elle peut paraître intolérable. C'est pourquoi cette activité théorique pourra prendre deux directions opposées. Elle peut tenir compte du réel de la pensée, en tant que pensée rationnelle, obéissant aux lois de la logique, sans tenir compte de la réalité extérieure : elle aboutira aux mathématiques, à la logique ou à la spéculation philosophique, qui est plus proche de l'imaginaire que du réel. Gérard Mendel fait remarquer que la philosophie est sans doute une manière de sortir des mythes - comme imaginaire familialiste du réel[1] - et de construire une forme de pensée « abstraite, conceptuelle, dépersonnalisée, non-anthropomorphe, an-affective ». Mais on pourrait se demander si le concept d' « être », « premier-né des concepts philosophiques et le premier d'entre eux par sa place au centre de la métaphysique »[2] n'est pas une manière de dénier la réalité de la vie et de la mort, le néant d'avant la vie et d'après la mort et donc de préserver une sécurité existentielle de base.

Si l'activité théorique tient compte en plus du réel comme réalité naturelle et sociale, extérieure à la pensée, elle devient activité théorico-scientifique. Les sciences empiriques sont des tentatives pour se rapprocher au plus près du monde réel. La théorie devient un ensemble d'hypothèses qui cherche sa validation dans le réel. Tel est l'objectif de l'activité théorico-scientifique : s'éloigner des apparences de la réalité pour mieux la rejoindre et se confronter avec elle, selon la démarche, qui crée une théorie scientifique dans le langage, mais retrouve la confrontation au réel et le savoir rationnel pratique dans l'acte du recueil de données empiriques et de l'expérimentation scientifique.

---

[1] Gérard MENDEL (1998), op.cit., p.9.
[2] Ibidem.

Nous avons montré plus haut que les conceptions sexuelles infantiles se tiennent dans l'aire que Winnicott a appelé l'aire de l'illusion, à mi-chemin d'une réalité sur laquelle le sujet est sans pouvoir et d'un monde imaginaire où tous ses désirs peuvent être réalisés. Il passe du désir de l'objet, la mère, le père, au désir de savoir, lorsqu'il a compris que, sur cet objet, son désir est sans pouvoir, mais il recrée par ses conceptions magico-sexuelles un monde qui satisfait ses désirs narcissiques. Et, d'autre part, même si ses créations sont faites de pièces et de morceaux et empruntent des éléments de sa culture familiale, des mots et des idées fournies par des adultes ou d'autres enfants, elles restent des créations singulières, secrètes et non partagées, qui renferment l'enfant sur son imaginaire individuel et sur ses fantasmes personnels, liés à son histoire singulière. Pour entrer véritablement dans la culture et dans les savoirs de sa société, l'enfant va devoir renoncer à ces « théories », à ces créations de savoir idiosyncrasiques, ou les refouler, afin d'accéder à ce que Castoriadis appelle le « savoir commun »[1].

Rapport au savoir et constitution de la personnalité psychosociale

Cette transformation sera liée à la constitution de la personnalité psychosociale, qui, par-delà la personnalité psycho-familiale, se constituera en prenant appui en outre sur les trois universels empiriques que sont le langage, la rationalité instrumentale, la coopération structurale. Nous situerons dans l'entrée en institution, éducative et scolaire, la première étape de cette constitution de la personnalité psychosociale. Si la socialisation primaire s'accomplit dans la famille, un individu humain, pour devenir membre à part entière de sa société, doit sortir de celle-ci et participer à des groupes et à des institutions qui contribuent à cette socialisation secondaire, en lui permettant d'accéder aux pratiques et aux savoirs propres, non plus seulement à son groupe familial, mais à sa société et à son groupe social.

---

[1] Cornélius CASTORIADIS (1975), *L'institution imaginaire de la société*, Paris, Seuil, p.420.

Dans nos sociétés, la scolarisation représente une étape essentielle de cette socialisation. Car l'entrée de l'enfant à l'école, pour s'approprier des savoirs scolaires, constitue un pas décisif et amorce la constitution de la personnalité psychosociale. La deuxième étape essentielle de cette constitution est le travail, avec la formation professionnelle qu'elle implique éventuellement et la nouvelle transformation du rapport au savoir qu'entraîne l'acquisition de savoirs professionnels, dans la formation et les pratiques de travail.

Rapport au savoir et scolarisation

J'avais montré, dans le précédent livre de l'Équipe[1], en quoi la scolarisation pouvait apparaître comme un élément déterminant dans la transformation du rapport au savoir de l'enfant. Jusque là l'acquisition du savoir s'était opérée pour lui par deux voies : l'identification aux figures parentales, ou aux figures adultes significatives de l'entourage, et par une quête solitaire de savoir - en transgression des interdits parentaux - sur les énigmes de la vie et de la mort aboutissant à des conceptions magico-sexuelles, comme créations singulières de savoir privé. Par rapport à ces savoirs acquis ou construits dans le milieu familial, la scolarisation, même si elle ne suffit pas à elle seule à constituer une personnalité psychosociale entièrement développée - ce que seul le travail permet de réaliser - va toutefois permettre d'opérer deux transformations radicales, concernant le rapport au savoir : la première concerne le langage. L'enfant ne devra plus se faire comprendre seulement de sa mère ou des personnes significatives de son entourage, mais aussi d'autres enfants et de tout autre membre de sa société, locuteur de sa langue, en tout premier, son enseignant-e. L'enfant va donc devoir substituer à son « parler-bébé », qui comprenait l'usage de signes et de mots « privés », le langage public, le langage commun parlé par tous.

---

[1] Voir mon article « Relation d'objet et rapport au savoir », in Jacky BEILLEROT, Claudine BLANCHARD-LAVILLE, Nicole MOSCONI (1996), *Pour une clinique du rapport au savoir*, Paris, L'Harmattan, p.75-118.

Une transformation analogue va devoir se produire pour le savoir. Aux premiers « objets » de la pulsion de savoir, les « énigmes », concernant l'origine, les rapports sexuels, la vie et la mort, qui donnent lieu à l'activité de pensée créatrice des conceptions magico-sexuelles (les « théories sexuelles infantiles » de Freud), le sujet va devoir substituer des objets de savoir qu'il ne peut créer de lui-même, que la société lui propose et lui impose et qu'elle a institués comme objets du savoir commun, liés à des pratiques sociales communes. Ainsi la scolarisation va pousser l'enfant à substituer à ses objets privés de savoir des objets du savoir commun qui valent, dans sa société, par leur institution sociale et, en tout premier lieu, par l'institution scolaire.

C'est en ce sens que l'on peut dire, avec Bernard Charlot, que l'enfant à l'école est « confronté... à la présence dans le monde de "savoirs" » et « soumis à l'obligation d'apprendre ». Mais ce n'est pas cette obligation qui crée le désir de savoir, c'est plutôt parce que le désir de savoir est déjà là qu'il peut se déplacer sur de nouveaux objets. Et c'est aussi parce que le sujet doit se détacher de ses anciens objets de savoir par lui créés qu'il y a contrainte et donc conflit et opération complexe de réélaboration et remaniement du désir de savoir et du rapport au savoir.

C'est cette métamorphose de l'objet à investir qui transforme la relation primitive au savoir privé, créé par le sujet, conformément à ses désirs - relation où le savoir est partiellement au moins le produit de l'imaginaire individuel, la création singulière du sujet, dans les conceptions magico-sexuelles - en un « rapport au savoir », au savoir comme échappant précisément à l'emprise du sujet, au savoir comme ensemble de savoirs déjà là, produits par la culture de sa société, des savoirs qui existent et valent dans et par leur institution sociale, comme savoirs communs, dans cette société précise.

Cet « objet savoir », en tant qu'il échappe à la toute-puissance et à l'emprise du sujet, devient, non plus ce que le sujet « crée » par l'activité spontanée de ses propres représentations, mais « ce à quoi » le sujet « se rapporte », puisqu'il était déjà présent dans le social comme savoir institué, valable dans cette société donnée, dans ses objets, ses modalités, ses modes de vérification et de validation. En même temps que s'opère la transformation de la relation primitive à l'objet de connaissance en rapport au savoir et que se transforme la nature de l'objet savoir, se transforme aussi la nature de la satisfaction. Au plaisir que donnait au sujet, dans les théories sexuelles infantiles, une élaboration de la représentation qui était une réalisation de désir de nature magico-sexuelle, l'individu substitue un plaisir qu'il tire du fonctionnement du Moi, de la perception du réel ou de son élucidation en vue de sa modification. Il peut même arriver qu'il trouve un plaisir particulier dans ce « faire » spécifique qu'est le savoir théorique, lorsque l'élucidation est séparée d'une visée pratique et érigée en projet pour elle-même. C'est à nouveau un plaisir lié aux représentations qui est là recherché, mais la différence est dans le souci de confronter ces représentations à la réalité par des modes de validation codifiés.

Si l'on veut définir la manière dont le premier rapport au savoir constitué dans le milieu familial, se transforme et se remanie dans le milieu scolaire, il est donc nécessaire de considérer quatre niveaux : le niveau strictement psychique qui est celui du fantasme, où le savoir et le rapport au savoir sont pris dans un imaginaire déterminé par le psychofamilialisme inconscient ; un niveau intermédiaire entre la subjectivité et la réalité externe où le sujet, par l'acte d'apprendre met en jeu son vouloir de création ; un niveau institutionnel où le sujet dans cet acte se confronte à son enseignant-e et à ses pairs, pouvant ou non mettre en jeu des formes de coopération ; un niveau social, qui, conditionnant à la fois les significations que l'on donne au savoir dans le milieu familial et celui que lui donnera le sujet lui-même et, d'autre part, la manière dont, à partir de là, il se rapportera aux savoirs scolaires, constitue l'élément de base du rapport au savoir. Mais on ne peut pour autant négliger les trois autres niveaux.

Scolarisation et fantasme
Au niveau fantasmatique, nous avons vu que l'apprendre reste pris dans un système d'identifications ou de contre-identifications aux figures significatives de l'entourage familial. L'enfant apprend pour être (savant) comme les parents, puis comme l'enseignant-e, leur délégué-e, ou, pour

être comme l'idéal de ceux-ci. Il apprend aussi pour leur faire plaisir et trouver son plaisir de leur propre plaisir, à condition que ceux-ci soient capables d'en témoigner authentiquement.

Ces phénomènes identificatoires pourraient être décrits à partir des fantasmes d'incorporation et des processus d'identification projective et introjective, tels que les définit Mélanie Klein. Le premier modèle de l'apprentissage serait oral : le savoir est nourriture qui comble l'avidité d'un sujet qui se vit comme vide et qui tire sa satisfaction de cette sensation nouvelle d'être rempli. Mais ce modèle implique aussi toute l'ambivalence de l'oralité : « la tétée, comme acte de vampirisme qui consiste à épuiser le sein permet à l'enfant de nourrir le fantasme de se frayer un chemin jusqu'à l'intérieur du sein, puis à l'intérieur du corps de la mère »[1]. Cette « incorporation » est un processus d'identification projective. Dans un premier temps, le sujet s'identifie projectivement au maître, il nourrit le fantasme de penser ou d'être comme s'il était le maître, ou même, si l'agressivité est très forte, comme s'il était mieux que le maître. Il nourrit le fantasme d'entrer dans le corps du maître : je me place à l'intérieur de l'autre, le maître, et je lui dérobe son savoir comme s'il était mien, « comme si instantanément ou magiquement je devenais aussi puissant, aussi savant, aussi adulte que l'autre »[2]. Telle est l'incorporation.

Mais c'est un leurre ; « elle se propose comme équivalent d'une introjection immédiate, mais qui n'est qu'hallucinatoire et illusoire »[3] ; identification projective pathologique, elle empêche l'apprentissage.

Celui-ci n'est possible que lorsque, dans un deuxième temps, l'incorporation cède la place à l'introjection et l'identification projective à l'identification introjective. Le sujet renonce *être* le maître et se propose de *devenir comme* lui. Il ne se projette plus dans le maître, il reconnaît son existence séparée de lui, mais il établit l'image du maître à l'intérieur de lui-même comme une image bonne, gratifiante. Celle-ci va permettre de reconnaître le désir et la dépendance

---

[1] Albert CICCONE, Marc LHOPITAL (1991), *Naissance à la vie psychique*, op.cit., p.21.
[2] Albert CICCONE, Marc LHOPITAL (1991), op.cit., p.23.
[3] Albert CICCONE, Marc LHOPITAL (1991), op.cit., p.20.

vis-à-vis du maître et d'accepter de recevoir de lui la nourriture mentale, le savoir. C'est cette fantasmatique inconsciente qui ouvre les conditions de l'apprentissage. C'est pourquoi aussi autour du savoir se déploie toute la fantasmatique orale de la nourriture, que le langage exprime bien avec ses aspects ambivalents, avoir « soif » de savoir, ou faire l'âne qui n'a pas soif, se sentir « nourri » par l'enseignant-e, se sentir vide et « rempli » par le savoir bon, ou mauvais, quand on parle d'« ingurgiter » les cours, de lui « recracher » son cours (à l'enseignant-e), d'avoir une « indigestion » de telle ou telle matière, ainsi que la fantasmatique anale et urétrale, « pisser de la copie », « torcher une copie », « rendre un torchon »... Dans l'apprentissage, qui est vécu au niveau inconscient comme une relation duelle entre l'enseignant-e et l'élève, cette fantasmatique est quasiment irrépressible et joue un rôle très important dans l'apprentissage. « Dans tout rapport duel, la force de l'inconscient reste prévalente »[1] et, en particulier, dans les rapports duels d'apprentissage. Et l'on est loin d'avoir épuisé l'analyse de ses diverses composantes.

L'acte d'apprendre
Mais l'apprentissage ne se place pas seulement sur ce plan fantasmatique, mais aussi sur un autre plan : il est l'héritier de l'aire transitionnelle au sens de Winnicott. Car on peut dire qu'apprendre est un acte, au sens que Gérard Mendel, dans la filiation de Winnicott, donne à ce terme[2]. Certes, cette affirmation peut au premier abord sembler paradoxale : apprendre, pense-t-on, se passe « dans la tête », c'est un phénomène intérieur qui se produit dans la pensée, un processus psychique. Certes, cela est vrai, en un sens ; apprendre ne produit pas d'objet matériel, mais, peut-on dire qu'il n'agit que sur la réalité psychique ? Dans le cadre scolaire, il produit des manifestations extérieures objectivables : répondre à des questions, faire des exercices, résoudre des problèmes, écrire des textes de diverses sortes, dessiner, faire des évaluations et des contrôles font partie de l'apprendre. Et ces manifestations produisent des effets

---
[1] Gérard MENDEL (1998), *L'acte est une aventure*, op.cit., p.396.
[2] Gérard MENDEL (1998), op.cit., chapitre 27.

intersubjectifs et sociaux : l'enseignant-e sera satisfait-e ou mécontent-e, approuvera ou désapprouvera, évaluera positivement ou négativement, félicitera ou réprimandera ; les autres élèves admireront, se moqueront ou seront indifférents.

Or, comme le dit Gérard Mendel, « l'intelligence rationnelle pratique [celle qui préside à l'acte] nous paraît également nécessaire dans un travail intellectuel pur »[1]. Nous allons donc montrer en quoi apprendre est, selon nous, un acte, tel que le définit et le caractérise Gérard Mendel. Apprendre est un acte, comme interactivité entre un sujet et une réalité, la réalité étant ici les savoirs scolaires et les tâches scolaires, comme réalités extérieures au moi du sujet apprenant, imposées par l'institution scolaire, représentante de la société. Et apprendre possède tous les caractères de l'acte. Il n'y a pas d'apprentissage sans un sujet qui apprend, c'est lui qui déclenche le début de son acte et qui se fixe des objectifs (se débarrasser au plus vite de la leçon ou de l'exercice, ou au contraire l'apprendre ou le faire consciencieusement ou encore approfondir, aller plus loin, explorer, chercher diverses questions ou solutions). Il ne faut pas oublier que ce sujet est le produit d'un corps, d'une histoire concrète, d'une société ayant elle-même développé des formes historiques concrètes de savoir sur la longue durée, nous y reviendrons.

D'autre part, l'acte d'apprendre, comme tout acte, est toujours unique, singulier[2]. Seul un sujet singulier peut apprendre, nul ne peut apprendre pour lui et à sa place ; et chacun a des manières d'apprendre qui lui sont propres. Comme dans tout acte aussi, on observe, dans l'acte d'apprendre, un clivage : le sujet est clivé entre une partie de lui-même, consciente et volontaire qui a voulu et engagé l'acte et qui reste à l'extérieur de l'acte, fixant son sens d'ensemble et maintenant son objectif, et une partie, qui est à l'intérieur de l'acte, engagée dans l'acte, tout entière présente dans le vécu de ce qui se dit ou s'écrit dans l'instant et qui n'est plus entièrement consciente et n'obéit plus vraiment à la volonté du sujet et dont il n'a plus l'entière

---

[1] Gérard MENDEL (1998), op.cit., p.354.
[2] Gérard MENDEL (1998), op.cit., p.35.

maîtrise. Il n'existe pas de régulation spontanée qui serait interne à l'acte d'apprendre, celui-ci une fois engagé échappe en partie à la volonté du sujet, la seule régulation pourra venir de la partie du sujet qui n'est pas engagée dans l'acte, qui est porteuse du projet d'apprendre et qui peut maintenir l'objectif final.

Apprendre est un phénomène inscrit dans le temps et l'espace ; dans le temps et l'espace de l'institution scolaire, d'abord, quand il s'agit de l'apprentissage scolaire, puisque c'est l'institution qui fixe les rythmes et, partiellement, les lieux. Mais apprendre suppose aussi que le sujet fixe ses propres rythmes et ses propres lieux. L'acte d'apprendre se manifeste comme mouvement, mouvement de parole et d'écriture, avec la pensée qui s'exprime dans le discours ou « qui court sous la plume » et produit une trace dans l'espace externe de la classe ou de la feuille de papier. C'est le sujet qui s'engage dans l'acte d'apprendre à un moment donné (plutôt que de rêver, de bavarder ou de chahuter avec les camarades) ; son acte se déroule au présent et n'existe qu'en cours de réalisation. Apprendre est irréversible, quand on a appris quelque chose, on ne peut pas faire qu'on ne l'ait pas appris. On peut l'oublier, certes, mais on sait bien que, lorsqu'on doit réapprendre un savoir oublié, le deuxième apprentissage n'est pas identique au premier, au moment où ce savoir était encore inconnu et inédit pour nous. Et on sait aussi que lorsque l'on a compris quelque chose, il est très difficile de faire comme si on ne l'avait pas encore compris, en particulier, il est difficile de se mettre à la place et dans la pensée d'un sujet qui, lui, n'a pas encore compris. D'où la difficulté de l'enseignement.

Quand il apprend, le sujet s'engage dans une rencontre interactive avec le savoir, comme réalité hors sujet. Cette réalité, en tant qu'elle est hors-sujet représente quelque chose d'inconnu, de non-maîtrisable et peut susciter de l'angoisse. Si celle-ci est trop forte, le sujet préfèrera esquiver la relation et renoncer à apprendre. Si celle-ci n'est pas trop forte, il pourra assumer, sinon pleinement, du moins partiellement, ce rapport avec l'inconnu et engager la rencontre avec le savoir à apprendre. La manière dont se sont déroulés les phénomènes transitionnels de la toute-

petite enfance est déterminante dans cette capacité à affronter l'inconnu avec suffisamment de confiance.
 Quand on commence à apprendre, on ne sait jamais à quoi l'on s'engage, il est malaisé de savoir à quoi cet engagement nous conduira. Comme tout acte, l'acte d'apprendre suppose de prendre des risques[1], risque de ne pas parvenir à apprendre, risque de rencontrer des obstacles dans l'apprentissage et de prendre conscience de la résistance du savoir à se laisser maîtriser et de ses moyens intellectuels limités, risque de se trouver soi-même transformé par un apprentissage réussi, jusqu'à ne plus tout à fait se reconnaître. La diversité de nature des différents savoirs rencontre plus ou moins le désir du sujet singulier ou ses inhibitions. Les différentes sortes de savoir font différemment obstacle aux possibilités d'apprendre de chacun. De plus, il y a une énorme disproportion entre le sujet singulier et l'énorme quantité de savoirs que les sociétés ont accumulée depuis des siècles, produits par un grand nombre de personnes et de groupes et qui sont aujourd'hui à la disposition de qui voudrait les apprendre. Par l'acte d'apprendre, le sujet sera donc mis nécessairement en face de ses capacités limitées d'apprentissage. Dans l'acte d'apprendre, le sujet est amené à prendre acte de la dimension d'une réalité de savoir étrangère à son moi et qui résiste très déplaisamment à ses désirs, à ses idées, à ses projets.
 Un autre caractère a trait à l'interactivité entre le sujet et le savoir. Dans l'acte d'apprendre sujet et savoir deviennent mêlés et indémêlables, ils « composent organiquement une réalité d'un nouveau type »[2], qui est précisément l'acte d'apprendre. Apprendre n'est pas un simple acte de remplissage d'un savoir contenu, déversé dans un sujet contenant. Le sujet ne pourra apprendre que s'il s'approprie et fait siens les savoirs imposés ou proposés par l'enseignant-e et l'institution, que s'il recrée pour lui-même les idées, les procédures, les raisonnements inhérents aux savoirs enseignés. On se trouve donc bien en présence d'un objet trouvé-créé. Le savoir est là présent et présenté dans l'institution scolaire qui l'impose ou le propose, mais en

---

[1] Gérard MENDEL (1998), op.cit., p.25 et sq.
[2] Gérard MENDEL (1998), op.cit., p.36.

même temps pour qu'il le fasse sien, le sujet apprenant doit nourrir l'illusion qu'il en est l'auteur, que c'est lui qui l'a créé ou recréé dans son esprit. Apprendre, c'est retrouver ces processus décrits par Winnicott dans l'aire transitionnelle. C'est pourquoi aussi l'acte d'apprendre retrouve un caractère fondamental de l'aire transitionnelle : il prendra soit des formes de jeu répétitives qui ne développent pas la créativité et donnent naissance à un faux-self, soit des formes de jeu créatives. Ainsi, on peut observer dans l'acte d'apprendre des processus d'apprentissage donnant lieu à des faux-savoirs, savoirs distanciés du sujet, d'acquisition toute mécanique et provisoire, pseudo-savoirs n'ayant d'autre sens pour le sujet que de satisfaire aux exigences et aux normes des contrôles et épreuves scolaires, ou d'être la pilule amère qu'il faut « avaler » à son corps défendant pour avoir, plus tard, un « bon métier » ; ou au contraire des apprentissages qui aboutissent à des savoirs vrais, qui s'intègrent véritablement à la personnalité au point de la travailler en permanence et finalement de la transformer. Par cette rencontre authentique avec le savoir, avec un savoir, le sujet s'auto-modifie et se transforme dans sa personnalité profonde.

Il peut aussi, à partir de cette appropriation, aller au bout de son vouloir de création et prendre sa place dans la production sociale de nouveaux savoirs, instituer de nouveaux contenus ou modes de savoir, ce qui supposera qu'il s'intègre, d'une manière ou d'une autre, aux institutions de la société chargées de créer ces nouveaux savoirs.

Comme tout acte, l'acte d'apprendre est donc une « aléatoire aventure »[1].

Dimension institutionnelle de l'acte d'apprendre
En même temps, comme l'affirme le titre d'un livre du CRESAS, « on n'apprend pas tout seul ». À l'école, l'acte d'apprendre, même s'il est strictement personnel, s'exerce dans un cadre institutionnel. Il se fait dans le cadre de cette réalité collective qu'est la classe, elle-même insérée dans une structure plus large, l'établissement scolaire, l'institution éducation nationale. Même si l'école française a une forte tendance individualiste et conçoit souvent l'apprentissage du

---
[1] Gérard MENDEL (1998), op.cit., p.46.

seul point de vue du sujet individuel, déjà la présence du groupe des élèves lui donne une dimension collective, ne serait-ce que sous la forme de la concurrence et de la compétition scolaires. Mais surtout, sous l'influence de la psychologie, de la psychologie sociale et des pédagogies nouvelles, des tendances se sont fait jour dans les dispositifs pédagogiques pour exploiter d'une manière pédagogiquement plus efficace, et plus satisfaisante éthiquement, la réalité de la classe comme groupe et comme collectif. Des méthodes pédagogiques de travail en petits groupes permettent de mettre en jeu des conditions d'apprentissage fondées sur le conflit socio-cognitif : l'acte d'apprendre implique, comme la production de la science elle-même, de sortir du monde de la croyance, de la simple affirmation et de l'argument d'autorité et de s'essayer à la libre discussion avec des pairs, à propos d'un problème ou d'une tâche. Il s'agit de convaincre les autres de ses idées par des arguments rationnels et de se laisser éventuellement convaincre par ceux des autres, si on les juge rationnels et justes, au risque de devoir renoncer à ses propres conceptions ou idées. L'apprentissage est alors inclus dans un processus de coopération collective, qui préfigure les situations futures du travail, car celles-ci sont presque toujours des situations de production organisées collectivement. Ainsi l'acte d'apprendre s'exerce dans l'interactivité groupale avec d'autres sujets et pas seulement dans l'interactivité duelle avec l'enseignant-e. On peut supposer que ces dispositifs pédagogiques différents agissent sur la constitution du rapport au savoir : « L'organisation du travail (scolaire) qui, avant d'être une représentation, existe comme facteur objectif et comme fait extérieur au sujet et à sa psychologie agit profondément sur le sujet et sa psychologie »[1].

Dimension sociale de l'acte d'apprendre
À travers ces organisations institutionnelles, c'est aussi l'influence du social qui s'exerce. L'apprentissage concerne des savoirs dont la dimension première est sociale-historique, qui sont des productions collectives de groupes sociaux et qui ne se sont développés que dans le contexte d'une société

---

[1] Cf. Gérard MENDEL (1998), op.cit., p.112.

donnée, à un moment donné. Ils sont proposés ou imposés au sujet, à un moment historique donné, dans la mesure où il a été jugé nécessaire, dans un cadre politico-institutionnel, qu'ils soient transmis, dans une institution formelle, à la génération suivante. Tout acte d'apprentissage réalisé se trouve très vite intégré dans le social : ajouté à tous les autres actes d'apprentissage du sujet, il décidera d'une position de ce sujet, dans la classe, puis dans l'institution scolaire, qui, elle-même, décidera de son orientation scolaire et donc, en partie, de sa position professionnelle et sociale future dans la société. Et ces actes d'apprentissage participent à la production de nouveaux sujets sociaux qui contribueront eux-mêmes, à leur tour, grâce à leurs savoirs et à leurs savoir-faire à la production de leur société.

Il faut noter cependant que l'école représente une institution spécifique de nos sociétés modernes qui a pour particularité de dissocier le temps de l'apprentissage des savoirs du temps de l'apprentissage des « faire » sociaux[1], c'est-à-dire du travail et des pratiques sociales propres à notre société. Dans la plupart des sociétés, l'accession au savoir n'est pas dissociée de l'accession au « faire » social, aux pratiques sociales, dont aujourd'hui la forme essentielle est le travail. Car tout « faire » social, tout travail implique un savoir. Si la plupart des activités ne repose pas sur un savoir exhaustif qui commanderait le faire, elles supposent cependant une certaine élucidation du réel dans le contexte et à propos du faire, un certain mode de représentation de l'état de choses à modifier, en vue de sa modification et des modalités de cette modification. Mais souvent ce savoir reste savoir pratique et savoir-faire et n'est pas formalisé dans un langage ou du moins il ne l'est que dans un langage qui correspond à l'expression de l'expérience quotidienne et ne contient que des propositions théoriques rudimentaires,

---

[1] Cf. Cornélius CASTORIADIS (1975), *L'institution imaginaire de la société*, Paris, Seuil, p.103. Castoriadis entend par « faire » toutes les activités sociales, aussi bien les pratiques techniques et économiques qui agissent sur la nature matérielle pour la transformer et assurer ainsi la vie matérielle de la société que les pratiques qui agissent sur autrui ou sur la société, que Castoriadis nomme « praxis » (politique, éducative, médicale), « faire dans lequel l'autre ou les autres sont visés comme êtres autonomes ».

directement reliées aux activités concrètes, sous forme de proverbes, adages et maximes morales. Tels sont les savoirs rationnels pratiques.

C'est pourquoi leur apprentissage passe le plus souvent par le faire lui-même. Pour apprendre, le novice doit essayer de faire, en imitant l'expert, quitte à ce que celui-ci opère des démonstrations, par simplification et schématisation des actes de la pratique[1], pour la rendre accessible au novice. Mais c'est aussi pour cela que la pratique est nécessaire dans l'apprentissage ; c'est que seule la pratique peut donner au novice le sens de la complexité de l'acte et du réel sur lequel il doit agir.

Les sociétés où les pratiques et les savoirs mythico-religieux sont centraux et structurent la société ont institué aussi des modes de transmission adéquats à ces pratiques et à ces savoirs, comme, par exemple, l'initiation ou l'éducation religieuse qui joignent des pratiques rituelles à des transmissions de savoirs mythiques, mythico-religieux ou théologiques.

Mais les sociétés modernes ont institué des faire et des savoirs d'une nature nouvelle, où beaucoup de pratiques reposent sur des savoirs conscients d'eux-mêmes et voulus comme tels, constitués en corps de connaissances contenant des théories explicites, en particulier scientifiques. L'institution de ces nouveaux savoirs rationnels, théoriques et scientifiques, contemporaine de l'avènement du capitalisme et de la démocratie, et l'importance considérable qu'ils ont acquise dans les sociétés d'aujourd'hui, ont amené la nécessité d'une nouvelle forme de transmission : la forme scolaire. Celle-ci se caractérise par la dissociation entre le temps de l'accès aux savoirs théoriques et celui de l'accès aux faire. La forme scolaire est la forme qui institue cette dissociation, rendant l'accès à certains savoirs préalables à l'accès aux faire sociaux qui prennent, dans nos sociétés, les différentes formes du travail professionnel. Alors que, dans les sociétés traditionnelles, comme le dit Castoriadis[2], c'est l'accession au « faire » comme social qui rend possible et

---

[1] Cf. Jérôme BRUNER (trad. franç.1983), *Savoir dire, savoir faire*, Paris, PUF.
[2] Cornélius CASTORIADIS (1975), *L'institution imaginaire de la société*, op.cit., p.103.

nécessaire l'accès au savoir, comme savoir commun - le savoir n'étant pas dissocié du « faire » social - dans nos sociétés, au contraire, l'accès au savoir précède l'accès au faire et peut même se dissocier de ce dernier, les savoirs théoriques et scientifiques se prenant eux-mêmes pour fin, ne se donnant pas d'autre projet que le savoir lui-même, sans visée pratique directe. Ainsi l'école est amenée à favoriser un rapport au savoir rationnel théorique au détriment du rapport au savoir rationnel pratique.

On peut donc s'attendre à ce que cette confrontation avec de nouvelles figures du savoir crée des conflits identificatoires chez certains élèves. Les premiers savoirs et savoir-faire acquis dans la famille le sont très largement par identification aux figures significatives de l'entourage, en particulier, aux figures parentales. Nous avons dit plus haut en quoi, selon les classes sociales, ces figures peuvent incarner et valoriser des types de savoir différents et en quoi l'école, par les savoirs qu'elle valorise, rationnel pratique ou rationnel théorique, et de par la séparation temporelle et spatiale qu'elle instaure entre savoir et faire, peut apparaître en continuité ou au contraire en contradiction avec le milieu familial. On peut donc supposer que l'enfant et l'adolescent ne vivront pas l'école de la même façon selon que leur propre milieu familial lui-même privilégie et favorise - en contradiction avec l'école - les savoir-faire et les savoirs pratiques ou au contraire - en accord avec l'école - le langage et les savoirs théoriques, culturels ou scientifiques.

L'acquisition du savoir à l'école risque d'être pris dans cette structure psycho-familiale inconsciente où l'enseignant-e apparaîtra en continuité avec les figures parentales et l'enfant apprendra en s'identifiant à lui-elle, comme figure dérivée-déléguée des figures parentales ou, au contraire, incarnant ou représentant des modes de savoir trop différents de ceux du milieu familial, l'enseignant-e ne pourra pas représenter une figure identificatoire possible sans conflit avec les premières identifications, il en résultera alors, pour le sujet, sauf cas de contre-identification aux figures parentales, une impossibilité ou une difficulté plus ou moins grande d'apprendre.

Ces différences dans le rapport au savoir des sujets qui reflètent des différences de milieux sociaux et de classes sociales entraînent aussi des différences et des inégalités dans l'accès au « savoir commun » et au « faire » social. Car, si l'institution scolaire, création de la société démocratique, se donne bien pour fin la diffusion d'un savoir commun, elle échoue à la mener entièrement à bien, du fait de l'existence de cursus et filières différenciées et hiérarchisées, correspondant aux grandes divisions sociales et sexuelles des savoirs, liées elles-mêmes aux divisions sociales et sexuelles du travail propres à cette société. Or, c'est la manière dont le sujet se rapportera aux savoirs que l'école lui propose ou lui impose qui, décidant de la réussite ou de l'échec dans l'acquisition de ces savoirs, décidera aussi de sa place dans les filières hiérarchisées. Et, dès lors que les procédures d'orientation lui auront assigné une place dans une filière déterminée, les savoirs auxquels le sujet aura accès se différencieront et reconstitueront des hiérarchies sociales et socio-sexuées. En somme, dans son rapport à l'objet commun « savoir », c'est aussi un rapport social que l'individu apprend, un rapport au savoir qui est une certaine position dans une hiérarchie sociale et socio-sexuée[1] des savoirs.

Rapport au savoir et travail

Pour terminer ce parcours concernant la constitution du rapport au savoir, il faudrait étudier la manière dont le passage au travail, à l'activité professionnelle, transforme à nouveau le rapport au savoir. Nous nous contenterons ici de quelques indications qu'il serait nécessaire de longuement développer. On peut dire que ceux dont le milieu familial et eux-mêmes privilégient l'intelligence rationnelle pratique de l'acte vivront la sortie de l'école qui privilégie l'intelligence théorique comme une délivrance et la mise au travail comme la véritable réalisation de leur rapport au savoir, essentiellement conçu comme rapport au savoir rationnel pratique.

Ceux, au contraire, qui privilégient, en accord avec l'école, l'intelligence rationnelle théorique, vivent la mise au travail et la nécessité de l'acte, comme rencontre avec la

---

[1] Sur cette division socio-sexuée des savoirs et du travail, cf. mon livre *Femmes et savoirs. L'école, la société et la division socio-sexuelle des savoirs*, Pris, L'Harmattan, 1994.

réalité non-soi, sans la médiation des mots, comme une expérience difficile et déconcertante. C'est peut-être pourquoi ils choisiront plutôt des professions où la parole est centrale.

Et c'est peut-être aussi pourquoi les enseignants trouvent la prise de fonction si angoissante et si difficile pour eux, car la rencontre avec la réalité (institution scolaire, classe et élèves) est bien la rencontre avec une réalité étrangère et étrange sur laquelle les savoirs théoriques appris à l'université ne donnent pas directement prise.

Pour conclure, il n'y a pas de théorie du rapport au savoir sans théorie du sujet et pas de théorie du sujet sans une anthropologie. S'il est vrai que le sujet se constitue à partir de l'interaction entre un certain nombre de composantes psychiques de base, ayant un support biologique et les composantes sociales, économiques et politiques de son époque, celui-ci va constituer aussi son rapport au savoir par l'interaction de ces diverses composantes. De son vouloir de création, tel qu'il se constitue à l'issue de la première année de sa vie, et dans l'interactivité avec la réalité de son environnement maternel, le sujet tirera une capacité de se lancer dans l'aventure des actes d'apprentissage - apprentissage de savoirs pratiques et/ou apprentissage de savoirs théoriques - et de produire des actes de savoir créatifs ; de son schéma psychofamilial inconscient, selon les aléas de son histoire œdipienne, le sujet tirera un rapport complexe et conflictuel au savoir, pétri d'imaginaire et de fantasmes, dépendant des identifications maternelles et paternelles qu'il tendra à répéter tout au long de sa vie, mais dont il tirera une pulsion de savoir comme énergie d'une quête indéfiniment relancée : le désir de savoir.
De la conjonction entre ce rapport au savoir pétri d'imaginaire et ce vouloir de création sera issue la manière dont le sujet va rencontrer les savoirs scolaires, comme savoirs communs et la manière dont il va s'y rapporter pour entrer dans des apprentissages purement passifs et répétitifs, voire stériles ou dans des actes d'apprentissage constructifs et créatifs et donc pourvus de sens pour lui.

Le rapport au savoir n'a pas seulement à faire avec les processus individuels de l'acte d'apprendre, avec leur dimension imaginaire, mais aussi avec les positionnements institutionnels, sociaux, économiques et culturels des individus, chaque sujet étant inclus dans des rapports sociaux qui sont à la fois des rapports de classe et de sexe.

Pas de théorie du rapport au savoir, non plus, sans théorie du savoir. Le savoir a à la fois des dimensions psychologiques avec leurs deux versants, rationnelles-cognitives et imaginaires-fantasmatiques. Mais le savoir a aussi des dimensions collectives. Il est une création des sociétés et des groupes sociaux dans leurs différences, leurs inégalités et leurs conflits. Le savoir, c'est, dans les « faire » sociaux, un moyen de résoudre les problèmes qui se posent aux sociétés et aux groupes sociaux, c'est l'expression de la rationalité instrumentale, dans les problèmes posés par les rapports à la nature et l'expression de la rationalité stratégique dans les problèmes posés par les rapports entre groupes sociaux. Du vouloir de création sort aussi bien le savoir rationnel pratique par l'accomplissement de l'acte et le savoir rationnel théorique par la création et l'invention intellectuelles et le rapport au savoir qui s'instaure avec ces deux types de savoir est de nature différente et induit des rapports différents, selon les groupes sociaux.

Enfin le savoir n'existe que par et pour sa transmission : le rapport au savoir met donc en jeu un rapport entre générations où il est question de domination et de soumission, de fidélité et de rivalité, de croissance et de déclin, de vie et de mort. Le rapport au savoir se construit donc dans une histoire qui est à la fois histoire intime, personnelle, consciente et inconsciente, et une histoire collective marquée par les temps historiques, ainsi que par les rapports et les conflits entre groupes sociaux.

Rapport au savoir et pratiques enseignantes

Savoir mathématique et rapport au savoir des professeurs de mathématiques. Traumatismes en chaîne et résonances identitaires

Pierre Berdot
Claudine Blanchard-Laville
Alain Bronner

Argument

Les travaux d'Alain Bronner (1997) sur les problèmes d'enseignement et d'apprentissage des nombres réels nous ont fait découvrir que les enseignants de mathématiques de collèges et de lycées sont la « proie » d'un certain type de conflits internes à propos de leur rapport au savoir. Dans l'étude qui suit, nous nous proposons de montrer qu'en fait, certains de ces enseignants se sentent comme attaqués au niveau d'une sorte de « noyau dur » de leur rapport au savoir mathématique, constitutif de leur soi professionnel. En effet, l'évolution des programmes, depuis qu'ils ont commencé à enseigner, est telle que certains objets fondamentaux du savoir mathématique, qui faisaient partie de leurs apprentissages et de leur formation, « sont portés disparus ». Cette perte est ressentie plus ou moins violemment par les enseignants selon les aménagements qu'ils trouvent pour y faire face et les compensations qu'ils retirent de ces aménagements. À notre avis, les effets psychiques de cette perte et de ces « attaques » sont beaucoup plus importants qu'il n'y paraît au premier abord ; c'est pourquoi nous avons cherché à comprendre les processus sous-jacents en jeu et, aujourd'hui, nous estimons qu'il est possible de parler de véritables traumatismes, reliés aux diverses réformes de programmes apparues ces vingt dernières années, dont les enseignants seraient victimes. Face à ce que l'on peut considérer comme une forme de « maltraitance institutionnelle » à leur égard, et en réponse aux conflits que cela suscite en eux, les enseignants mettent en place, chacun à leur façon, des modalités d'aménagement qui compensent plus ou moins bien la souffrance psychique ainsi déclenchée ; nous décrirons quelques scénarios significatifs mis en place dans cette perspective.

Cette étude nous a conduits à nous interroger sur la pertinence qu'il y aurait à parler de « traumatisme institutionnel » et à transposer dans ce domaine des éléments de la théorie du traumatisme développée en psychanalyse. Nous avons été amenés ensuite à chercher l'origine de ces traumatismes dans les crises successives que le savoir mathématique a eu à affronter au cours de l'histoire. Ainsi, il nous est apparu qu'il y avait comme des traumatismes en chaîne, comme une sorte de généalogie des traumatismes. Dans la réalité historique, les traumatismes prennent naissance chez les mathématiciens au moment de la découverte de nouveaux savoirs lorsque ceux-ci viennent bouleverser leur univers mathématique. L'institution d'enseignement, qui doit s'adapter à ces changements dans le savoir de référence, en supporte un certain nombre de conséquences. Selon les époques, elle propose des réponses plus ou moins adéquates. Des effets de ces traumatismes se transmettent aux professeurs au cours de leurs études de mathématiques, par l'intermédiaire de leurs enseignants-formateurs à l'université. Par la suite, les professeurs en cours d'exercice risquent de répercuter des effets de ces traumatismes par contrecoup chez leurs élèves et ce, d'autant plus fortement que l'institution ne propose pas suffisamment d'éléments de négociation, voire reste silencieuse, au niveau des aménagements de ces « crises » du savoir dans le processus de transposition didactique. Alain Bronner, à propos de certaines périodes, va jusqu'à avancer la notion de « vide didactique institutionnel ». Autrement dit, il propose l'idée que certaines réponses institutionnelles laissent les enseignants en suspens, comme sur un fil dans le *vide*, pour certains points délicats d'enseignement. L'institution peut peut-être penser que la régulation s'effectue par le biais de la formation initiale et/ou continue des enseignants. On pourrait en effet croire en première approximation que la compétence scientifique des enseignants, qui n'est pas en question ici, leur permet de s'adapter. Mais, à notre avis, cela est loin de suffire, et cette étude tente de le montrer, s'il s'agit bien, comme nous le pensons, de traces de « traumatismes » au plan psychique. De nombreux travaux psychanalytiques montrent aujourd'hui que les traumatismes psychiques retentissent sur plusieurs générations par le biais de ce qui est appelé une *transmission psychique intergénérationnelle* (Kaës, 1993 et Tisseron, 1995). Sur le registre professionnel, il nous semble possible de transposer cette notion dans le cadre de la transmission du métier d'enseignant, c'est-à-dire de la formation des enseignants. Les effets dont nous parlons se situent sur un autre registre que celui du cognitif. Or, on sait que la dimension psychique n'est pas actuellement prise en compte dans la formation ; elle est assez peu prise en compte pour ce qui concerne l'analyse des pratiques professionnelles enseignantes et elle ne l'est pratiquement pas du tout en ce qui concerne les questions du rapport au savoir des enseignants.

Introduction

Pour réaliser ce travail, nous sommes donc partis de l'étude didactique réalisée par Alain Bronner qui s'appuyait sur les résultats d'une enquête par questionnaires et entretiens auprès d'enseignants de mathématiques du secondaire, à propos de leur manière d'enseigner la racine carrée[1]. Après avoir

---

[1] C'est actuellement en quatrième au collège que les élèves rencontrent pour la première fois officiellement l'objet « racine carrée ». La racine

analysé les rapports des personnes qu'il a interrogées aux objets de savoir « racine carrée » et « nombres réels »[1] l'auteur a identifié chez ces personnes quatre manières de se positionner par rapport aux injonctions de l'institution :
une position de conformité stricte, où l'enseignant suit à la lettre les instructions de l'institution
une position dite d'ouverture vers les nouveaux nombres, dans laquelle les enseignants essaient de montrer que de nouveaux objets mathématiques, autres que les nombres décimaux déjà connus des élèves, ont un statut de nombres
une position d'ouverture vers les nombres non décimaux, dans laquelle les enseignants montrent que ces nouveaux nombres ne sont pas des nombres décimaux
et enfin, une position d'ouverture assumée vers les nouveaux nombres que représentent les « irrationnels » et que l'institution ne demande pas d'introduire

Pour les lecteurs non familiers avec les mathématiques, il est possible pour aller plus loin de s'appuyer sur la lecture de la note sur les ensembles de nombres qui figure en annexe 1 de ce texte et pour une compréhension plus approfondie de cette typologie on peut consulter l'annexe 2.

Pour la suite de notre propos, il suffit de retenir les éléments suivants :
1) Les positions décrites dans cette typologie sont les formes de réponses des enseignants au « vide institutionnel » évoqué précédemment.
2) Dans les deux dernières positions identifiées, on remarque que les enseignants opèrent une certaine transgression par rapport aux programmes officiels qui ne leur demandaient pas, dans la période d'étude, d'introduire ce caractère de nouveaux nombres à propos des racines carrées alors que dans les deux premières positions, ils se soumettent aux injonctions institutionnelles.

---

carrée d'un nombre « a » positif est alors définie comme le nombre positif dont le carré est « a ».
[1] On peut consulter en annexe une note qui rappelle quelques éléments sur les différents ensembles de nombres.

Au-delà de cette typologie du rapport institutionnel au savoir des enseignants, Alain Bronner a mis en évidence, par le biais d'entretiens un peu plus approfondis, que, pour certains d'entre eux, la façon d'aménager leur pratique d'enseignement par rapport à cette question suscitait un état de conflit intérieur. C'est cette conclusion qui a attiré l'attention des deux autres auteur(e)s de cet article, Claudine Blanchard-Laville et Pierre Berdot, dans la mesure où elle mettait l'accent sur une forme de souffrance du sujet-enseignant dont ils avaient envie de comprendre les ressorts sous-jacents. Il leur a semblé alors que la prise en compte des processus psychiques en jeu dans cette affaire pourrait apporter un éclairage complémentaire pour interpréter le malaise de ces enseignants. Ainsi, avons-nous décidé de prolonger l'étude didactique par un travail à trois, dans une perspective plus clinique, en reprenant l'analyse des entretiens d'enseignant(e)s sur laquelle elle était fondée, avec un nouveau regard plus axé sur l'identification des conflits internes et de leur aménagement chez les enseignants interviewés.

Cette reprise des analyses des entretiens s'est effectuée dans un esprit co-disciplinaire (Blanchard-Laville, 1999), en essayant d'articuler la dimension didactique et la dimension psychique. Cette confrontation a donné notamment l'occasion de conjuguer la conception du rapport au savoir telle qu'elle est promue par l'approche anthropologique didactique d'Yves Chevallard (1988-89), en termes de rapport personnel et de rapport institutionnel aux objets de savoir, avec la conception plus clinique du rapport au savoir telle qu'elle est proposée dans l'équipe du CREF de Nanterre (Beillerot, Blanchard-Laville, Mosconi, 1996).

Les personnes interviewées sont des professeurs de mathématiques, ayant entre 40 et 55 ans et enseignant dans des classes de Troisième ou de Seconde, volontaires pour participer à l'enquête. Étant donné leur âge, ces enseignants ont vécu la réforme dite des maths modernes[1], en tant

---

[1] Cette réforme, impulsée par une commission de mathématiciens, a été mise en place en 1968, puis arrêtée abruptement en 1978 sous la pression des professeurs. Elle avait l'ambition de réduire la distance entre les

qu'élèves et/ou étudiants pour la plupart, certains ont commencé à enseigner sous l'égide des programmes de cette période-là.

L'entretien leur a été présenté comme un élément de travail d'une recherche sur l'enseignement de la racine carrée, l'objectif étant de repérer les difficultés dans leurs choix didactiques pour cet enseignement. Les entretiens ont été menés de manière semi-directive par le chercheur lui-même.

Nous poursuivons par l'analyse de quatre de ces entretiens qui nous ont semblé pouvoir fournir un matériel propice pour une analyse plus clinique alors même que ces entretiens sont conduits de manière guidée, dans une perspective semi-directive, aux fins d'une analyse didactique.

D'une forme de maltraitance institutionnelle

Jacques et l'algorithme de Héron

Dans un premier temps, nous choisissons d'écouter un des professeurs interviewés que nous appelons Jacques. Ce professeur de 55 ans enseigne dans un collège de la banlieue d'une grande ville et il a plusieurs classes de troisième. L'entretien semi-directif qui a été réalisé à son endroit proposait, comme nous l'avons déjà suggéré, un certain nombre de thèmes de réflexion concernant l'enseignement de la racine carrée dans ses classes de troisième. L'entretien a été effectué avant que ne se déroule la séquence d'enseignement correspondante. L'objectif de l'entretien était de faire exprimer au professeur les choix didactiques auxquels il pensait devoir procéder pour cette future séquence ainsi que les difficultés auxquelles il estimait être confronté dans ces choix.

---

découvertes concernant les grandes structures mathématiques faites un siècle auparavant et les enseignements effectués. On pensait, à l'époque, que l'introduction précoce de ces structures faciliterait l'apprentissage des mathématiques. Cette conception était renforcée par le fait que certains ont vu un rapprochement entre ces structures et les structures cognitives élaborées par les travaux de Piaget au niveau du développement de l'enfant.

Ouvrons ici une parenthèse pour aider à la compréhension d'un lecteur peu familier avec les cursus d'enseignement de mathématiques. Précisons d'abord que l'enseignement de la racine carrée dans les programmes actuels doit s'attacher surtout à transmettre des règles de calcul algébrique sur cet objet : la règle du produit ou du quotient de racines carrées, par exemple $\sqrt{3 \times 5} = \sqrt{3} \times \sqrt{5}$. En revanche, on n'étudie plus les propriétés arithmétiques, c'est-à-dire on n'est plus censé enseigner le fait que les racines carrées de certains nombres sont des nombres « irrationnels », comme par exemple $\sqrt{2}$. Justement, cet exemple prototypique (montrer que $\sqrt{2}$ est un nombre irrationnel) faisait partie des activités de nombreux manuels il y a quelques années. Ce type d'exercice a disparu ou est relégué à la toute fin du chapitre sur les racines carrées. D'ailleurs, les nombres irrationnels ne sont pas connus des élèves, en tant que tels, jusqu'en troisième et les programmes ne demandent pas explicitement aux professeurs de les introduire. De même, le caractère non décimal des racines carrées irrationnelles[1] n'est pas non plus mis en évidence par les instructions officielles, alors même que les nombres décimaux ont joué et continuent à jouer un rôle central dans les travaux numériques qui sont présentés aux élèves dans l'enseignement secondaire. On n'enseigne plus, non plus, d'algorithmes de calcul des racines carrées comme on le fait encore pour la multiplication et la division par exemple, et notamment, on n'apprend plus à utiliser la méthode d'extraction de la racine carrée (méthode manuelle de calcul), qui a été enseignée pendant des siècles avant de disparaître dans les années soixante-dix. C'est cette non-négociation du passage des nombres décimaux aux autres nombres qui crée une sorte de « vide didactique ».

Ce qui nous frappe d'emblée dans le discours de Jacques, c'est qu'il s'étonne d'être interrogé sur cet objet, la racine carrée, car, d'après lui, c'est une question sur laquelle il n'y aurait pas

---

[1] Par exemple, les racines d'un nombre entier non carré parfait comme $\sqrt{13}$.

grand-chose à dire ou si peu. Il n'y a pas de problème pour lui et les élèves n'ont pas de difficultés dans cette leçon : « *Sincèrement cette leçon sur les racines carrées, pour moi, est une leçon très simple ; et pour les élèves, à exposer, faire comprendre, à faire passer. C'est une leçon qui est relativement accessible, c'est-à-dire qu'ils la reçoivent très bien* ». Notons qu'il commence ainsi l'entretien et qu'il répète cette remarque de manière récurrente tout au long de son discours. Par exemple, il dit : « *Encore une fois je vous le dis c'est une leçon qui passe bien* » et il conclut même l'entretien de cette façon : « *Je vais maintenant vous poser une question, mais pourquoi vous étudiez les racines carrées ? Pour nous, c'est une leçon comme une autre* ». Il traduit son étonnement en tentant de faire dévier le cours de l'entretien et en proposant presque un autre objet de réflexion : « *Vous m'auriez parlé de Thalès*[1] *qui est une leçon qui ne me paraît pas être une leçon au plan de la compréhension plus délicate, mais pourtant les élèves la reçoivent beaucoup plus mal* ». Il tente en quelque sorte de se débarrasser du thème proposé par l'intervieweur : « *la racine carrée est l'emballage* », « *pour moi c'est l'emballage* ». Cette insistance de Jacques à refuser le questionnement sur cet objet nous a alertés. D'autant que les recherches en didactique des mathématiques ont bien montré que l'introduction de cet objet de savoir au collège constitue un passage pour le moins problématique pour le professeur comme pour les élèves. Et pourtant Jacques dit à plusieurs reprises : « *pour moi c'est une leçon qui ne rencontre pas de difficultés majeures* ». Il précise aussi : « *je pense qu'approximativement 60% et 70% des élèves avaient la moyenne. Ce qui montre à l'évidence que ce n'est pas une leçon difficile* ».
Or, si l'on regarde de plus près son discours, ce qu'il dit, en fait, ce qu'il indique comme n'étant pas difficile, ce sont les techniques de calcul : « *En ce qui concerne les techniques opératoires, les calculs proprement dits, ils ne rencontrent*

---

[1] Le théorème de Thalès est une sorte d'emblème (avec le théorème de Pythagore) de l'enseignement de la géométrie au collège. Plus précisément, il s'agit d'un théorème attribué au mathématicien grec Thalès qui permet d'obtenir l'égalité de proportions dans une configuration de deux droites sécantes à des droites parallèles entre elles.

pas de difficultés majeures. Par exemple pour simplifier un radical, ils ont très bien compris ». Autrement dit, ce qui paraît facile pour lui et pour les élèves, c'est à peu près ce que l'institution lui demande d'enseigner, comme nous l'avons vu précédemment. Par contre, dès qu'il s'écarte un tant soit peu des lignes strictes du programme, alors là, il n'en est plus de même : « c'est une leçon qui passe bien sauf au niveau des radicaux[1] comportant des lettres mais en fait ce n'est pas explicitement au programme de troisième ».

Ce sont ces éléments qui apparaissent en première lecture, en réponse manifeste à l'objectif explicite de l'entretien. Néanmoins, l'insistance un peu trop affichée sur la facilité de cette leçon et le désir de l'interviewé de détourner le but de l'entretien nous ont conduits à interroger son discours au-delà de cet aspect manifeste. Nous avons alors perçu, derrière le discours exhibé sur « la facilité », un tout autre discours faisant entendre des sortes de regrets. Jacques dit par exemple : « l'utilisation des calculatrices maintenant a annulé tous les calculs sur les racines carrées. J'en veux pour preuve : quand j'étais élève j'étudiais la méthode d'extraction des racines carrées ; elle est partie au panier depuis quelques années ; pourquoi ? parce qu'elle était très lourde cette méthode-là » et il exprime vraiment une forme de nostalgie : « C'était quand même une méthode de réflexion aussi importante que celle qui conduit à rendre rationnel le dénominateur d'une fraction comportant une racine carrée ». Nous constatons que les regrets qu'il exprime concernent des thèmes liés à la racine carrée qui ne sont plus à l'ordre du jour des programmes actuels mais qui, compte tenu de son âge, ont fait vraisemblablement partie de ses propres apprentissages et ont été des objets de son enseignement lors de ses premières années d'exercice. Comme il le souligne, « cet apprentissage qui était essentiel il y a quelques années l'est beaucoup moins ». Concernant les calculs sur des expressions contenant des radicaux qui sont hors programme, il admet : « Ceux-là (ces exercices) je leur fais faire quand même, mais dans la mesure où tout ce qui

---

[1] Le radical est le signifiant symbolique de la racine carrée $\sqrt{}$.

précède est bien acquis. Tout le reste est bien classique et ne présente pas de difficultés ».

L'ensemble de ces propos témoigne pour nous de ce que Jacques a un peu de peine à renoncer à certains objets mathématiques « anciens » qui ont disparu des programmes actuels ou qui sont ramenés à d'autres niveaux d'enseignement pour se plier aux injonctions de l'institution. Ainsi, il se permet d'introduire des notions et des procédures qui, visiblement, lui tiennent à cœur mais qui le conduisent à s'éloigner des recommandations officielles : « *Là j'ai essayé un petit algorithme* (en fait il s'agit de l'algorithme de Héron[1]) *qui n'est pas facile pour une racine carrée ; c'est-à-dire montrer que l'on peut trouver pour toute racine carrée une fraction dont la valeur est très voisine de la racine carrée. Il est très bien cet algorithme, mais un peu délicat, mais si on fait un ou deux exemples les élèves y arrivent parfaitement* ». Il tente de se justifier aux yeux de l'intervieweur, ayant conscience sans doute d'une sorte de transgression vis-à-vis des instructions officielles (nous reviendrons un peu plus loin sur la situation d'entretien elle-même qui, selon nous, ravive pour Jacques son rapport à l'institution) : « *Je le fais, parce que je le trouve intéressant, cela les fait travailler sur les quotients, sur les racines carrées car ils doivent chercher la partie entière de la racine carrée, etc., cela leur fait faire un exercice supplémentaire* ». En fait, nous avons la sensation que c'est surtout pour lui-même qu'il introduit cet algorithme. Comme si ce geste lui permettait de se ressourcer en le reliant à des objets fondamentaux de son rapport au savoir mathématique, des objets qu'il a rencontrés au cours de ses études et qui sont certainement essentiels dans la constitution de sa personnalité de professeur. D'ailleurs, il parle de cet algorithme de Héron comme d'un petit objet fragile à soigner et à ménager : « *là j'ai essayé un petit*

---

[1] L'algorithme de Héron est une méthode de calcul approché d'une racine carrée, encore plus ancienne (et plus performante) que « la méthode d'extraction ». On en retrouve trace chez les Babyloniens. Cette méthode consiste, à partir d'une valeur approchée a de la racine carrée d'un nombre A, à obtenir une meilleure approximation encore par le calcul de la quantité $\frac{1}{2}(a + \frac{A}{a})$.

algorithme » dit-il, ... « *il est très bien cet algorithme mais un peu délicat* ». Cette façon de parler d'une procédure mathématique nous fait ressentir la charge affective qu'il attache à ce type d'objet.

En résumé, tout semble indiquer que le rapport de Jacques à l'objet « racine carrée » s'est constitué au cours de son passé d'étudiant, à une époque où les choix de l'institution à propos de l'enseignement de cet objet étaient de nature bien différente de ceux de la période actuelle. On peut penser que le rapport qu'il a construit à ce moment-là aux mathématiques est un élément constitutif de son identité professionnelle de professeur de mathématiques, c'est-à-dire fonde son soi professionnel. Or, il nous fait comprendre que toutes les valeurs qu'il s'est créées au moment de sa construction identitaire professionnelle se sont effondrées, lorsqu'il parle « d'annulation » et de « mise au panier » de ses propres méthodes de calcul. La tonalité de son discours est alors légèrement dépressive, nous faisant tout à fait penser que ces objets de savoir anciens se sont constitués pour lui comme des objets psychiques internes fondateurs et que leur perte le conduit à un mouvement dépressif que l'entretien ravive. Un de ses moyens de défense par rapport à cette dynamique semble être de retourner l'attaque vers l'extérieur et en particulier vers les objets externes que représentent les calculatrices ; celles-ci, en effet, semblent porter tous les maux et l'expression de son ressentiment à leur sujet est très forte ; comme si l'institution les lui avait imposées en tant qu'objets de substitution par rapport à ses propres objets perdus. Il dit par exemple à propos de la méthode d'extraction : c'était « *une méthode de réflexion importante* » et *[...]* « *toutes les techniques opératoires dans les prochaines années vont totalement disparaître* ». On a presque l'impression que les fondations mêmes de la construction de son rapport au savoir mathématique se sont effondrées.

En fait, c'est bien l'institution qui a supprimé du programme ses objets préférés et lui impose un certain usage des calculatrices, mais Jacques épargne l'institution dans son discours et concentre plutôt son agressivité sur les calculatrices. Celles-ci sont devenues « le mauvais objet » pouvant détériorer les bons objets internes. On peut imaginer que cette interprétation dépasse le cas de Jacques. En effet, un certain nombre d'études montrent que les enseignants de mathématiques, depuis les enseignants de collège jusqu'aux enseignants de l'université, résistent à l'intégration de l'usage des calculatrices dans l'enseignement des mathématiques. Peut-être font-ils porter à ces calculatrices le poids de la perte des bons objets de savoir fondamentaux qu'elles sont venues remplacer ? Nous sommes bien conscients que cette interprétation est surtout valable pour des enseignants de la génération de Jacques. D'ailleurs, pour les enseignants formés actuellement, les choses sont renversées et ils sont tout étonnés d'apprendre l'existence de cette méthode d'extraction des racines carrées « à la main », comme il existe un algorithme manuel pour effectuer une division, vu leur familiarité avec les calculatrices. Mais ce qui nous importe à travers l'étude de ce cas particulier de l'enseignement de la racine carrée, conjoncturel dans les choix de l'institution, c'est de mettre à jour que les enseignants peuvent se sentir agressés dans les fondations de leur rapport au savoir par certains choix institutionnels. L'institution est, à son insu, quasiment « maltraitante » ; d'une certaine façon, elle est psychotisante à leur égard, les obligeant presque à se dissocier dans un double lien : soit ils sont congruents avec eux-mêmes et ce qui a fondé leur rapport au savoir mathématique et alors ils sont en porte-à-faux avec l'institution par rapport aux mathématiques qu'elle leur demande d'enseigner ; soit ils se conforment aux injonctions de l'institution, et les voilà en conflit avec eux-mêmes, en tout cas avec leur soi profond de professeur de mathématiques. Dans tous les cas, les enseignants sont contraints d'aménager un système défensif pour alléger la souffrance psychique que cela leur occasionne.

L'analyse globale de l'entretien conduit à penser que pour ce professeur, le statut de l'intervieweur (un chercheur de statut universitaire) a eu des effets importants. Jacques donne l'impression d'avoir voulu faire bonne figure au niveau de son savoir académique. De plus, il semble avoir ressenti la situation d'entretien comme une situation d'évaluation de son enseignement et ainsi il croit qu'il doit montrer sa compétence sur les problèmes d'enseignement et d'apprentissage. En manifestant que l'intervieweur s'intéresse à un objet où il n'y a rien à dire ou si peu, Jacques essaie de renverser les rôles ; sa dernière phrase est une question retournée à l'intervieweur comme nous l'avons déjà fait remarquer.

Le poids du contexte d'énonciation est d'autant plus fort que, sur ce thème, Jacques se sent mal à l'aise. On peut supposer que le cadre de l'entretien reproduit pour lui en miniature le cadre institutionnel qui attaque ses objets internes. Dans ses premières réponses, il négocie pour apaiser ce qu'il ressent comme des menaces et un danger, et pour se montrer un sujet conforme de l'institution... Au cours de l'entretien, il banalise le problème tout en se déprimant légèrement. A la fin, il renverse les rôles en prenant la place de l'intervieweur, comme si une partie de lui s'identifiait à l'agresseur externe pour se défendre. En fait, le conflit interne était refoulé, il voulait l'oublier et la situation d'interview l'a ravivé. Pour autant, son discours témoigne de son impossibilité d'attaquer directement l'institution qui cependant le maltraite : il « préfère » payer de sa soumission, c'est-à-dire d'une certaine souffrance masochiste ; le prix psychique est sans doute moindre pour lui que d'attaquer l'institution avec les risques fantasmatiques que cela comporterait.

Rappelons ici que c'est dans une optique clinique que nous réexaminons les entretiens. Selon cette perspective, nous attribuons une signification au discours latent des interviewés, et ce, hors tout jugement de valeur. Nous cherchons à comprendre les processus psychiques à l'œuvre derrière les conduites rapportées dans le discours. Cette méthode d'investigation a surtout une valeur heuristique ; elle s'appuie essentiellement sur l'élaboration des ressentis contre-transférentiels des chercheurs par rapport aux discours des interviewés, discours pris dans toute sa dimension énonciative. En l'occurrence, dans cette recherche, les trois auteurs sont de formation initiale mathématique et enseignent (ou ont enseigné pendant longtemps) cette matière. Ainsi, les propos des enseignants que nous analysons trouvent largement écho chez nous ; c'est en nous appuyant sur cette expérience que nous pouvons nous laisser aller à associer sur les paroles des interviewés et proposer des hypothèses interprétatives.

L'analyse de l'entretien de Jacques nous a permis d'introduire la question des effets d'une forme de maltraitance institutionnelle sur le rapport au savoir des enseignants de mathématiques. Avec l'analyse d'un deuxième entretien, celui de Paule, nous allons retrouver la même problématique mais découvrir une autre manière d'aménager les difficultés issues des changements institutionnels.

Paule ou la confirmation des choix de l'institution, sous couvert du bien des élèves

Paule a environ quarante ans au moment de l'entretien.
Elle est professeur de collège dans une toute petite ville de province.
Nous retrouvons le même cadre d'énonciation que pour l'entretien avec Jacques (même intervieweur et même sujet d'investigation) mais les propos de Paule témoignent que la situation d'entretien est moins menaçante pour elle que pour Jacques ; elle utilise même cette occasion pour élaborer partiellement un conflit qui, sans cela, ne serait peut-être pas devenu conscient. Au cours de l'entretien, on a l'impression que viennent au jour des éléments refoulés, comme en témoignent les propos suivants : « *Mais c'est vrai qu'au début c'est comme cela qu'on présentait les ensembles de nombres. Maintenant la preuve c'est que je n'y pensais plus* ». Comme nous l'avons déjà dit, on retrouve la même problématique qu'avec Jacques. La construction des systèmes de nombres semble avoir participé pour Paule du noyau dur fondateur de son rapport aux mathématiques. Elle dit : « *j'ai toujours été fascinée par cette façon d'agrandir les ensembles de nombres et de retrouver les propriétés qui se prolongent*[1] ». Or, les nouveaux programmes ne proposent plus de construire par emboîtements successifs les systèmes de nombres et, ainsi, Paule a été poussée à abandonner ce

---

[1] Voir en annexe la note sur les ensembles de nombres.

point de vue cohérent sur le numérique qui était à la base de sa formation comme elle nous le dit : « *j'ai du mal à abandonner un certain nombre de choses et on a été formé comme cela* ».
En fait, dès le début de l'entretien, tout était dit, la catastrophe était annoncée : « *Il n'y a plus de théorie des nombres* ». Et, pour elle, c'est plus net qu'avec Jacques, c'est la faute des nouveaux programmes. L'institution l'a contrainte à abandonner un objet psychique interne sans doute extrêmement structurant pour son soi professionnel. Mais à quel prix ? Comment est métabolisée la souffrance entraînée par cette perte chez elle ?
Pour Jacques, on a pu voir affleurer des sentiments dépressifs ; pour Paule, on note une tonalité dépressive aussi tout au long de l'entretien, mais plus légèrement que chez Jacques. Sans doute, elle a mieux réussi à aménager cette perte que lui, notamment en valorisant sa fonction pédagogique d'adaptation aux élèves par rapport à ce que font ses collègues qui sont restés campés, d'après elle, sur les anciens programmes, et qui n'ont pas su s'adapter aux changements d'élèves : « *Mes collègues de l'établissement sont plus âgés et ils ont enseigné plus longtemps les anciens programmes et sont restés plus attachés* ». C'est ce qu'elle met en avant. Pour autant, on a le sentiment qu'elle n'est pas très investie sur les élèves. On ressent même un ton un peu dévalorisant quand elle en parle : « *On finit par s'adapter aux gamins* ». Peut-être est-ce son agressivité vis-à-vis de l'institution qui est déplacée sur les élèves. Le recours à l'idée que ces choix de l'institution sont « pour le bien » des élèves lui évite peut-être d'entrer dans la double contrainte que nous avions évoquée pour Jacques ; elle rationalise les choix de l'institution en dénonçant l'incapacité des élèves à entrer dans ce type de compréhension : « *C'était satisfaisant pour le prof mais les élèves ne voyaient pas du tout* » et en s'appuyant sur l'idée que des gens compétents ont fait ces choix : « *Ma conception des choses est qu'on a des programmes, qu'il y a des gens qui ont réfléchi pour nous, et qu'il faut s'en tenir à cela. Je fais confiance.* »

Patricia ou la remise en question et la quête de solutions

Voyons avec Patricia une autre manière de réagir à ce questionnement. Patricia est âgée d'une quarantaine d'années au moment de l'interview et elle enseigne dans un collège d'une très petite ville de province du sud de la France. Dès le début de l'entretien, Patricia exprime qu'elle est surprise par la question posée, à savoir la question de l'introduction des irrationnels dans l'enseignement : « *des irrationnels, c'est vrai que c'est une question que je ne m'étais pas posée* ». En fait, on ressent dans ses premières phrases un certain flottement autour de la notion même d'irrationalité : le caractère irrationnel ne semble pas tout à fait distingué du caractère non-décimal[1]. Est-ce un effet de son identification aux difficultés des élèves ? Elle dit en effet que leur premier contact avec les irrationnels se situerait en CM1-CM2 avec la division lorsqu'ils rencontrent « *un nombre qui ne s'arrête pas* » (alors qu'il s'agit de rationnels non décimaux). Le mot d'irrationnel, ils ne le rencontrent jamais.

Dès ses premières phrases, le mot *nombre* revient très souvent. Mais, à ses yeux, les élèves, eux, ne se posent pas de questions sur le nombre, ils ne le voient pas « *existant comme un être mathématique à part* ». Ils n'évoluent pas dans leur conception des nombres, « *ils n'imaginent pas ce que c'est que ce nombre* ». Elle a l'impression que cette difficulté est renforcée par l'usage du formalisme qui fait que les élèves ne savent pas qu'une lettre représente un nombre. L'identité des nombres décimaux n'est pas non plus perçue par les élèves, donc pour elle, la structure des nombres qui intègre les nombres décimaux, ils ne peuvent y accéder. L'écriture formelle leur empêcherait de voir que ce sont des nombres. On ressent que c'est l'idée de structure des nombres et la question de l'existence de ces êtres mathématiques qui lui

---

[1] Nous rappelons qu'un nombre décimal est un cas particulier de nombre rationnel et qu'il existe des nombres rationnels non décimaux comme 1/3 (qui s'écrivent avec une infinité de décimales). Les caractères opposés, c'est-à-dire les caractères « irrationalité » et « non décimal », font donc appel à des notions différentes et sont donc à différencier.

tiennent à cœur, par contraste avec ce qu'elle nous dit que les élèves ne peuvent percevoir : « *ils ne se posent pas de question sur les nombres ; c'est un truc que tu manipules ; ils n'imaginent pas que derrière c'est une structure aussi forte* ». Cette structure, c'est visiblement la sienne, sans doute issue de sa formation.

On sent une certaine angoisse de ne pouvoir faire partager aux élèves le sens profond du nombre qui serait le sien à travers l'enseignement de la racine carrée : « *du côté des élèves, dans les classes lorsque Pythagore se fait, cela ne les angoisse pas trop d'appuyer sur la touche racine carrée et de trouver un nombre et de l'arrondir au dixième, au centième selon ce qui est demandé* ».

Elle insiste : « *ils n'imaginent pas que c'est un nombre*, à propos de la racine carrée, *ils ne se posent pas de question sur le nombre, ils n'ont pas construit le nombre décimal même, ils les perçoivent mal parce qu'ils les arrondissent, ils n'ont pas une idée qu'il y a une structure à donner aux nombres, ils n'imaginent pas que là-dessus il y a des choses à construire* ».

Au fil de l'entretien, elle profite de la situation pour élaborer autour de cette question qu'elle ne s'était pas posée, elle se réapproprie la difficulté qu'elle avait projetée sur les élèves dans un premier temps et se remet en question dans son enseignement : « *le nombre je ne suis pas sûre qu'il soit appris, je ne suis pas sûre que la conception des nombres soit acquise, moi, le problème c'est que je fais des petits machins c'est trop parcellisé, je ne suis pas sûre que je sais construire le nombre, je n'y arrive pas* ».

On perçoit que ce professeur est habité par la notion de nombre, comme s'il s'agissait d'un objet interne extrêmement structurant pour son soi d'enseignante de mathématiques. On peut faire l'hypothèse que c'est un des éléments déterminants de son rapport à ce savoir. Or, comme nous l'avons déjà souligné, les programmes en vigueur au moment de l'entretien (1985-95) sont tels qu'en classe de troisième il n'est pas officiellement légitime de construire les nombres irrationnels ; elle ressent cet empêchement créé par l'institution comme une inquiétude : « *l'inquiétude que je crois avoir bien que je connaisse mal le* programme du lycée est-ce que à un moment donné cette réflexion sur les nombres elle se fait », ou encore : « *il faudrait redonner du sens à ce nombre et je ne crois pas que les programmes lui donnent* ». Elle s'imagine que les autres professeurs sont moins préoccupés qu'elle par cette question. Elle n'est pas sûre que tous les professeurs donnent du sens aux nombres comme elle le souhaiterait. Cette remarque accentue pour nous la force de la question pour elle. C'est vraiment un « *souci* » pour elle. On perçoit bien dans le discours que Patricia est mise en conflit entre sa conception profonde autour de l'aspect nombre de la racine carrée et ce que les programmes ne demandent pas explicitement d'enseigner aux élèves. C'est comme si ses objets internes étaient attaqués par les injonctions officielles de l'institution, elle propose presque de changer les programmes : « *presque moi j'enlèverais les opérations sur les racines carrées* ». On voit ici, dans l'excès de ses propos, la force de son investissement sur l'objet nombre : « *on fait des opérations sur la racine carrée en troisième et là il n'y a aucun problème qui donne du sens [...] il faudrait enlever du programme de troisième le côté opérationnel* ».

Cet entretien est exemplaire de la manière dont un enseignant peut se saisir de la situation d'entretien pour élaborer autour d'une question à laquelle il n'avait pas réfléchi consciemment et systématiquement auparavant. On perçoit le déroulement de l'élaboration qui se fait sur le vif au fil de l'entretien. Patricia prend conscience des empêchements que lui procure le programme et en même temps elle imagine des activités possibles qui pourraient atténuer le problème qui la tracasse : « *je suis en train de penser qu'il y a une chose que je n'ai pas faite avec les nombres irrationnels que je ne fais peut-être déjà pas assez avec les rationnels c'est de les placer sur des droites des axes. [...] Je suis en train de me rendre compte que placer des irrationnels sur un axe gradué c'est quelque chose que je ne fais pas assez souvent [...] c'est vrai que je n'ai pas souvent utilisé le fait de les placer sur la droite cela ferait un truc de plus* ».

Ce travail d'élaboration lui permet de prendre conscience de son désir de moins parcelliser son enseignement pour lui donner une meilleure assise et des bases plus solides pour une construction plus cohérente : « *moi le problème c'est que j'ai fait des petits machins, c'est trop parcellisé je ne sais pas comment trouver quelque chose qui réunit comment réunir toutes ces parcelles moi c'est mon problème j'ai peur de saupoudrer* ». Elle prend notamment conscience des limites qu'impose le programme et de leur influence sur son enseignement. À propos de racine de 7 par exemple, elle aimerait faire comprendre que c'est un nombre, or elle exprime : « *je crois que l'aspect nombre n'est jamais demandé dans les programmes* ». Elle insiste : « *moi je voudrais mais je ne suis pas sûre que les programmes le prennent en compte* ». Pour ce faire, elle pense à un type d'activités comme « encadrer une racine carrée par deux entiers ou des nombres décimaux » et cela fait surgir un sentiment de perte par rapport à d'anciens programmes qui permettaient selon elle ce genre d'activités ; « *à une époque dans l'ancien programme c'était demandé il y avait tout le travail d'encadrement qui était demandé avec les tables de carrés cela a été enlevé je crois que cela ne se fait plus* ».

Cette enseignante est profondément préoccupée par l'aspect de nombre de la racine carrée qu'elle arrive difficilement à construire chez les élèves. Elle témoigne tout au long de l'entretien que les programmes actuels la mettent en difficulté par rapport à cette préoccupation. Il nous semble que ce questionnement est bien résumé dans l'énoncé qu'elle nous livre pratiquement en début d'entretien : « *Je voudrais que ce soit un nombre* (à propos de racine de 17) *j'aimerais qu'ils sachent que c'est un nombre* ». C'est très important pour elle mais aussi en tant qu'élément à partager avec les élèves. Elle conclut d'ailleurs là-dessus dans les derniers moments de l'entretien : « *l'enseignement de la racine carrée au bout du compte souvent c'est un échec avec mes élèves (...) ceci étant il me semble que ce qui est indispensable est de construire le sens de la racine carrée* ».

Claude ou la transmission des traumatismes

Avec le quatrième entretien, celui de Claude, professeur âgé de quarante-deux ans et enseignant en collège dans une ville moyenne de banlieue, nous allons entrer dans un nouveau développement de la problématique. En effet, si chez tous les interviewés de cette enquête, on retrouve la question de la perte des objets fondateurs de leur rapport au savoir mathématique, avec Claude, on va découvrir que le problème s'origine bien en amont de la réforme actuelle proposée par l'institution et que les blessures sont peut-être la trace de traumatismes très anciens que l'institution laisse traverser sans permettre aux enseignants de mener une élaboration suffisante.

Pour commencer, nous notons que dans cet entretien, l'intervieweur est obligé de multiplier les relances car Claude s'exprime de manière succincte et limitée. Il ne saisit pas, comme précédemment Paule pouvait le faire ou Patricia, l'opportunité de l'échange pour conduire une réflexion pour lui-même.
Le discours de Claude nous fait ressentir que ce professeur n'investit pas fortement son travail pédagogique. Dans l'entretien, on sent qu'il s'implique assez peu émotionnellement. Ses affects sont difficilement perceptibles, sa manière de parler semble en miroir de ce qu'il nous donne à entendre de son comportement dans la classe, un comportement un peu mécanique.
Il perçoit les élèves comme des réservoirs qui fuient, à remplir répétitivement, tout en ressentant que ce n'est pas une véritable solution : « *il faut penser qu'on a quand même plus de la moitié des élèves qui ne marchent qu'avec des réflexes conditionnés* ». Sur le plan pédagogique, il semble un peu blasé. À la question « que faites-vous alors pour ces élèves ? », il répond : « *C'est la répétition, je n'ai jamais trouvé de solution. Aucun professeur ne m'a donné de recette [...] on leur explique on arrive à leur faire admettre mais quand on le reprend quinze jours après il y en a la moitié qui se trompe [...] ils le retiennent parce qu'on les matraque toute l'année pour qu'ils le fassent* ». On relève un vocabulaire guerrier extrêmement abondant, souvent à

l'encontre des élèves, « *on les matraque toute l'année (les élèves) [...] il faut se battre pour qu'ils conservent l'écriture exacte avec le radical, il faut les forcer* ». Il souhaite bloquer l'escalade des erreurs, éviter « *les erreurs que cela répercute après* ».
Ce vocabulaire agressif est aussi utilisé à l'encontre du savoir mathématique : Claude fait la « *guerre aux valeurs approchées* » et c'est « *terrible* », « *on se bat toute l'année avec ça* », « *là il y a plein de pièges* ».
Pour lui, le savoir mathématique est du côté « des valeurs exactes », de « l'écriture exacte », les résultats doivent être mis « sous forme exacte [...] c'est une idée maîtresse en troisième, il faut les forcer à travailler avec des valeurs exactes ». De nouveau, c'est la guerre : « il faut se battre pour qu'ils conservent l'écriture exacte avec le radical ». On repère au moins six fois le mot « exact » sur une dizaine de lignes dans le début de l'entretien et le terme revient tout au long du discours. À une question portant sur l'exercice technique de suppression des radicaux au dénominateur d'une expression, il répond « ce n'est pas un objectif essentiel. Un autre objectif, c'est la notion de valeur exacte ». À un autre moment, il brandit l'enseigne institutionnelle : « Dans tous les problèmes de brevet on demande toujours les résultats sous forme exacte ». Pour lui, la notion de valeur exacte se confond avec la notion de résultat exact et du coup, cela conduit à une chasse aux erreurs : « on va garder soit des fractions soit des radicaux pour avoir des résultats exacts dans lesquels ne s'introduit encore aucune erreur ».
Si l'on rapproche cette obsession de la valeur exacte du fait qu'il s'agit pour Claude d'une chasse aux valeurs approchées et de l'importance du vocabulaire guerrier utilisé, il nous semble que la guerre dont il est question est une sorte de croisade pour débarrasser le savoir mathématique de ses impuretés. Le savoir doit être aseptisé, il faut avoir des points de repère bien clairs. Ainsi, il insiste sur « les carrés parfaits » pour donner des repères aux élèves.
On dirait que les mathématiques représentent pour lui un univers de pureté et qu'il doit aller à la chasse des impuretés introduites par les élèves. Mais, malheureusement cet univers est quelque peu perturbé par ces nombres irrationnels dont il dit : « on est obligé de leur faire admettre que ces racines-là

ne sont pas des nombres normaux, des nombres qui ne tombent jamais juste ». D'ailleurs, il dénomme ces nombres des « nombres particuliers » au début de l'entretien, et « nombres bizarres » à la fin de l'entretien. Ce savoir mathématique qu'il souhaiterait pur est déjà contaminé avant que les élèves ne s'en mêlent. Il voudrait être le porte-parole d'une science exacte, mais les nombres « bizarres » l'en empêchent.

Nous n'avons pas pu nous empêcher de ressentir à notre tour que tout se passait comme si Claude revivait le traumatisme du savoir savant, en mineur bien sûr, ce moment où le ciel radieux des pythagoriciens s'est effondré lors de la découverte des irrationnels. L'historien Szabo parle en effet de « scandale » et de « trahison criminelle envers la doctrine pythagoricienne » à propos de la divulgation de l'irrationalité mathématique. Selon plusieurs sources, on rapporte même que l'auteur de cette trahison « aurait été précipité [...] dans la mer pour cause d'impiété » (Szabo, 1977). Dans cette même perspective, il semble aussi que le mot grec traduit actuellement par « irrationnel », corresponde plutôt, au niveau étymologique, à quelque chose qui signifierait « inénonçable ». Les termes employés par Claude lui-même, « nombres non normaux », « nombres qui ne tombent jamais juste », « nombres particuliers », « nombres bizarres », nous rappellent aussi les expressions utilisées par Stevin dans son ouvrage de 1637^1 pour critiquer certains auteurs : « *C'est chose vulgaire, entre les auteurs d'arithmétique, de traiter de nombres comme $\sqrt{8}$ et semblables, et qu'ils appellent absurdes, irrationnels, irréguliers, sourds, etc.* ». On aperçoit à travers ces éléments, que cette découverte a bien agi comme un traumatisme pour les mathématiciens grecs et que ses effets ont traversé l'histoire puisque des traces sont encore perceptibles aujourd'hui.
Quand Claude dit :« *La valeur exacte a quelque chose pour les élèves d'irréel, cela n'existe pas dans la réalité, il y a*

---

[1] Dans son ouvrage de 1634 : *Traité des incommensurables grandeurs.*

quelque chose d'assez profond là-dedans auquel on ne s'attarde pas », on peut se demander si cet énoncé ne reflète pas ses propres doutes sur la réalité mathématique des nombres irrationnels. Plus généralement, cet énoncé nous donne même peut-être quelques indications sur sa conception des objets mathématiques. Il semble qu'elle repose sur une conception matérielle et qu'elle n'ait pas réellement évolué vers une conception des objets mathématiques comme construction de l'esprit. « *Ils ont du mal à considérer* $\sqrt{17}$ *comme un nombre qui représente une longueur* ». De même, lorsqu'il fait référence à l'apprentissage des nombres bizarres par les élèves, il considère « *qu'ils les manipulent sans trop savoir ce qu'il y a derrière* ». En quoi ce trouble sur le savoir projeté sur les élèves ne reflète-t-il pas le sien, actuel ou passé, et revivifié au contact des élèves ?

On peut se demander dans quelle mesure il ne transmet pas là son propre rapport traumatique au savoir aux élèves, — cf. le fait qu'il souligne que personne ne lui a donné de recettes et que les élèves aimeraient des recettes et qu'il ne peut leur en donner — que lui-même n'a pas vraiment transcendé. L'institution ne lui en a pas donné les moyens et même, on pourrait dire que le silence institutionnel le pousse à une forme de régression. On assiste bien là aux effets d'après-coup des traumatismes du savoir savant dans le rapport au savoir du professeur et dans la transmission qu'il effectue. En quoi ces effets sont dus ou plutôt renforcés par la non prise en charge par l'institution des crises dans le savoir savant ?

On peut aussi se demander si les enseignants qui ont à accompagner répétitivement les élèves pour surmonter le traumatisme ne sont pas amenés à devoir le revivre et à réhabiter ses traces par le contact avec les élèves. Cela joue dans les deux sens, ils transmettent les propres impensés et doutes de leur rapport au savoir, et réciproquement, le vécu des élèves réactualise chaque année leur confrontation avec ces traumatismes (Blanchard-Laville, 1998).

Des traumatismes en chaîne dans la généalogie des savoirs

En résumé, soulignons que, dans un premier temps, nous avons été particulièrement sensibles dans les discours de ces enseignants à l'expression de sentiments nostalgiques vis-à-vis de leur formation et même de regrets concernant le savoir mathématique qu'ils ont rencontré au cours de leurs études et qui a fondé leur identité de professeur de mathématiques.

Rappelons que les entretiens effectués auprès de ces enseignants portaient sur la question de l'introduction de la racine carrée au collège et au lycée, introduction qui se situe dans une perspective d'accès aux nombres réels. Or, pour des enseignants de mathématiques, les *nombres réels* constituent sans aucun doute un objet central du savoir mathématique qu'ils ont choisi d'enseigner. Cet objet peut même être considéré comme un des objets les plus significatifs sur lequel reposent de nombreuses constructions théoriques en mathématiques. C'est presque un axe qui structure l'avancée du savoir mathématique, une sorte de colonne vertébrale qui soutient l'édifice de l'algèbre et de l'analyse. À ce titre, la confrontation avec ces objets pour des étudiants futurs professeurs de mathématiques constituent une sorte de noyau initiatique dans leur formation.

Au niveau de l'histoire des mathématiques, l'évolution du concept de nombre a provoqué plusieurs crises graves, depuis la découverte des grandeurs irrationnelles chez les Grecs jusqu'à l'élaboration des constructions formelles de l'ensemble des nombres réels de la fin du XIXème siècle. C'est justement parce que les fondements de l'analyse, domaine important des mathématiques dans lequel sont essentiellement étudiées les fonctions et, en particulier les fonctions numériques, n'étaient pas suffisamment « solides » ou trop dépendantes d'une géométrie intuitive, que les mathématiciens de la fin du XIXème siècle ont cherché à élaborer des constructions plus rigoureuses de l'ensemble des nombres réels. Dans la foulée, les mathématiciens ont cherché à maîtriser la notion d'infini et cette tentative a entraîné une nouvelle crise du savoir qui a débouché sur la découverte de ce qu'on a appelé les nombres transfinis ; ces nombres sont en quelque sorte des mesures des différents ensembles infinis, qui permettent de comparer ces ensembles du point de vue de l'ordre et sur lesquels on a construit une arithmétique.

À nos yeux, toutes ces crises dans le savoir mathématique peuvent être interprétées comme des *traumatismes*, au sens où les fondations de l'édifice du savoir sont ébranlées par des forces que le système ne peut contenir en l'état. En effet, les contradictions et les paradoxes se multiplient et provoquent des stimuli que le savoir actuel ne peut absorber. Seules de nouvelles découvertes permettent alors de transcender la crise mais, à notre sens, l'effet traumatique restera inscrit dans le savoir lui-même. Des traces de ces traumatismes subsistent, par exemple, dans les dénominations des objets eux-mêmes (« irrationnel » depuis les Grecs, « réel » depuis le 17ème siècle bien qu'à l'origine, Descartes a proposé ce terme plutôt en opposition à « imaginaire »[1]), qui attestent des restes de ce rapport traumatique des mathématiciens à ces objets. La plupart du temps, les traces ont été comme effacées. Mais, de façon récurrente, les crises resurgissent, bousculant de nouveau les capacités de maîtrise acquises jusque-là. À chaque fois, l'équilibre retrouvé ne met pas à l'abri de voir émerger d'autres paradoxes engendrés par la nouvelle complexité mise à jour.

Chaque étudiant en mathématiques, enseignant de mathématiques potentiel, va être confronté à son insu au cours de sa formation aux traces latentes de cette histoire. Le savoir lui est en général présenté sous une forme aboutie et lissée, forme qui a gommé et absorbé les crises historiques qui ont eu lieu et qui, d'une certaine façon, dénie le temps qui a été nécessaire pour les surmonter. Pour autant, on peut faire l'hypothèse que les étudiants qui reçoivent ce savoir relativement aseptisé mais non sans cicatrices ne sont pas sans ressentir souterrainement les effets traumatiques de cette histoire.

Les traumatismes du savoir savant se répercutent au niveau du savoir à enseigner à travers l'inévitable transposition didactique (Chevallard, 1985) que l'institution d'enseignement opère. D'ailleurs l'institution témoigne de sa

---

[1] *La géométrie* (1637), Editions de l'AREFPPI, 1984.

difficulté à gérer ces crises induites par celles du savoir savant par la succession des stratégies d'enseignement qu'elle suggère au travers de tous les changements de programmes et par les « vides » qu'elle crée dans les curricula dans certains cas. C'est particulièrement visible et significatif dans le cas que nous étudions ici, à savoir celui de l'introduction des nombres réels. Nous savons que la réforme dite des mathématiques modernes a été impulsée dans les années soixante par une équipe de mathématiciens qui avait le projet de réduire l'écart entre les savoirs mathématiques enseignés et les savoirs de recherche ; équipe dont certains membres ont participé à l'aventure Bourbaki de reconstruction de tout l'édifice mathématique de l'époque. Notons que les caractéristiques essentielles de cette restructuration sont en quelque sorte liées à une tentative de combler les vides repérés au niveau du savoir tout en assurant une cohérence parfaite de l'ensemble dans le cadre d'une rigueur axiomatique qui serait irréprochable[1]. On peut se demander s'il ne s'agissait pas pour eux d'une tentative de maîtriser les différents traumatismes passés et à venir. Le projet de réforme de l'enseignement mathématique au collège et au lycée a été mis en œuvre par l'institution qui se l'est approprié mais n'a pu être tenu que quelques années et on a assisté par la suite à ce qu'on appelle la fermeture de la réforme en 1978, laquelle a créé un vide dans le savoir à enseigner, vide manifeste au niveau des instructions officielles et des programmes[2]. Ce nouveau rapport institutionnel à l'objet nombre réel est une réponse à la crise institutionnelle provoquée par la réforme. Comme si l'institution avait à son tour des difficultés à négocier le traumatisme du savoir savant à propos des irrationnels (Bronner,1997). Peut-on parler pertinemment de traumatisme institutionnel ? Pendant un temps assez long (la période classique 1850-1950) le système était stabilisé et

---

[1] Cette restructuration remonte à Dedekind (1872) qui montre que l'ensemble des nombres réels obtenu par sa construction est « inextensible » et à Cantor (1872) qui insiste, lui, sur le caractère « complet ». Elle sera poursuivie par Hilbert (1899).
[2] On pourrait presque parler à ce niveau-là de défenses maniaques de la part des mathématiciens par rapport aux traumatismes et de retour du réel lorsque l'institution avec les élèves s'en mêle.

à un moment donné, par une avancée des mathématiques et la pensée des mathématiciens qui ont voulu apporter ces nouveaux savoirs, le système a été en quelque sorte effracté, les bases anciennes se sont comme effondrées et il ne pouvait aménager la surcharge que cela procurait. Cette surcharge d'excitation n'a pu être absorbée ; en ce sens on peut, nous semble-t-il, véritablement parler de traumatisme institutionnel.

Pour les étudiants en mathématiques, futurs mathématiciens ou futurs enseignants de mathématiques, on peut se demander si l'enseignement qu'ils reçoivent ne ressemble pas à une entreprise inconsciente de déni de l'histoire et de ses crises et aussi, sans doute, de déni des sujets vivants, créateurs de cette histoire. Tous les objets qui ont été problématiques au cours de l'histoire n'apparaissent plus comme tels, ils sont banalisés et figurent maintenant au sein des mathématiques comme des objets ordinaires parmi les autres; ils sont mis au service d'une construction logique, intemporelle et dépersonnalisée. On fait silence — ou presque — sur les traumatismes, un peu comme pour les enfants qui ont subi des violences sur lesquelles on fait silence espérant que « ça va s'arranger tout seul ».

Lorsque ces étudiants deviennent professeurs de mathématiques, il est vraisemblable que des effets de tous ces phénomènes vont advenir. En tant que sujets de l'institution d'enseignement, ils vont avoir à s'adapter aux choix que celle-ci leur propose face aux obstacles auxquels le savoir mathématique a dû déjà faire face. À leur tour, ils vont devoir à leur niveau personnel trouver des aménagements entre ces injonctions institutionnelles et leur propre rapport au savoir mathématique et ainsi aboutir à des compromis professionnellement tenables. À leur suite, les élèves vont, de manière atténuée mais en fonction de la manière dont les enseignants auront aménagé ces difficultés, être touchés par les derniers vestiges de ces effets traumatiques. Enfin, les enseignants auront en retour à revivre partiellement ou différemment ces traumatismes par élèves interposés.

Nous avons pu esquisser dans l'analyse des quatre entretiens comment résonnent ces dénis en cascade au niveau du noyau profond identitaire des enseignants, ce qui nous a amenés à penser que dans certains cas les enseignants subissent une sorte de maltraitance institutionnelle.

Et cela nous semble d'autant plus fort dans la période actuelle que les choix transpositifs qui sont en vigueur accumulent les effets de vide; de ce fait, les enseignants ne peuvent plus du tout témoigner dans leur enseignement de ce qui risque d'avoir fondé leur soi professionnel de professeurs de mathématiques.

Cette recherche a porté spécifiquement sur l'enseignement du savoir mathématique et même sur certains points particuliers de cet enseignement au cours de la période actuelle. Il nous semble que si nos hypothèses ont quelque pertinence, elles doivent donner des pistes d'intelligibilité plus larges qui pourraient concerner d'autres points particuliers du savoir mathématique en fonction des choix de l'institution d'enseignement et sans doute aussi d'autres types de savoir enseigné que les mathématiques.

Annexe 1

Note sur les ensembles de nombres :

Dans l'enseignement secondaire, les élèves manipulent des nombres dont ils ne savent pas que la définition au niveau mathématique et la structuration en termes d'ensembles relève d'une extrême complexité.

Les nombres entiers naturels suffisent à dénombrer les éléments d'un ensemble fini d'objets et constituent un premier ensemble désigné habituellement par N. Pour les besoins du mesurage de certaines grandeurs continues comme les longueurs et pour le calcul des proportions, il a été nécessaire d'introduire les nombres rationnels, qui constituent à leur tour l'ensemble des rationnels Q, qui contient lui-même l'ensemble N. Ces nombres rationnels peuvent être caractérisés comme des quotients d'entiers et représentés par les fractions a/b.

En raison de notre système de numération à base dix, des rationnels particuliers appelés nombres décimaux jouent un rôle important dans les pratiques sociales et forment un ensemble appelé D. Ce sont en fait des quotients d'un entier par une puissance de dix (a/10^n), qui sont en général manipulés par leurs écritures décimales et plus connus des élèves comme « des nombres à virgule ». Ils apparaissent dans notre vie quotidienne pour exprimer mesures et prix. Ce panorama n'est cependant pas complet pour une pratique mathématique, comme l'ont montré depuis très longtemps les célèbres mathématiciens grecs de l'époque d'Euclide. La mesure de certaines grandeurs comme la diagonale d'un carré a conduit à introduire des nombres autres que les nombres rationnels : les nombres dits irrationnels. La réunion de l'ensemble des nombres rationnels et de l'ensemble des nombres irrationnels constitue alors le plus grand ensemble de nombres servant à mesurer, c'est-à-dire l'ensemble des nombres réels R. Cet ensemble peut se figurer par ce qu'on appelle la droite numérique et, si on se représente les nombres réels comme étant les points sur cette droite, chaque nombre réel a sa place sur la droite et chaque point de cette continuité a un représentant dans l'ensemble des nombres réels, on peut saisir ainsi que cet ensemble ne laisse pas de « trous », on dit qu'il est « complet ». Cela donne, au final, un système emboîté de quatre ensembles de nombres N, D, Q, R pour lesquels les quatre opérations élémentaires (addition, soustraction, multiplication, division) peuvent être étendues. Nous nous en tiendrons là, tout en sachant que l'on peut poursuivre la construction numérique : ensemble des nombres complexes, en particulier.

Annexe 2

Typologie :

Position de conformité stricte

Cette position se caractérise tout d'abord par l'importance accordée à la maîtrise des savoir-faire basés sur les règles algébriques (comme celles qui sont liées à la racine carrée d'un produit). Sans doute, la présence des règles algébriques concernant l'objet « racine carrée » dans les programmes officiels[1] (depuis l'arrêté du 14 novembre 1985) et leur mise en relief dans la « colonne » des compétences exigibles constituent une contrainte forte pour les enseignants. L'enseignement de la racine carrée des professeurs relevant de ce positionnement n'est pas lié à une ouverture vers les irrationnels, ou une perspective d'approche des nombres réels. Pour se justifier, ces enseignants évoquent en général les contraintes institutionnelles plutôt que l'objet de savoir culturel : *« c'est le programme »* disent certains, tandis que d'autres expriment très fort le projet de faire réussir les élèves au Brevet.

Position d'ouverture vers les nouveaux nombres

Ces professeurs souhaitent faire comprendre aux élèves que certaines fractions et racines carrées ont un statut de nombre ; cependant ils ne parlent pas d'irrationalité à propos des racines carrées, ils ne montrent pas que ces racines carrées ne sont pas des nombres décimaux. Malgré cela, les aspects de véritable « nouveau nombre » à caractère irrationnel ou non décimal, ne sont pas explicités dans le discours. Cette position d'ouverture vers les nouveaux nombres peut être interprétée comme une tentative de réduction du vide didactique institutionnel sur les réels, qui maintient, quand même, une grande conformité avec le rapport institutionnel.

Position d'ouverture vers les nombres non décimaux

Certains enseignants s'imposent d'introduire un travail sur la nature non décimale de certaines racines carrées comme $\sqrt{2}$ $\sqrt{7}$ Ils s'inscrivent dans le prolongement de la position précédente d'ouverture vers des « nouveaux nombres », et essaient de problématiser cet aspect en utilisant l'opposition « décimal-idécimal » qui est alors assumée. Ils peuvent se limiter à traduire le phénomène par l'expression :« des

---

[1] Il est fait référence ici aux programmes et instructions officielles en vigueur au moment des interviews et questionnaires.

nombres qui ne tombent pas juste ». Mais ils peuvent aussi proposer des exercices pour montrer que ces nombres ne sont pas des décimaux, sans toutefois démontrer que ce sont des nombres irrationnels. Ce type de rapport institutionnel induit encore une position où se négocie une réduction du vide didactique sur les nombres réels, en jouant sur l'opposition décimal-non décimal.

Position d'ouverture vers les nombres irrationnels

Parmi les enseignants ayant répondu aux questionnaires ou interviews, quelques-uns envisagent de présenter explicitement une notion de nombre irrationnel à travers l'enseignement de la racine carrée. Certains introduisent même des connaissances permettant un traitement de l'irrationalité. Pour comprendre les raisons de cette position, on peut avancer le poids culturel de l'irrationalité des racines carrées. Mais il peut aussi y avoir une nécessité didactique de montrer la nature de « nouveau nombre », nécessité qui peut être encore interprétée comme une forme de réponse au vide didactique, en se situant davantage dans la perspective culturelle de l'opposition rationnel-irrationnel.

Éléments bibliographiques

Beillerot J., Blanchard-Laville C., Mosconi N. (sous la direction de) (1996), *Pour une clinique du rapport au savoir*. Paris. L'Harmattan.
Blanchard-Laville C. (1998), « L'enseignant et la transmission dans l'espace psychique de la classe », *Revue Recherches en Didactique des mathématiques*, Grenoble, La Pensée Sauvage éditions.
Blanchard-Laville C. (1999), Espace de co-pensée et co-disciplinairié en sciences de l'éducation in Rapport de la recherche commanditée par le CNCRE (Comité National de Coordination de la Recherche en Éducation) *Approches co-disciplinaires des pratiques enseignantes dans leurs rapports aux apprentissages des élèves*.

Bronner A. (1997a), Étude didactique des nombres réels, idécimalité et racine carrée, Thèse, Université J. Fourier, Grenoble.

Bronner A., (1997b), « Les rapports d'enseignants de Troisième et de Seconde aux objets « nombre réel » et « racine carrée » », *Revue Recherches en Didactique des Mathématiques*, Volume n° 17.3, La pensée sauvage, Grenoble.

Chevallard Y. (1985), *La transposition didactique*, La pensée sauvage.

Chevallard Y. (1988-89), *Le concept de rapport au savoir*, Séminaire de didactique des Mathématiques et de l'informatique, Université Joseph Fourier, Grenoble.

Kaës R. (sous la direction de) (1993), *Transmission de la vie psychique entre générations*, Inconscient et culture, Paris, Dunod.

Szabo A. (1977), Les débuts des mathématiques grecques, Paris, VRIN.

Tisseron S. (sous la direction de) (1995), *Le psychisme à l'épreuve des générations. Clinique du fantôme*, Inconscient et culture, Paris, Dunod.

Enseignant/es et innovation : enjeux institutionnels et rapport au savoir

Françoise Hatchuel

Que cherchent les enseignant/es lorsqu'il/elles mettent en place des dispositifs considérés comme innovants ? Qu'est-ce qui se joue là, de leur histoire et de leur rapport au savoir, à leur institution et à leur discipline d'enseignement ? Une recherche menée sur les ateliers mathématiques (voir Hatchuel 1997, 1999 et 2000) m'a donné l'occasion de mieux cerner les enjeux identitaires d'une telle mise en place. Les ateliers mathématiques proposent à des élèves volontaires de se réunir dans un espace et un temps spécifiques, en-dehors des contraintes institutionnelles ordinaires (programme, sélection, notation, groupes non choisis, etc.), pour mener un travail centré sur une pratique de recherche effective. Ce travail est encadré par l'enseignant/e-animateur/trice en collaboration avec un/e mathématicien/ne professionnel/le. La plupart des ateliers (quelques dizaines en France) se retrouvent à l'occasion de mini-congrès où les élèves sont invité/es à présenter leurs résultats. Les ateliers apparaissent donc le plus souvent comme singuliers, dans tous les sens du terme, au sein des établissements qui les accueillent. C'est le sens de cette singularité pour les enseignant/es qui les animent que nous allons essayer de comprendre, en nous questionnant sur les conséquences de ce type de positionnement pour la réalité des pratiques d'enseignement.

L'analyse des entretiens d'élèves participant aux ateliers montre en effet l'importance des processus psychiques et de l'élaboration du rapport au savoir dans l'appropriation du savoir mathématique. Pour des élèves désireux/ses, pour diverses raison dues à leur histoire personnelle, de s'investir dans les mathématiques sans être totalement certain/es d'y être autorisé/es, les ateliers sont susceptibles de constituer un espace[1] relativement protégé où il/elles peuvent espérer apprendre, et donc avancer dans leur compréhension du monde, sans pour autant être trop violemment agressé/es par un éventuel échec, c'est-à-dire un espace où les chances de gain sont supérieures aux risques de pertes, en termes aussi bien symboliques que psychiques. Mais pour qu'un tel espace se déploie, il faut des conditions qui s'adaptent à la structuration psychique de l'élève afin de répondre à son besoin du moment en termes d'exigences, d'encouragement et de protection. C'est le subtil dosage entre ce qui est laissé à l'initiative de l'élève et ce qui est pris en charge par l'enseignant/e qui permet à chacun/e d'avancer dans l'élaboration de son rapport au savoir. Ces questions ne sont pourtant pas travaillées en tant que telles par les enseignant/es, si bien que c'est plutôt le hasard qui fait que, dans certains cas, un atelier, dans les modalités de fonctionnement mises en place par l'enseignant/e qui l'anime, correspond justement à ce dont certain/es élèves ont besoin. Lesquel/les élèves s'investiront alors, avec profit, dans l'atelier tandis que les autres abandonneront : le volontariat leur permet en effet de choisir les enseignant/es qui leur conviennent, c'est-à-dire dont le positionnement par rapport au savoir les aide à avancer personnellement. Ce qui m'a amenée à parler de « couples psychiques épistémiques » (Hatchuel, op. cit.).
On peut alors se demander comment élargir cet espace à un maximum d'élèves et non au petit nombre dont la structure psychique se trouve en adéquation avec celle de l'enseignant/e. Dans cette optique, nous montrerons que

---

[1] Au sens de l'espace potentiel de Winnicott (1975)

l'espace se réduit pour les élèves lorsque l'enjeu devient trop important pour l'enseignant/e. Le discours des huit enseignant/es interviewé/es sera donc analysé selon une perspective clinique (cf. Blanchard-Laville 1999) non pas pour lui-même mais pour comprendre comment l'institution renforce leurs défenses, ce qui rend particulièrement difficile la mise en place d'un espace de liberté pour les élèves. On se gardera, bien évidemment, de toute généralisation abusive : chaque phénomène décrit se rencontre partiellement chez certain/es enseignant/es sans que l'on puisse en faire une règle. Le but est, avant tout, de comprendre certains mécanismes *possibles* sachant que, chez une même personne, plusieurs d'entre eux peuvent coexister, qu'ils sont plus ou moins facilitateurs pour les élèves, et plus ou moins accentués ou au contraire empêchés par l'institution.

Il faut alors, dans un premier temps, interroger l'innovation en tant que telle, dans ce qu'elle peut représenter pour les enseignant/es et dans ce qu'elle peut laisser d'autonomie aux élèves : c'est en effet en apprenant à ne plus se soumettre au savoir que les élèves progressent. Mais comment intervenir dans l'émancipation d'autrui ? A partir de ce questionnement, nous pourrons, dans un deuxième temps, analyser les entretiens des enseignant(e)s animant des ateliers, pour dégager quelques pistes de réflexion sur la position de l'enseignant(e) dans l'institution.

Innovation et autonomie

De nombreux auteurs (Cros (1992), Rogovas-Chauveau/ Chauveau (1993), Langouet (1985), Cherkaoui (1979)) mettent en garde devant la tentation de valoriser l'innovation pour elle-même sans interroger réellement les pratiques et leurs effets. Il n'y a pas d'« innovation » dans l'absolu. Il n'y a que des pratiques se voulant innovantes dans un contexte donné, et dont les effets dépendent, justement, de ce contexte socio-institutionnel. G. Mendel et C. Vogt (1973) soulignent, à travers une histoire de l'enseignement, combien d'innovations restent bien anodines si on leur applique une analyse institutionnelle rigoureuse. Les interviews d'élèves (Hatchuel, op. cit.) montrent bien comment des dispositifs en apparence identiques peuvent prendre des sens tout à fait différents à leurs yeux, en fonction notamment des modalités de guidage du travail qui y sont mises en place.

Encouragées, encensées, prônées, les méthodes actives, innovantes, non-directives ne se diffusent que faiblement. « Tout est déjà dit, y compris dans les textes de Jules Ferry » (Georges, 1993, p.74). Lorsqu'elles se diffusent, ne le sont-elles pas sous une forme qui leur ôte bien souvent beaucoup de leur sens ? M.-C. Baïetto (1982) souligne la contradiction fondamentale du désir de non-directivité de l'enseignant/e : en se soumettant à la demande de l'enfant, celui/celle-ci prend le risque de sa propre annihilation. De plus, l'émancipation ne fait pas partie des visées de l'institution : l'école est avant tout reproductrice, outil de contrôle social (Foucault, 1994, Beillerot, 1982), garante de certains repères structurants pour les jeunes (Mollo, 1969, Charlot 1993). G. Avanzini (1975), P. Meirieu (1987) ou F. Imbert (1985) soulignent alors l'importance de la place accordée aux valeurs fondamentales pour tenter de sortir de ces contradictions. F. Imbert (1986) montre bien comment l'innovation peut soit s'ajouter à un ensemble déjà existant, qui l'adoptera sans prendre en compte ses aspects institutionnels, symboliques ou imaginaires ; soit se figer dans une position de « nouvelle totalité » qui ne veut rien avoir à faire avec l'ancien et ne laisse plus aucune possibilité pour une évolution ultérieure ; soit accepter de se laisser travailler, et par là même travailler l'institution qui l'accueille. L'innovation provoque alors un « effet analyseur », qui se donne pour projet d'introduire au cœur de l'ancien « la pleine charge de sens qui lui est propre ». On entre ainsi dans l'histoire, puisque la nouvelle totalité n'arrive pas toute faite, mais se construit en permanence à partir de l'ancienne. C'est ce travail qui est émancipateur, permettant à chacun de trouver sa juste place, et que F. Imbert appelle « praxis pédagogique » (1985). Une telle praxis suppose la mise en place d'institutions qui régulent parole et travail pour offrir à chaque sujet une place différenciée, amenant l'enseignant/e à assumer le deuil de « l'élève parfait/e »[1] et de la pédagogie miracle qui

---

[1] Sur l'élève ou l'enfant idéal, on peut consulter S. Leclaire (1975), S. Mollo (op. cit.), M. Gilly (1980) ou P. Gosling (1992)

construirait cet/te élève parfait/e. A l'opposé de la « recette de cuisine », elle signifie qu'aucune innovation ne peut se donner d'emblée. Ouverte au conflit et au désir de l'élève, elle lui laisse un espace potentiel réel dans lequel il/elle peut plus facilement se confronter à la difficile réalité de l'apprentissage.

Mais reconnaître l'élève réel/le peut s'avérer extrêmement anxiogène pour l'enseignant/e en ébranlant l'édifice sur lequel se construit son désir d'enseigner. D.W. Winnicott (1978) évoque à cet égard le désir du « don », qui symbolise tout ce que l'adulte peut avoir de « bon » en lui, et que l'élève ne saurait refuser, sauf à refuser l'enseignant/e lui/elle-même. La relation pédagogique se fonde sur un interdit de parole de l'élève, parole qui risquerait de dévoiler la mystification fondamentale sur le désir de l'élève, qui ne se situe pas forcément là où l'on veut le voir, c'est-à-dire dans le projet d'enseignement de l'enseignant/e et de l'institution (Filloux 1996)[1]. Pour faire face à l'ensemble de ces mouvements psychiques, A. Abraham (1984) montre comment l'enseignant/e peut être amené/e à se construire une personnalité apparente parfois fortement éloignée de la réalité. Si bien que, finalement, on ne fait pas forcément ce qu'on croit faire, ni ce qu'on veut faire dans la classe (Blanchard-Laville 1997a).

Or, des élèves qui cherchent chacun/e de leur côté, comme le proposent les ateliers, sont forcément incontrôlables dans leurs apprentissages, voire dans leur comportement : il/elles n'apprendront pas forcément ce qu'il faut, ni comme il faut. C'est alors le volontariat qui vient garantir leur adhésion. Ce n'est évidemment pas un hasard si l'appel au volontariat des élèves apparaît avec les « nouveaux lycéens » : point n'était besoin de laisser un quelconque choix aux élèves quand il/elles s'accommodaient très bien de l'obligation qui leur était faite. Le volontariat remplace l'obligation, mais sans pour autant supprimer l'allégeance et la soumission. Les ateliers règlent ainsi quelques problèmes essentiels de l'enseignement : plus de programme, plus d'élèves hostiles, plus d'obligation de

---

[1] E. Debarbieux (1991) montre que pour l'enseignant(e), la violence dans la classe réside essentiellement dans la parole non maîtrisée de l'élève alors que l'élève se sent surtout atteint quand il(elle) n'est ni écouté(e) ni reconnu(e).

réussite avec tou/tes. Ce faisant, ils permettent d'éviter une confrontation trop directe avec les difficultés de la réalité. Les théories de G. Mendel vont alors nous aider à voir comment les enseignant/es pourraient se dégager des fantasmes qui les emprisonnent, et accepter plus facilement cette confrontation.

Au-delà de la culpabilité : recouvrer son actepouvoir et accepter de se confronter à la réalité

G. Mendel (1969) redéfinit, à partir du concept d'imago, les concepts freudien et kleinien. Le nourrisson en fusion avec sa mère intériorise la plénitude béate, mais aussi l'absence d'identité propre, sous forme de moi-idéal, tandis que le surmoi est constitué par l'intériorisation de la mauvaise imago Paternelle, celle qui sépare de la Mère et interdit donc le retour à cette béatitude ; l'idéal du moi, enfin, intériorisation de la bonne imago Paternelle, oblige à aller de l'avant et à se constituer une identité propre. G. Mendel analyse alors le sentiment de culpabilité que développe tout enfant lorsqu'il entame une démarche d'émancipation ou d'autonomisation (telle l'apprentissage) et risque de perdre l'amour protecteur des parents. C'est sur ce sentiment de culpabilité que s'appuie le phénomène-autorité (Mendel, 1971), qui renvoie l'individu à sa condition de nourrisson obligé de se soumettre à ses parents sous peine d'abandon et donc de mort. Mais le développement technologique, en rendant le nouveau plus efficace que l'ancien, a engendré un phénomène de « déconditionnement à l'autorité » sans offrir en remplacement un autre processus qui serait psychiquement aussi protecteur. L'individu peut alors être tenté par la régression béate sous le signe du moi-idéal ou par la société policière sans âme qu'exigerait le surmoi. A moins de concevoir qu'il/elle n'a plus besoin d'une entité protectrice pour s'aventurer à la découverte d'un monde en raison du pouvoir d'action qu'il/elle possède en propre sur ce monde : pouvoir certes limité, mais non négligeable si on parvient à en saisir la dimension collective. C'est ce mouvement de prise de conscience de son droit à agir collectivement sur le monde et des conséquences de ce droit et de cette action que G. Mendel appelle le mouvement de recouvrement de

l'actepouvoir, concept central de son œuvre. Chacun/e de nous peut alors fonctionner sur deux registres, un registre « psycho-familial » où règnent les plaisirs et les angoisses d'ordre affectifs (demande d'amour, peur de le perdre, domination, soumission, etc.) et un registre « socioprofessionnel », où domine la notion d'action non plus sur les individus, mais sur la réalité, et qui n'est rendu possible que par la force du groupe (Mendel, 1977 et 1992). Or, pour des raisons dues autant à leur histoire personnelle (on ne devient pas enseignant/e par hasard) qu'à l'institution qui fait tout pour les y renvoyer (Beillerot, 1977), les enseignant/es peinent à se détacher d'un mode de fonctionnement psycho-affectif qui les emprisonne dans une position insupportable de parent tout puissant (Mendel, 1993). « Il existe là une contradiction interne propre au métier d'éducateur : on ne peut à la fois avoir une relation individuelle, parentale ou fraternelle, à l'enfant et une relation de classe institutionnelle, de travailleur à travailleur. Pour obéir à sa vocation, on doit nier la situation institutionnelle actuelle. » (Mendel, 1973, p.108/109). P. Ranjard (op. cit.) montre alors à quel point la position enseignante devient intenable. On demande aux élèves de « subir » un enseignement sans la compensation qu'un tel enseignement leur assurera une position de pouvoir dans la société, et aux enseignant/es de gérer les deux missions contradictoires que sont la sélection et l'aide. Qu'il/elles sélectionnent, et il/elles deviendront de Mauvais Parents, comme le leur rappellent d'ailleurs régulièrement les lycéen/nes dans la rue, qu'il/elles s'attardent à la réussite de tou/tes, au détriment, par exemple, d'un suivi scrupuleux des programmes, il/elles seront de Mauvais Enfants pour l'Institution. Ces injonctions contradictoires, en empêchant toute définition claire d'une réelle mission enseignante, les privent de tout pouvoir sur leurs actes et donc de tout plaisir d'ordre professionnel.
Ainsi « persécuté/es », accusé/es de tous les maux par une société qui leur demande de tout assumer à sa place, les enseignant/es se voient offrir plusieurs refuges par l'institution. D'une part, il/elles trouveront dans la dépendance institutionnelle des élèves l'occasion de vivre des plaisirs d'ordre psycho-affectif, en assurant leur pouvoir sur

les jeunes et/ou en exploitant leur demande d'amour. D'autre part, il/elles se réfugieront derrière leur « conscience professionnelle », traduction individuelle de la captation d'actepouvoir par l'institution : devant l'impossibilité de se sentir soi-même, professionnellement, un/e bon/ne enseignant/e, on laisse l'institution définir ce que doit être un « bon enseignement », et on s'en tient à ces signes extérieurs ainsi définis (horaires, programmes, réunions institutionnelles, etc.). Enfin, il/elles se raccrocheront à leurs « avantages acquis » (vacances, temps de service, statut, etc.) vécus comme la juste compensation des souffrances endurées. Laquelle « compensation », en offrant les enseignant/es pieds et poings liés à la vindicte des autres catégories sociales (« avec toutes les vacances qu'il/elles ont, il/elles ne vont pas nous casser les pieds ! ») désamorce d'avance toute revendication institutionnelle de fond, les enfermant ainsi dans leur rôle de « grand/es enfants râleur/ses » et entretenant le cercle vicieux du sentiment de persécution.

Or nous avons vu avec F. Imbert (1986) qu'il n'y avait de véritable innovation qu'à accepter que le nouveau (l'instituant) ne travaille l'ancien (l'institué), c'est-à-dire qu'à condition de faire vivre le conflit dans sa dimension historique. Avec G. Mendel et P. Ranjard, nous pouvons alors comprendre les difficultés psychiques provoquées par un tel travail : le conflit entre l'ancien et le nouveau, l'institué et l'instituant, renvoie au conflit entre le Père et le Fils. En tant que tel, il ravive tous les fantasmes de culpabilité, tendant à placer l'individu dans une position d'ordre psycho-familial face à l'institution dont les lois sont ainsi transgressées. L'enseignant/e-innovateur/trice peut alors être tenté/e de rechercher des protections symboliques, par exemple à travers des modèles théoriques dont il/elle ne prend pas forcément l'entière mesure (Baïetto, 1982). Mais, pour les mêmes raisons, la théorie peut également être rejetée, de même que les propositions des autres : ce qui explique le foisonnement de la littérature sur l'innovation, puisqu'il faut, sans cesse, réécrire ce qui a déjà été fait, mais par d'autres, dans l'illusion d'avoir tout créé seul/e. Un tel sentiment démiurgique est à rapprocher du sentiment de toute-puissance de l'enfant qui tente ainsi de nier sa dépendance à l'adulte. L'enseignant/e réinvente un système qui se voudrait totalement neuf, confondant autonomie et autarcie. Les questions du rapport à la recherche, au métier et aux élèves, nous permettront de voir comment cette problématique s'incarne dans le discours des enseignant/es interviewé/es. Nous pourrons alors ouvrir quelques perspectives concernant le rapport au savoir des élèves. En effet, dans un fonctionnement de type psycho-familial, l'enseignant/e s'avère être la meilleure protection pour se lancer à la conquête du petit supplément de liberté que peut représenter le savoir. L'allégeance est alors le prix à payer pour cette protection, comme l'évoque J. Filloux (op. cit.) : l'enseignant/e offre sa protection, autorise l'apprentissage, mais exige en échange un amour dont l'élève témoignera par son travail et sa réussite. Echange de bons procédés, mais aussi jeu de dupes, puisque l'élève reste, au final, pris/e dans cette allégeance. Or celle-ci semble inévitable dans une relation duelle qui laisse les individus seul/es face à leurs fantasmes. C'est pourquoi un enseignement qui ne pose pas la question du statut de l'élève dans sa relation à l'enseignant/e a peu de chances de parvenir à mettre en place un apprentissage réellement émancipateur, où le savoir soit enfin au service de l'apprenant/e et non le contraire.

Le rapport à la recherche

La recherche apparaît comme un enjeu important aux yeux des enseignant/es interviewé/es. Plusieurs d'entre eux/elles entretiennent d'ailleurs une proximité affective avec elle, qu'il/elles soient enfants et/ou conjoints de chercheur/ses. C'est un monde qui les attire et les fascine : la fréquentation de personnalités connues et de lieux prestigieux contribue à leur enthousiasme. Il/elles peuvent alors chercher, inconsciemment au moins, à s'identifier au chercheur/ à la chercheuse et mentionnent à plusieurs reprises le fait de pouvoir, par exemple, discuter, travailler, agir d'*égal à égal* avec les chercheur/ses, ou souligner leur plaisir et leur surprise à les voir soumis/es au même tracas quotidiens qu'eux/elles, etc. Or J. Nimier (1988) a montré que les enseignant/es pour lesquel/les les mathématiques sont au service du moi-idéal sont, le plus souvent ceux/celles qui auraient aimé faire de la recherche. Je fais alors l'hypothèse que le recherche en mathématiques, pour certain/es enseignant/es qui n'y ont pas accédé, représenterait l'espoir inconscient d'une Vérité qui, enfin révélée, viendrait combler leurs angoisses[1]. L'atelier, en offrant une occasion d'approcher cette Vérité serait alors, également, mis au service du moi-idéal. Cette hypothèse se trouve confirmée par certains discours sur la recherche, qui peut être décrite comme une activité évidente, ne nécessitant aucun travail. Plusieurs enseignant/es se donnent ainsi pour objectif d'amener les élèves à produire un véritable travail de chercheur/ses, c'est-à-dire à créer un savoir nouveau, alors que cette question n'est jamais évoquée par les élèves. On rejoint là le mythe de la créativité des enfants, qu'il suffirait de laisser se débrouiller seul/es pour qu'il/elles redécouvrent le monde :

« Avec un petit coup de pouce du chercheur, ça part dans tous les sens, ils ont plein d'idées. »

Ainsi, les mathématiques, idéal inaccessible ou au contraire donnée immédiate obtenue sans effort, symboliseraient-elles une puissance parentale que la présence du/de la chercheur/se permet d'espérer capter. Mais cette captation n'est pas sans danger, puisque les chercheur/ses peuvent également être décrit/es comme payant cher leur accès au Paradis. Dans la brochure de l'association des professeurs de mathématiques relatant l'expérience qui a précédé un des ateliers, trois jeunes interviewent un chercheur qui dépeint ses collègues comme des personnalités coupées du monde, animées par une sorte de feu sacré que les autres n'ont pas et qui consacrent l'essentiel de leur temps à leur travail, ce qui exclut toute vie familiale. On retrouve donc ici l'idéologie dominante (dans tous les sens du terme) qui spécifie que tout recouvrement d'actepouvoir doit se faire au prix de sacrifices personnels importants. Si bien que la recherche, loin de devenir une activité à la portée de tou/tes, reste l'apanage d'une élite : une proximité affective plus ou moins artificielle est loin d'impliquer une proximité intellectuelle réelle. Elle semble s'offrir, au contraire, comme seule compensation possible à

---

[1] Il est bien évident que la recherche *est* une activité fascinante, ne serait-ce que parce qu'elle met en jeu notre capacité à nous donner du plaisir nous-mêmes. Mais elle n'est pas *que* cela...

l'interdit de rapprochement réel, sauf à devoir sacrifier vie personnelle et affective.

Le conflit entre attirance et culpabilité peut alors se résoudre en déléguant la recherche aux élèves qui deviennent les dépositaires de la toute-puissance à laquelle les enseignant/es renoncent à accéder. Leur statut garantit que les élèves ne deviendront pas trop puissant/es, puisqu'il/elles devront rester sous la protection de l'enseignant/e. Le contrat pédagogique (Filloux, op. cit.) serait le suivant : en échange de l'accès au savoir, les élèves offriraient à leurs enseignant/es d'une part leur amour, d'autre part l'illusion du paradis de la recherche. Un tel mythe peut toutefois s'avérer bloquant pour le travail des élèves, alors qu'au contraire une expression lucide des angoisses provoquées par la recherche et un repli sur un travail peut-être plus « scolaire » mais plus à la portée des élèves semblent aider ceux/celle-ci à trouver leur place en dehors du transfert de leurs enseignant/es (Hatchuel, op. cit.).

Les enseignant/es peuvent également être tenté/es de se maintenir dans un statut d'enfant protégé/e par le/la chercheur/se. Jean-Louis, par exemple, définit le rôle du chercheur comme source de savoir, mais peine à situer sa propre utilité. Il oppose sa présence permanente, dont il ne sait plus bien parfois si elle est intellectuellement vraiment utile, à la présence sporadique, mais indispensable, du chercheur, pour finir par se positionner surtout comme l'intermédiaire entre le chercheur et les élèves, et non pas comme un égal. Car le/la chercheur/se reste la Figure d'autorité qui sait ou autorise, comme en témoignent deux autres enseignant/es. Il/elle est le/la « grand/e », le/la responsable. Un tel positionnement pousse alors, dans certains cas, les enseignant/es à s'identifier aux élèves, en refusant l'inégalité des statuts habituellement accordés aux un/es et aux autres :

« *On est... confrontés... aux mêmes difficultés qu'les élèves ; et il va falloir leur dire : « Eh ben... je suis désolée, je sais pas. Je sais pas. »* C'est dur, hein, quelquefois d'accepter ça. »

Même s'il est souligné que le fait de ne pas savoir est difficile à accepter, on peut imaginer que cette déresponsabilisation représente aussi une tentation, dans la mesure où l'Education Nationale rend les enseignant/es responsables (et coupables)

d'une situation sur laquelle il/elles n'ont quasiment aucun pouvoir (Ranjard, op. cit.). Alors que le bénévolat des élèves décharge déjà les enseignant/es du souci de la sélection, la collaboration avec le/la chercheur/se place sous la responsabilité de celui/celle-ci l'acquisition de savoirs par les élèves. L'enseignant/e peut alors abandonner la position épuisante de la figure d'autorité qui se doit d'être parfaite. Etre tout-puissant ou se réfugier sous une aile protectrice semble être la seule alternative offerte par l'institution qui interdit à ses agent/es tout travail concret sur la réalité, les empêchant ainsi d'élaborer collectivement leur métier et de sortir de leur position fantasmatique. On peut d'ailleurs imaginer que la revendication récurrente de se voir subventionner par l'institution participe également de ce désir d'une autorité supérieure à laquelle on puisse se confier. Désir évidemment difficile à assumer puisqu'il réveille des craintes anciennes et vient remettre en question la place de l'enseignant/e dans l'institution. C'est ainsi que l'on peut entendre une remarque d'un animateur d'atelier concernant un collègue qui avait hésité à s'engager dans l'expérience comme une projection de sa propre peur :
« Le gars a... a reculé, il a eu peur sans doute que... que le chercheur vienne, que les élèves se rendent compte que le chercheur en savait plus que lui..., j'sais pas y a des choses comme ça hein qui traînent dans la tête des profs. Il a du avoir peur (...) d'se trouver en position... inspecté. »
Un enseignant de collège montrera d'ailleurs bien comment c'est la demande des élèves, d'autant plus habitué/es à voir l'adulte tout/e-puissant/e qu'il/elles sont plus jeunes, qui le renvoie à son angoisse de « ne pas savoir » et de ne plus assumer son rôle d'enseignant/e :
« Le problème c'est que les, les élèves ils ont vraiment une demande... une demande classique, c'est-à-dire, par rapport à nous, professeurs, c'est-à-dire... « qu'est-ce que j'fais m'sieur ? - Maintenant qu'est-ce que j'fais ? » Et... bien souvent on était, on était coincé parce qu'on savait pas.... (...) et très vite on s'est trouvé... C'était, c'était d'venu angoissant (...) c'était... pas facile quoi, vraiment de, de vivre ce truc là.(...) on était dans le même noir qu'eux. »
C'est alors en renonçant définitivement à la position enseignante telle qu'elle est définie ordinairement que cet

enseignant parviendra, la deuxième année, à surmonter ces angoisses, ce qui lui permet, à son avis, un travail de bien meilleure qualité[1] :
« j'étais moins angoissé (...). j'crois qu'on a fait un travail plus... plus approfondi, plus sérieux (...) j'crois qu'c'est plus, eux qui ont trouvé les trucs... plutôt que moi qu'ai, qui leur ai fait trouver des trucs. Là vraiment, j'me suis, vraiment j'ai réussi à me..., à me cantonner un peu à un rôle de, de, d'orientateur. »
Ainsi rassuré, l'enseignant peut plus facilement laisser les élèves libres de définir leur parcours. Mais il concédera finalement, comme un aveu, que l'existence d'un article scientifique sur le sujet traité avait largement participé de cette remise en confiance, tout en précisant bien que cela n'a pas empêché les élèves de procéder à un travail original.

Le rapport au métier : un besoin de reconnaissance enraciné dans l'histoire personnelle

L'atelier au service du moi-idéal

La relation aux élèves ne s'entend pas, bien entendu, uniquement dans le lien avec la recherche. Plusieurs enseignant/es mettent ainsi l'accent sur l'ambiance agréable qui règne dans les ateliers : on est content/es d'être ensemble, on s'amuse bien et l'«ordinaire» scolaire, dans tous les sens du terme, s'en trouve grandement amélioré :
« Cette année c'était... on a beaucoup ramé, mais on s'est encore bien amusé, avec les quelques élèves qui étaient là. »
« Alors bon moi j'ai amélioré l'menu c'est-à-dire on... en am'nant des p'tits gâteaux, tout ça... pour casser la croûte. »
D'autres soulignent la motivation des élèves présent/es à des heures tardives, ou en fin d'année, après le baccalauréat pour des élèves de terminale désireux/ses d'achever un travail entamé. Le lien se fait alors tout naturellement :

---

[1] De la même façon qu'un autre enseignant acceptera « de ne pas savoir » parce qu'il n'a pas, en classe, les élèves de l'atelier.

« Ça f'sait des journées longues. Heureusement qu'j'am'nais des p'tits gâteaux parce qu'ils... crevaient d'faim en plus hein. »
Les petits gâteaux semblent ici remplir une fonction symbolique de contre-don, venant s'offrir en compensation de l'engagement des élèves. En remerciement de ce qui est vécu comme une adhésion, les enseignant/es autorisent (et même favorisent) des activités d'ordinaire illicites, signifiant par là la confiance et le privilège accordés à ces élèves. Le message envoyé par les enseignant/es renvoie ainsi une image de Parent Idéal, pourvoyant, à condition qu'on l'aime, à toutes les nourritures (réelles et symboliques) nécessaires, et s'abstenant de toute manifestation interdictrice. L'atelier représente alors un point d'appui pour le moi-idéal, un étayage pour le narcissisme primaire, en quête permanente du paradis originel. La revendication autour d'une fraternité censée exister entre élèves et enseignant/es complète l'illusion familialiste :
« Et puis ça... ça réinvestit quand même la relation, s'tu veux, la relation d'enseignement, ça la réinvestit de... de choses fortes. T'as des élèves qui m'tutoient ! (...) Des élèves de l'atelier qui maint'nant ont trouvé une fraternité. »
L'enthousiasme à propos de l'atelier risque ainsi de devenir défense inconditionnelle, le paradis ne pouvant se permettre d'être attaqué. Il ne s'agit plus d'évoquer un travail précis ou une conséquence concrète mais un apport global plus ou moins mythique :
« Les élèves vont... voir des gens... qui fonctionnent autrement (...) ils vont en acquérir des choses... fabuleuses, quoi. »
«Les élèves qui arrivent dans [l'atelier] n'ont jamais rencontré... une telle appropriation des connaissances. »
Par un mécanisme de clivage, si l'atelier représente le bon objet, c'est l'institution, avec laquelle il devient hors de question de collaborer, qui joue le rôle de mauvais objet :
« En fait on est tous partagés entre faire le programme d'un côté, et puis faire ce qu'on aime de l'autre. C'est pour ça que moi, bon, d'un côté je fais le programme en classe, et puis j'ai l'atelier à côté. »[1]

---

[1] Témoignage retranscrit de mémoire.

« *Alors à c'moment-là, l'système éducatif il est à foutre à la poubelle j'veux dire. Pratiqu'ment.* » Les témoignages sur l'investissement que représente l'atelier sont à entendre dans le même sens ; l'atelier est vu comme une étincelle de vie dans un monde morne :
« *Y a pas qu'le... le fond d'la mine, y a aussi l'ciel bleu.* »
« *Ca m'a réveillée. Ca m'a permis de sortir de la routine.* »
Un autre enseignant évoque également cette nécessité de s'investir pour se maintenir en vie, tout en se défendant d'adhérer trop fortement à « son » atelier, dont il sait bien, inconsciemment, qu'il n'est que la quête sans fin d'un paradis qui n'existe plus, mais qui n'en reste pas moins moteur. L'atelier et la classe apparaissent alors comme deux objets dotés d'une différence quasi-ontologique et totalement irréductible. Comme s'il était inenvisageable que l'un et l'autre puissent, jamais, se rencontrer. C'est par exemple l'attitude de l'un d'eux lorsqu'il évoque des stagiaires tenté/es de faire leur mémoire sur l'atelier et décidant finalement de travailler sur le problème ouvert : il nie tout lien entre les deux thèmes, et justifie le choix du problème ouvert par le fait que les stagiaires disposaient d'un ouvrage sur le sujet et « qu'ils ont encore besoin des livres »[1]. Cette remarque que l'on peut ressentir comme condescendance, où semblent se confondre, là encore, autonomie et autarcie, peut être au contraire la cause même de l'abandon des stagiaires : comment travailler avec quelqu'un qui n'admet aucun autre discours sur *son* innovation ? Il n'est pourtant pas si courant que des enseignant/es animent, comme cela peut être le cas dans les ateliers, un cours à plusieurs, ce qui est bien entendu une source extrêmement riche de confrontation et une occasion d'élaboration collective sur leur acte de travail, susceptible de rejaillir sur l'ensemble de leur enseignement. Mais le clivage effectué entre l'atelier et la classe par certain/es enseignant/es peut empêcher ce réinvestissement. Avançons alors une hypothèse interprétative : les enseignant/es des ateliers les plus vif/ves à dénoncer « le système » pourraient avoir vécu leur propre scolarité sur un

---

[1] Ce refus de prendre en compte les réflexions extérieures peut également s'étendre aux acquis des sciences humaines ou aux propositions des partenaires

mode particulièrement surmoïque. Les mathématiques auraient alors constitué un refuge placé sous le signe du moi-idéal, d'une recherche d'un paradis perdu, leur position d'enseignant devenant le moyen d'atténuer l'angoisse surmoïque en se donnant l'illusion de pouvoir transformer la fonction enseignante en une fonction maternante réparatrice. La classe et son obligation de contrôle permanent n'offrant guère de moyen de masquer le caractère persécuteur de l'institution, il reviendrait à l'atelier de s'y substituer de façon plus efficace. L'enseignant s'identifierait alors, dans un mécanisme de réparation de sa propre enfance, à l'élève ainsi comblé par lui-même, bouclant définitivement le cercle de la satisfaction fusionnelle. Un tel positionnement implique évidemment que le clivage bon objet comblant/ mauvais objet persécuteur reste imperméable, bloquant, comme le décrit F. Imbert (1986, op. cit.). La « nouvelle totalité » vient se juxtaposer à l'ancienne, sans qu'il en résulte de changement notable ni pour l'une ni pour l'autre.

Trouver sa place

Ce clivage entre la classe et l'atelier peut aussi s'entendre en terme de rapport au monde. C'est une question que l'on peut se poser à partir de l'engagement syndical, politique, éducatif, associatif, etc. de plusieurs enseignant/es des ateliers qui vivent souvent leurs différents investissements comme un ensemble cohérent. L'animation de l'atelier peut, par exemple, être considérée comme une démarche d'ordre politique, un travail de fond mis en perspective avec le travail militant « habituel ». Le lien évoqué entre sa pratique et la marche du monde peut même être très fort, comme lorsque Jean-Christophe évoque sa démission d'un poste de responsable dans l'Education Nationale, à cause de son désaccord avec la politique menée :
« *J'ai dit :* « *Bon, ben... j'm'en vais.* » *Et [mon supérieur] me d... Et il était très surpris parce que... la plupart des gens qui étaient comme moi, leur but, dans la vie, c'était de pas retourner enseigner. Et moi j'me suis dit :* « *Si un jour, j'ose pas dire :* « *Je veux retourner enseigner* », *si un jour c'est le frein, alors j'suis foutu.* » *J'suis foutu parce que ça veut dire qu'on m'f'ra faire c'que le... système veut qu'je fasse. J'suis*

pas du genre à... (rire) à faire c'que l'système veut qu'je fasse. J'estime qu'on devrait... que tout l'monde est responsable dans cette société. Et les gens... on l'oublie... on est tous responsables ! J'dis souvent, bon... c'est une des images qui hantent mon... j'suis né juste après la guerre... C'est une des images qui hantent mon... qui est dans... dans mon... mon collectif... mon inconscient collectif. C'est l'image des camps. J'devais avoir huit dix ans, j'ai vu Nuits et brouillards. Bon j'crois qu'ça m'a laissé un... un sentiment, puis après... non.. vraiment une espèce de truc en s'disant « Pourquoi ça c'est passé, ça ? » C'est-à-dire que... On... on l'oublie maint'nant. J'veux dire bon... T'as même des thèses disant que les camps... d'la mort n'ont pas existé. Bon. Passons. Et... j'me... j'me suis arriv... j'me suis trouvé la réponse à cette question qu'j'me suis posé à l'âge de 10 ans... 20 ans après. 20 ans après j'me suis dit : « Mais final'ment... », un jour comme ça c'est arrivé... où j'pensais pas à ça, j'me suis dit : « Si y avait eu personne dans les miradors, y aurait eu personne dans les camps. » C'est-à-dire que en fait, tout l'monde était responsable. Y a pas, c'est pas... les chefs qui étaient responsables. C'est... c'est tout l'monde ! Y a un moment donné où tu... tu dois dire si... si vraiment c'est contraire à c'que tu penses, tu dois dire : « Ca j'le fais pas. » »

Jean-Christophe compare donc aux camps de la mort nazis une politique qu'il désapprouve. Dans les deux cas, il revendique la nécessité de s'interroger sur le bien-fondé d'un ordre reçu. Mais il apparaît néanmoins difficile d'assimiler, notamment en termes de courage et d'enjeu, le refus de collaborer à la plus vaste entreprise de destruction humaine jamais entreprise et le choix d'un retour face aux élèves parce qu'on n'adhère plus exactement au travail proposé. On peut alors imaginer que ces miradors de l'Education Nationale dans lesquels Jean-Christophe redoute de se trouver symbolisent un surmoi particulièrement pesant, et que sa démission, au même titre que l'atelier, sont des tentatives régulièrement renouvelées pour se prouver à lui-même que ce surmoi ne l'envahira pas et ne fera pas de lui cette figure persécutrice redoutée.

Cette question rejoint alors celle de la place occupée par chacun/e, problématique qui revient chez plusieurs enseignant/es, qu'il s'agisse de justifier la qualité du travail effectué, de s'excuser de ce qu'il/elles ne font pas suffisamment bien à leur goût, de se dévouer, etc.[1]. Plusieurs d'entre eux/elles entretiennent, par exemple, des doutes sur leurs capacités mathématiques. Ces doutes font parfois l'objet d'une dénégation, comme chez cet enseignant qui raconte comment il a passé sept fois l'agrégation « en touriste » avant de l'obtenir en 1987, le nombre de postes offerts étant passé entre-temps de 80 à 230. A l'opposé, Diane se sent en confiance par rapport aux mathématiques. Agrégée, c'est-à-dire au sommet de la hiérarchie professorale, son métier correspond à son désir initial, et non à un choix de second ordre, tandis que des études universitaires réussies lui ont conféré une maîtrise suffisante pour qu'elle puisse se sentir à égalité avec les chercheurs, par exemple sur les domaines qu'elle a particulièrement travaillés. Elle choisira d'ailleurs volontairement de travailler sur les sujets qu'elle connaît le moins et de « jouer le jeu » de l'ignorance. Ayant toujours voulu être enseignante en mathématiques, elle a vécu son parcours de façon positive. Son père étant lui-même professeur de mathématiques, on peut imaginer qu'une relation positive l'amène à pouvoir s'identifier facilement à lui. Probablement parce qu'il s'agirait d'un dépassement à ses yeux impossible, elle n'a jamais envisagé une carrière de chercheuse. Elle se sent donc à sa place dans son métier, place à partir de laquelle elle peut dialoguer avec des partenaires qu'elle ne mythifie pas. Cette position rend donc l'atelier « abordable » pour elle, tandis que son besoin de donner fait qu'elle se retrouve dans une activité bénévole : l'investissement dans l'atelier peut être vu comme un cadeau au père.

De même, Yves, fils d'ingénieur, après avoir réussi différents concours à l'issue d'une classe préparatoire, choisira délibérément l'enseignement. Il s'agit là de personnalités pour qui l'atelier ne représente pas un enjeu considérable : Yves abandonnera au bout de quelques années pour recentrer sa réflexion sur la classe, tandis que Diane présente son engagement comme une « expérience » et une découverte.

---

[1] Les thèmes de la fatigue, de l'argent, de la visibilité reviennent de façon quasi-obsessionnelle dans un grand nombre d'entretiens.

Tou/tes deux, d'ailleurs, soulignent qu'animer un atelier constitue plutôt pour eux un plaisir, une source de renouvellement de leur pratique, et qu'il ne demande pas un engagement très important. Il/elles évoluent dans leur enseignement mais ne cherchent pas spécialement à défendre une pratique donnée. Leur position s'apparente davantage à celle de praticien/nes-chercheur/ses, alors que nous avons pu voir avec, par exemple, Jean-Christophe et Marc des enseignants se situant plutôt comme des militants : l'atelier, mythifié, doit être défendu coûte que coûte.

Il faut souligner ici que Diane et Yves sont les deux seul/es enseignant(e)s animant un atelier à avoir fréquenté des classes préparatoires. Sans être forcément les plus diplômé/es au bout du compte, ils ont donc commencé leurs études au sommet de la hiérarchie scolaire et ont donc le sentiment d'avoir choisi leur métier puisque leur parcours leur offrait d'autres possibilités. Le parallèle avec le sentiment qu'il/elles occupent une position « raisonnable », pas trop entachée de culpabilité, amène à penser que le sentiment de réussite initiale reste extrêmement prégnant, et que l'obtention ultérieure d'un diplôme (l'agrégation par exemple) ne parvient pas à restaurer le narcissisme de la même façon. Plus exactement, on peut même imaginer que la réussite initiale soit non pas la cause mais la conséquence d'un solide narcissisme de base. Si bien que l'on retrouverait les résultats de V. de Gauléjac (1987) sur *La névrose de classe* qui tendent à montrer que, dans les cas de mobilité sociale, la classe d'origine l'emporte le plus souvent, en termes d'identités, sur celle d'arrivée.

Une position intermédiaire, qui montre bien la dynamique du psychisme, peut se voir à travers le cas de Jean-Louis. Se déclarant débordé par les problèmes d'organisation, au point que son animation de l'atelier ne lui est pas rétribuée parce qu'il n'a pas rempli les dossiers ni demandé les subventions en temps utile, Jean-Louis se sent à sa place lorsqu'il est seul face au savoir, notamment informatique où il déclare avoir une « grosse réputation ». Sa mère, femme d'origine modeste mettant tous ses espoirs de réussite dans son fils, semble dominante dans l'histoire de Jean-Louis. Elle s'opposera notamment au père ouvrier pour permettre à son fils de poursuivre ses études, et donc de le dépasser. Sous la protection symbolique de la figure maternelle, Jean-Louis peut s'autoriser, même si cette autorisation reste sujette au doute, comme en témoignent ses hésitations quand il expose son parcours, passant du rêve d'une carrière dans l'informatique à la réalité d'un poste d'enseignant de mathématiques après avoir failli entrer dans l'industrie mais à un poste peu qualifié et profité des bourses de préparation au CAPES pour continuer ses études.

Dans le jeu entre libération et asservissement, la libération se fait, pour Jean-Louis, au prix de l'acceptation d'un métier qu'il n'aime pas particulièrement : le salut par les études, mais à condition de gagner sa vie suffisamment tôt, et de « bosser comme un âne », c'est-à-dire de satisfaire à la fois la mère et le père. Sa passion pour l'informatique lui permet toutefois une ouverture et des contacts originaux, dont il se sent redevable, tout comme il se sent en dette par rapport à sa mère. On peut alors faire l'hypothèse que Jean-Louis est marqué par la culpabilité parce qu'il n'est pas certain de sa légitimité à recevoir ce qui a forgé son histoire : avait-il droit ainsi à la confiance de sa mère ? Avait-il le droit de continuer ses études alors que sa condition sociale (et son père) exigeait une entrée rapide dans la vie active et que l'industrie l'appelait ? D'être enseignant, c'est-à-dire d'être accueilli par une institution à laquelle il n'adhère pas totalement (« J'voulais pas être prof ») ? D'abandonner l'informatique qui lui avait initialement ouvert ses portes ? Etc. Pour réparer un tel sentiment de dette, il ne reste plus qu'à travailler le plus possible, bénévolement ou non, peu importe, tout en orientant le cours vers l'informatique : ce que lui permet, bien entendu, l'atelier.

Nous pouvons donc voir comment, lorsque les ateliers occupent une place centrale dans l'ensemble de l'histoire psychique, il devient difficile de les questionner. La sélectivité des mathématiques amène bien souvent cette discipline à remplir, dans le cadre de la classe, une fonction surmoïque qui peut s'avérer extrêmement pesante à certain/es enseignant/es. L'atelier peut alors être un moyen de compenser la culpabilité en repositionnant les mathématiques, c'est-à-dire probablement aussi soi-même, comme objet de désir et non plus comme figure surmoïque.

Ce faisant, l'atelier est aussi l'occasion de se constituer une identité dans l'univers indifférencié de l'Education Nationale, qui ne propose d'ordinaire à ses agent/es qu'une place certes protégée, mais très infantilisante. Il est donc le signe d'un déconditionnement à l'autorité administrative et, en tant que tel, s'insère dans un mouvement de recouvrement de l'actepouvoir qui ne manque pas, surtout dans le cadre d'une institution au fonctionnement psychofamilial, de réveiller angoisses et culpabilités. Les différents réseaux, associations, regroupements, rencontres qu'il suscite peuvent alors jouer le rôle de groupe de soutien permettant de s'émanciper plus facilement de la protection de l'institution et peuvent donc servir de point d'appui pour une réflexion autonome sur les pratiques pédagogiques. Mais, si l'adhésion au groupe de soutien s'avère trop indispensable, on risque alors une soumission au moins aussi forte que celle habituellement demandée par l'institution, et qui empêche tout autant la mise en place de pratiques réellement instituantes.

De même, l'amour des élèves peut représenter une protection supplémentaire pour les enseignant/es ainsi engagé/es dans les ateliers. Cet amour risque alors de devenir nécessaire au point d'empêcher toute rencontre réelle avec eux/elles : les discours des élèves (Hatchuel, op. cit.), par exemple sur la recherche, est loin de rejoindre celui que leur prête les enseignant/es. Nous allons donc explorer plus avant ces malentendus, en cherchant à mieux comprendre les enjeux que les enseignant/es font peser sur les élèves.

Le rapport aux élèves : la réparation au prix de la méconnaissance

Pour jouer les rôles qui leur sont dévolus dans l'organisation psychique des enseignant/es, les ateliers nécessitent que les élèves soient en accord avec la représentation que les enseignant/es se font de « l'élève idéal ». Au besoin, s'il/elles n'y correspondent pas exactement, refusera-t-on d'entendre ce qu'il/elles viennent chercher réellement à l'atelier, en s'exprimant en leur nom et en oubliant les contraintes institutionnelles auxquelles il/elles sont soumis/es.
Les représentations que les enseignant/es se font des élèves des ateliers obéissent à deux mécanismes. D'une part, une

identification à l'image que les enseignant/es aimeraient se faire d'eux/elles-mêmes dans leur propre rapport à la recherche amène à les décrire comme particulièrement créatif/ves. D'autre part, il/elles doivent faire de leurs enseignant/es de bon/nes enseignant/es, tel/les que les définit l'institution, c'est-à-dire, entre autres, des enseignant/es qui font réussir tou/tes leurs élèves. D'où une dénégation de la sélectivité de l'atelier. Pourtant, parmi les ateliers rencontrés, un seul a été fréquenté par des élèves majoritairement non-scientifiques. Et encore cet atelier se situait-il dans un lycée essentiellement tourné vers l'enseignement technique tertiaire qui n'avait pas, au démarrage de l'atelier, de classe scientifique. Dès que de telles classes se sont créées, les élèves qui les fréquentaient ont, en quelque sorte « pris le pouvoir » au sein de l'atelier : plus motivé/es, plus confiant/es, plus compétent/es, il/elles se sentaient plus assuré/es de leur bon droit à fréquenter un tel atelier, contribuant ainsi à l'autosélection des élèves plus en difficulté face aux mathématiques. Consciente de cette question, l'enseignante qui anime l'atelier en vient même à envisager avec ironie d'interdire l'accès de l'atelier aux élèves les plus scientifiques. Comprendre en quoi l'atelier est sélectif revient donc à comprendre quelles sont les motivations profondes qui interviennent dans la participation des élèves en termes de construction du rapport au savoir (voir Hatchuel, op. cit.) et qui restent largement ignorées des enseignant/es. Deux enseignants, par exemple, mentionneront que leur rôle ne consiste pas à « faire du psy » ou de l'animation de groupe, la simple évidence de l'activité mathématique devant se suffire à elle-même. L'un d'eux, notamment exprime sa déception de voir les élèves abandonner l'atelier, en projetant probablement sur eux une certaine culpabilité :

« Ils ont... beaucoup ont... laissé tomber parce que... ils pensaient que... que ça n'apportait... que ça n'apportait rien, par rapport à l'enseignement qu'ils re... obligatoire qu'ils recevaient. (...) ils attendaient que j'les guide (ton méprisant). »

« Nos élèves se débrouillent seul/es, et ceux/celles qui n'y parviennent pas ne méritent guère que l'on s'intéresse à eux/elles » a-t-on l'impression d'entendre. L'enjeu semble

bien être la création d'un lieu idéal, où les élèves travaillent et comprennent seul/es, sans interférence ni rivalité d'aucune sorte avec l'institution[1]. De même, cet enseignant refuse-t-il l'idée que les élèves puissent venir « par intérêt » et non par ce qui semble se fantasmer comme pur amour des mathématiques et, au-delà, de l'enseignant lui-même.
Dans le même registre, un autre enseignant donnera son fils comme exemple-type, tout en proposant de « faire passer tout le monde », modalités de non-sélection apparemment démocratique mais dont on sait bien qu'elle laisse, en fait, la voie libre à la « sélection naturelle » qui ne s'est jamais faite en faveur des plus faibles. On retrouve là la difficulté à accepter les élèves tel/les qu'il/elles sont, ce qui impliquerait des conséquences trop coûteuses, notamment au niveau de l'aide dont il/elles ont besoin.
Il semble que ce soit lorsque l'atelier ne constitue pas un enjeu essentiel que l'on puisse, plus facilement, s'en dégager et assumer certains phénomènes imprévus. C'est par exemple le cas d'Yves, qui estime que son métier comprend aussi la prise en charge des phénomènes affectifs à l'œuvre dans la classe, au point que toute la fin de l'entretien se recentrera sur des questions de vie scolaire.
Ce travail assumé sur la relation s'oppose au refus que nous venons de voir de tenir compte de la réalité des élèves. Construction, d'un côté, d'une totalité comblante se suffisant à elle-même, pratique instituante, c'est-à-dire créatrice de nouvelles modalités relationnelles, de l'autre : le même type d'organisation peut s'avérer porteur de sens différents selon les enjeux que l'on y met. Et lorsque l'identification aux élèves et/ou leur amour jouent un rôle moteur, c'est alors leur position institutionnelle qui reste ignorée : si l'atelier joue le rôle de refuge dans une institution persécutante, il devient en effet nécessaire de nier le conflit enseignant/es-élèves et la violence symbolique. Nous avons déjà vu comment les petits gâteaux et le tutoiement entretenaient l'illusion d'une grande famille : la réussite de l'atelier semble autant prouvée par les compétences acquises par les élèves que par l'ambiance

---

[1] Fantasme bien entendu à l'œuvre de façon extrêmement courante chez tout(e) enseignant(e) aux prises avec les difficultés de son métier : qui n'a jamais rêvé, par exemple, d'élèves qui « comprendraient tou(te)s seul(e)s » ?

agréable, à propos de laquelle les enseignant/es rapportent volontiers les témoignages de leurs élèves. Comme le souligne M.-C. Baïetto (op. cit.), l'enseignant/e non-directif/ve, en se privant de la garantie que représente l'obligation des élèves, prend le risque de se voir rejeté/e et donc de se condamner à disparaître. L'adhésion des élèves devient alors la seule assurance possible de sa légitimité ; si bien que certain/es enseignant/es souligneront, par exemple, à quel point c'est le cadre de la classe qui rend persécuteur/trice, puisque même les élèves qui sont moins en adhésion doivent reconnaître que « le prof » est « sympathique » dès qu'il quitte la classe.

L'atelier peut alors devenir un lieu de re-naissance, permettant de s'affranchir du passé et des angoisses qui en résultent :

« Qu'est-ce qu'on met sur les bulletins, on n'arrête pas de mettre « n'a pas les bases, n'a pas les bases », enfin bon. Alors qu'avec l'atelier, tu peux... y a des sujets, enfin,... et même dans plein d'sujets, dans plein, des sujets tu peux faire peau neuve, tu peux... même si tu n'arrives pas à démontrer, tu peux faire des choses. Tu peux créer, tu peux... tu peux trouver des choses, tu peux... »

L'idéal reste que les élèves des ateliers ne puissent jamais avoir affaire à l'enseignant/e-persécuteur/rice :

« Quand c'est un élève qui m'a... qui m'a comme prof... les choses sont plus... plus délicates. »

On peut mesurer l'ampleur de « l'oubli » des questions institutionnelles à travers l'anecdote que raconte Katherine : lors d'une séance de saisie informatique que les élèves étaient venu/es faire bénévolement à la fin de l'année, il/elles ont respecté les horaires de cours, disparaissant déjeuner de leur côté, au grand regret des deux enseignantes-animatrice. :

« On aurait eu l'impression qu'y avaient des rapports différents si justement ils nous avaient dit : « Bon ben vous allez manger où, on mange ensemble ? » »

Mais les « rapports différents » ne naissent pas du jour au lendemain. Imaginer que les élèves vont d'eux/elles-mêmes se risquer à se positionner comme instituant/es alors qu'aucun signe clair ne leur a été donné de cette autorisation revient bien à oublier les contraintes institutionnelles qui pèsent ordinairement sur eux/elles. Une telle situation s'avérant, quasiment, la norme, il est bien évident qu'il n'est pas question de l'imputer aux « qualités » ou aux « défauts » personnels des enseignant/es, mais bien aux caractéristiques de l'institution. Alors qu'un système complexe d'exclusion et de relégation permettait jusqu'à présent de masquer la réalité des élèves les plus en difficultés (Mollo, 1986) et soumettait les autres à l'autorité incarnée par les enseignant(e)s (Mendel, op. cit.), il est aujourd'hui de plus en plus demandé aux enseignant/es d'accepter, et de mener à la réussite, des élèves qui n'adhèrent pas à l'institution et qui revendiquent le droit de le dire. Si bien que les enseignant/es se retrouvent doublement en danger : danger de ne pas remplir leur mission, et danger de se retrouver anéanti/es par une classe hostile. L'atelier permet alors un évitement, au moins temporaire, de ces élèves angoissant/es et une reconstruction du narcissisme professionnel en créant des conditions telles que, là au moins, on réacquiert la certitude d'être capable de transmettre du savoir, et du savoir de qualité, à des élèves. Il offre enfin des compensations affectives qui permettent de supporter la lourdeur des contraintes de l'institution.

On peut donc imaginer, en fin de compte, que les ateliers correspondent à la nostalgie d'un monde jadis pacifié par l'autorité, chez des enseignant/es qui, du fait de leur organisation psychique, n'assument que douloureusement le rôle de plus en plus répressif qui devient le leur, dans une institution qui n'offre aucune facilité pour gérer les conflits inévitables entre une nécessité sociale de formation et des désirs d'élèves qui ne coïncident pas forcément avec cette nécessité sociale. Et ce d'autant plus qu'en dépossédant l'enseignant/e de ses attributs en matière de savoir, la présence du/de la chercheur/se lui offre comme rôle principal de définir ce qui est « adapté » aux élèves. Le partenariat, en fin de compte, tend à institutionnaliser la captation de la parole des élèves par les enseignant/es. Le savoir spécifique des enseignant/es n'est plus un savoir disciplinaire mais un savoir sur les élèves. L'atelier peut donc s'interpréter comme une réponse aux multiples contraintes intérieures et extérieures que subissent les enseignant/es (Blanchard-Laville, 1997b).

Reste enfin à imaginer qu'il soit possible d'accepter les élèves tel/les qu'il/elles sont, c'est-à-dire d'entendre leur parole, et de prendre ainsi le risque de la mise à jour du conflit entre l'élève et la demande sociale, tout en ne remettant pas en question l'objectif professionnel d'un apprentissage de qualité, objectif qu'une pratique de recherche permet effectivement d'atteindre. Situation imaginable, même si elle s'avère semée d'embûches, comme le montrent les entretiens effectués avec quatre enseignants qui tentent de mettre en place de telles pratiques au sein de leur classe (voir Hatchuel, 1997).

On voit donc comment l'institution, en entravant le recouvrement collectif d'actepouvoir chez les enseignant/es, les renvoie à leurs angoisses archaïques, ce qui rend extrêmement difficile, sinon impossible dans beaucoup de cas, l'élaboration d'une position professionnelle inventive, puisque la création autonome est vécue comme une opposition rarement supportable à la Figure d'Autorité de l'institution. Et ce d'autant plus que la recherche de l'amélioration des pratiques n'est nullement valorisée par un système qui ne reconnaît que l'ancienneté. Une solution, pour pouvoir construire une pratique professionnelle personnelle, consiste alors à échapper à cette institution, et donc à élaborer en dehors d'elle une création qui ne viendra nullement la travailler en retour, et ne se laissera pas travailler par elle, mais aura au moins l'avantage de la visibilité : si bien que l'enseignant/e concerné/e y gagnera en reconnaissance et en estime de soi.

L'atelier, en tant qu'entité autonome, devient alors un objet maîtrisable, où le recouvrement d'actepouvoir limité, certes, mais néanmoins possible, compense la frustration éprouvée face à un système gigantesque où toute action efficace semble impossible. « L'immobilisme honteux » évoqué par G. Avanzini (op. cit.), et que l'on peut interpréter comme la peur d'affronter une institution vécue comme trop puissante, est alors remplacé par l'illusion d'un monde où l'on peut enfin agir. On rejoint ici la position d'O. Cousin, F. Dubet et J.-P. Guillemet (1989) pour qui c'est le passage de l'engagement politique et syndical à l'expérimentation pédagogique qui signe le combat contre le désenchantement militant.

Pour certain/es enseignant/es des ateliers, c'est la recherche mathématique devenue objet de désir qui servira de noyau structurant à cette création hors institution. Mais, ce faisant, par la place qu'elle prend, la recherche mathématique, devenue mythe incontournable, empêche l'adaptation à la réalité des élèves, pour qui le plus important n'est pas tant la confrontation à un monde prestigieux que la liberté d'un espace de travail laissant une place à l'erreur (Hatchuel, op. cit.). Comme si la totalité comblante des mathématiques devait se suffire à elle-même et évacuer toute question d'ordre sociologique ou institutionnel. Car l'institution, qui enferme enseignant/es et élèves dans des rôles stéréotypés, piège les sujets en entrant en collusion avec leur imaginaire et en les renforçant dans leurs fantasmes, notamment ceux de toute-puissance, qui viennent se heurter à la réalité d'une demande impossible de réussite pour tou/tes. L'enseignant/e pourra alors résoudre une part de ces tensions en s'aménageant un espace dans lequel elles sont moins visibles, que cette moindre visibilité corresponde à la réalité ou qu'elle soit le fruit de son imagination. L'évitement de la structure-classe, en faisant porter par l'élève, sous couvert de volontariat, le poids de la sélection, permet à l'enseignant/e de n'être plus que le parent bienveillant, dans un don de lui/elle-même enfin accepté.

L'innovation, notamment celle qui amène les enseignant/es à créer une structure parallèle à la classe, serait alors une réponse/fuite de l'enseignant/e face à la violence intrinsèque de la relation pédagogique. La violence fondamentale, qui est pour lui/elle l'irruption de la parole de l'élève est ainsi évacuée, puisqu'il/elle ne s'adresse qu'à des élèves dont on présuppose l'adhésion ; moyennant quoi, cette diminution de la violence permet la mise en place d'un espace de liberté précieux pour l'élève, mais à condition que celui/celle-ci ne s'écarte pas de l'image idéale qui rend possible cette diminution de la violence. Même si l'élève idéal de l'atelier n'est pas exactement le/la même que le « bon élève » décrit ordinairement par les enseignant/es (Mollo, Gilly, Gosling op. cit.), il semble que l'atelier ne représente que l'ouverture *d'un* autre possible, un autre modèle d'élève, mais pas l'acceptation de *tous* les possibles, laquelle acceptation s'avère quasi impossible en l'état actuel de l'institution.
La question de l'innovation rejoint donc celle du positionnement des enseignant/es dans l'institution. Comme

le dit C. Blanchard-Laville (1991) : « La mise en œuvre de telle ou telle pratique dans la classe, amène l'enseignant dans de telles zones d'insécurité narcissique et de remaniements du système défensif (vital) qu'il s'est constitué, qu'on ne voit pas pourquoi il y renoncerait comme cela sans résister, même si, au niveau de son moi conscient, il est convaincu du bien-fondé de ce changement. Il est nécessaire de travailler avec ces résistances-là, et de travailler continûment avec les enseignants (...) [il faut]avoir le courage d'oser affronter sa véritable image d'enseignant. » En n'offrant aucun support à la réassurance narcissique des enseignant/es, l'institution oblige à n'innover véritablement que sous certaines conditions : posséder un idéal du moi suffisamment solide pour affronter les pressions surmoïques diverses[1] ; ou partir inconsciemment en quête d'un monde parfait et réparateur. Mais, ce faisant, on prend le risque, bien entendu, d'une perte considérable d'énergie, et d'une visibilité d'autant plus forte des innovations qu'elles seront fondées sur des mythes et des illusions.

Une dernière réflexion, enfin, nous amène à questionner la figure institutionnelle de l'enseignant/e comme représentant/e du savoir, en émettant l'hypothèse que cette institutionnalisation d'un personnage ainsi détenteur de savoir serait la réponse à l'angoisse archaïque de non-savoir que chacun/e éprouve : en offrant l'image d'un « Sujet Sachant », bien au-delà du sujet supposé savoir cher à Lacan, l'institution procure à chacun/e un modèle rassurant et une transposition de son propre désir de savoir. Si bien qu'il est extrêmement difficile pour les enseignant/es d'abandonner cette position, ce qui les livrerait à leur propre angoisse de non-savoir, démultipliée par celle des élèves. Pourtant, tous les travaux didactiques montrent à quel point la présentation d'un savoir clos, que l'on peut assimiler au savoir du Sujet Sachant, ne permet guère aux élèves de construire leur propre savoir. On comprend alors pourquoi les propositions de la didactique autour des notions de problèmes ouverts

---

[1] Comme le montre, notamment, l'entretien d'un des enseignants qui parvient à mener une pratique de recherche en classe (Hatchuel, 1997). Notons également que l'idéal du moi peut, éventuellement, être renforcé par les diverses associations, réseaux, etc. lorsqu'une véritable élaboration collective du métier y est possible.

rencontrent de telles résistances, et l'atelier nous montre que les enseignant/es ne peuvent accepter de quitter cette position de Sujet Sachant qu'en créant un milieu par ailleurs rassurant, par exemple par la présence du chercheur/ de la chercheuse et par le volontariat des élèves. Ce qui amène, bien entendu, à souligner tout l'intérêt de dispositifs[1] qui permettent aux enseignant/es de travailler leurs angoisses et les projections dont il/elles font l'objet.

Références bibliographiques

Abraham Ada, dir. (1984) . - *L'enseignant est une personne.* Paris : ESF.
Avanzini Guy (1975). - *Immobilisme et novation dans l'éducation scolaire.* Toulouse : Privat.
Baïetto Marie-Claude (1982). - *Le désir d'enseigner.* Paris : ESF.
Beillerot Jacky (1977). -*Un stage d'enseignants ou la régression instituée.* Paris : Payot.
Beillerot Jacky (1982). - *La société pédagogique.* Paris : PUF.
Blanchard-Laville Claudine (1991). - « De quelques considérations épistémologiques à propos des méthodes de recherche en didactique des mathématiques ». *Interactions didactiques*, 12.
Blanchard-Laville Claudine, dir. (1997a). - *Variations sur une leçon de mathématiques. Analyses d'une séquence : « L'écriture des grands nombres ».* Paris : L'Harmattan.
Blanchard-Laville Claudine (1997b)– « L'enseignant et la transmission dans l'espace psychique de la classe ». *Recherches en didactique des mathématiques, vol 17, n°3,* pp.151-177.
Blanchard-Laville Claudine (1999). – « L'approche clinique d'inspiration psychanalytique : enjeux théoriques et méthodologiques », *RFP,* 127, pp. 9-22.
Charlot Bernard (1993). - « L'innovation n'est plus ce qu'elle était ». *Autrement,* 136,. pp. 20-27.

---

[1] Je pense, par exemple, aux groupes Balint.

Chauveau Gérard, Rogovas-Chauveau Eliane (1993). - « Banlieues, le rêve de l'excellence ». *Autrement*, 136, pp.44-58.
Cherkaoui Mohamed (1979). - *Les paradoxes de la réussite scolaire*. Paris : PUF.
Cousin Olivier, Dubet François, Guillemet Jean-Philippe (1989). - « Mobilisation des établissements et performances scolaires : le cas des collèges ». *Revue Française de Sociologie*, XXX-2, pp.235-256.
Cros Françoise (1992). - *L'innovation à l'école : forces et illusions*. Paris : PUF.
Debarbieux Eric (1991). - *La violence dans la classe*. Paris : ESF.
De Gauléjac Vincent (1987). - *La névrose de classe : trajectoires sociales et conflits d'identités*. Paris : Hommes et groupes (rencontres dialectiques).
Filloux Janine (1996). - *Du contrat pédagogique*. Paris : L'Harmattan (1ère édition : Dunod, 1974).
Foucault Michel (1994). - *Surveiller et punir*. Paris : Gallimard (1ère édition 1975).
Georges Jacques (1993). - « La longue marche des innovateurs ». *Autrement*,136, pp. 74-94.
Gilly Michel (1980). - *Maître-élève : rôles institutionnels et représentations*. Paris : PUF.
Gosling Patrick (1992). – *Qui est responsable de l'échec scolaire ?* Paris : PUF.
Hatchuel Françoise (1997). - *Elèves et enseignant(e)s engagé(e)s dans une pratique volontaire des mathématiques : rapport au savoir et processus identitaires. Etude clinique d'une innovation*. Thèse de doctorat (dir. C.Blanchard-Laville), Université Paris X.
Hatchuel Françoise (1999). - « La construction du rapport au savoir chez les élèves : processus socio-psychiques », *Revue Française de Pédagogie*, 127, pp. 37-47.
Hatchuel Françoise (2000).- *Apprendre à aimer les mathématiques. Conditions socio-institutionnelles et élaboration psychique dans les ateliers mathématiques*. Paris : PUF.
Imbert Francis (1985). - *Pour une praxis pédagogique*. Vigneux : Matrice.

Imbert Francis (1986). - « Innovation et temporalité. » *Revue Française de Pédagogie*, 75, pp.53-59
Langouet Gabriel (1985). - *Suffit-il d'innover ?* Paris : PUF.
Leclaire Serge (1975). - *On tue un enfant.* Paris : Seuil.
Meirieu Philippe (1987). - *Apprendre, oui mais comment ?* Paris : ESF. Préf : G.Avanzini.
Mendel Gérard (1969). - *La crise de générations, étude sociopsychanalytique.* Paris : Payot (4e édition 1981).
Mendel Gérard (1971). - *Pour décoloniser l'enfant : sociopsychanalyse de l'autorité.* Paris : Payot (6e édition, 1981), 265 p.
Mendel Gérard (1973). - « La métabolisation du pouvoir social institutionnel et l'insoutenable fantasme de Mauvais Parent ». *Sociopsychanalyse 3.* Paris : Payot, pp.103-162
Mendel Gérard (1977). - *La chasse structurale : une interprétation du devenir humain.* Paris : Payot.
Mendel Gérard (1992). - *La société n'est pas une famille. De la psychanalyse à la sociopsychanalyse.* Paris : La Découverte.
Mendel Gérard (1993). - « Les enseignants et le deuil interminable de l'autorité ». *Cahiers pédagogiques*, 319, pp.17-19.
Mollo Suzanne (1969). - *L'école dans la société.* Paris : Dunod.
Mollo-Bouvier Suzanne (1986). - *La sélection implicite à l'école.* Paris : PUF.
Morin Edgar (1990). – « Le concept de société » in *Sociétés : de l'animal à l'homme.* Paris : L'Harmattan, pp. 11-28.
Nimier Jacques (1988). - *Les modes de relation aux mathématiques. Attitudes et représentations.* Paris : Klincksieck.
Ranjard Patrice (1984). - *Les enseignants persécutés.* Paris : R.Jauzé.
Winnicott D.W. (1975). - *Jeu et réalité : l'espace potentiel.* Paris : Gallimard (Connaissance de l'inconscient).
Winnicott D.W. (1978). - *L'enfant et le monde extérieur.* Paris : Payot (Sciences de l'homme). 1ère édition anglaise 1957.

Alice : rapport a l'informatique et rapport au savoir

Jean-Luc Rinaudo

Ce texte tente, dans sa première partie, de montrer quels éléments peuvent être pris en compte pour approcher les modalités de rapport à l'informatique des enseignants et comment le rapport à l'informatique peut donner un éclairage sur le rapport au savoir. La mise à jour du rapport au savoir des enseignants est intéressante à plus d'un titre. Tout d'abord parce que les enseignants sont des producteurs de savoirs professionnels, ce qui ne constitue pas en soi une spécificité de la profession enseignante, mais est tout de même important. Ensuite, parce que, s'ils ne sont pas des producteurs de savoirs savants, les enseignants sont en quelque sorte des agents du savoir, des intermédiaires entre les savoirs savants et les élèves ou les formés. Dans la seconde partie, ce texte développe l'analyse clinique d'un entretien avec une enseignante, dans ce que l'informatique évoque pour elle.

Informatique et enseignement élémentaire

L'informatique a fait une entrée massive dans l'enseignement élémentaire, à la suite du Plan Informatique pour Tous. En ce qui concerne l'équipement matériel, l'effort financier de la part des différentes instances responsables (état, région, département, commune), est considérable, tout comme l'offre de formation : il n'est qu'à regarder les plans de formations académiques et départementaux qui proposent chaque année de nombreux stages autour de l'informatique. Cependant, l'informatique reste faiblement utilisé à l'école élémentaire. En 1994, une enquête du CREDOC[1], commandée par la Direction de l'Évaluation et de la Prospective du Ministère de l'Education Nationale, auprès d'un échantillon représentatif de 800 enseignants du premier degré, montrait que 69% des interrogés n'utilisent jamais l'informatique comme outil et que 17% ne l'utilisent qu'occasionnellement. Cette étude rappelait les résultats d'une enquête de la COFREMCA[2], qui évaluait à seulement 10% les enseignants du primaire qui utilisent régulièrement l'informatique, parmi 286 personnes interrogées. Monique Linard[3], comme Viviane de Landsheere[4] indiquent que, malgré l'enthousiasme suscité chez les éducateurs et les décideurs, l'enseignement assisté par ordinateur n'obtient pas les résultats escomptés.

Des raisons très rationnelles sont le plus souvent avancées pour expliquer ce relatif échec : manque de temps, de locaux, conditions matérielles insuffisantes, absence de formation, défaillance de la technique, obsolescence du matériel ou pauvreté des logiciels. Il n'est pas de mon propos de nier ces raisons, très souvent proposées de bonne foi par

---
[1] MARESCA Bernard, Enseigner dans les écoles, enquête sur le métier d'enseignant, *Les dossiers d'éducation et formation*, MEN DEP, n° 51, janv. 1995
[2] CHOUCHAN Michèle, *Les nouveaux profs*, Paris, Savoir-livre, 1988, p. 96-97
[3] LINARD Monique, De l'enseignement des langues aux sciences cognitives : machines à représenter, in *Chercheurs en éducations*, Paris, INRP L'Harmattan, 1992, p. 253-272
[4] DE LANDSHEERE Viviane, *L'éducation et la formation*, Paris, PUF, 1992, p. 400

les enseignants eux-mêmes, mais plutôt de me situer dans une toute autre perspective. Je propose en effet d'analyser, dans une démarche clinique, le rapport à l'informatique de l'enseignant. Très peu de travaux s'attachent à comprendre ce qui est en jeu pour l'enseignant dans l'utilisation de l'informatique en classe. Je voudrais ici montrer comment la prise en compte du rapport à l'informatique permet de rendre intelligible son utilisation ou sa non-utilisation par un enseignant dans son activité professionnelle, mais aussi tenter de montrer comment ce rapport à l'informatique s'inscrit dans une forme de rapport au savoir.

Rapport à l'informatique

La lecture des différents ouvrages et articles parus sur le thème de l'informatisation de la société et de l'introduction de l'informatique dans l'enseignement nous permet de pointer séparément des éléments qui, considérés dans leur globalité, façonnent des rapports à l'informatique. Chez chaque personne, ces éléments sont plus ou moins importants.

L'informatique interroge d'abord notre rapport aux sciences, en tant que technologie liée aux mathématiques, à l'électronique, à la cybernétique ou à l'intelligence artificielle, mais encore dans la production de savoirs dans des domaines auxquels elle est moins directement liée, de façon évidente, comme par exemple la géographie ou l'économie. Ainsi, l'informatique confronte chacun d'entre nous, utilisateur ou non de l'informatique, au rapport à la technique et au savoir scientifique, sans doute pas toujours de manière consciente.

On notera ensuite que l'informatique possède une valeur sociale forte. Ainsi elle apparaît comme un ensemble de connaissances, de techniques et de savoirs fondamentaux pour la formation qui offrent l'image d'une réussite sociale assurée. La légende de l'informaticien, jeune étudiant doué en informatique, abandonnant ses études pour fonder sa société puis devenu en quelques années l'homme le plus riche du monde, comme on le raconte volontiers à propos de Bill

Gates[1], ou encore la façon de travailler de nuit chez les créateurs de Apple, dans un garage californien, ont renforcé, entre autres, l'image de l'informatique comme objet de promotion sociale et objet magique tout à la fois. L'informatique apparaît aujourd'hui comme le passage obligé pour trouver un emploi. Tout se passe comme si l'utilisation de l'ordinateur devait faire partie du savoir minimal de base du citoyen moderne, au même titre que savoir lire, écrire, compter, conduire, parler, marcher... Marie-Agnès Roux, en analysant d'un point de vue psychosociologique, la place et le rôle des micro-ordinateurs dans les familles note d'ailleurs « qu'il y est considéré comme porteur d'un reclassement professionnel et d'une éducation essentielle »[2]. A ce sujet, un travail intéressant serait à mener qui analyserait la place de l'informatique dans les films publicitaires à la télévision, y compris pour des produits qui ne ressortent pas de la quincaillerie informatique ou du domaine du logiciel. Il me vient à l'esprit plus particulièrement une publicité qui montre l'image d'un ordinateur alors que la voix off du commentaire nous dit le mot *penser* ; il s'agit d'une publicité non pas destinée à nous vanter les mérites d'un logiciel, les vertus d'une encyclopédie ou la puissance d'un ordinateur mais le bienfait du chocolat !

Ce rapport aux sciences et ces promesses sociales ne sont pas sans évoquer pour nous le mythe de Prométhée, mythe de toutes les techniques. En donnant aux hommes le feu qu'il avait dérobé aux dieux, Prométhée apporte aux hommes la promesse, par la maîtrise de la technique, d'égaler, sinon de dépasser les dieux. Ainsi, certains nous promettent une transformation de la citoyenneté vers une société plus juste et une démocratie plus directe. Au-delà même de la promesse de réussite sociale, l'informatique porte également la promesse d'une connaissance universelle. De l'ordinateur perçu comme *la machine qui sait tout* aux réseaux qui

---

[1] ICHBIAH Daniel, *La grande aventure de Microsoft*, Alleur, Marabout, 1993
[2] ROUX Marie-Agnès, Un micro-ordinateur à la maison, le micro-ordinateur et la construction des identités familiales, Paris, L'Harmattan, 1994, p. 187

permettent l'accès à tous les savoirs du globe, dans une bibliothèque de Babel virtuelle, l'informatique réactive le fantasme d'omniscience, d'un savoir plein, total, absolu, totalement cerné, décrit, enregistré, noté, codifié. Beaucoup insistent alors sur la transformation du rapport au savoir, avec l'apprentissage tout au long de la vie, à l'école mais aussi hors de l'école.

Si chacun d'entre nous peut se sentir interpellé parce que l'informatique modifie en profondeur notre société, à la fois dans le monde du travail et dans la vie quotidienne, la transformation du rapport au savoir et aux connaissances interroge certainement le métier d'enseignant. Certains annoncent depuis plus de dix ans la transformation du rôle de l'enseignant, de transmetteur de savoir à médiateur entre l'apprenant et le savoir. Sans chercher à approfondir ici cette question, qui relève sans doute, sinon d'une méconnaissance réelle du rôle des enseignants, du moins d'une méprise peu étayée par des faits objectifs, on peut retenir que ce discours entre en résonance avec un autre discours, tout aussi fréquent, qui affirme que les ordinateurs ne prendront jamais la place des enseignants. Or, ces discours constituent probablement un des facteurs de réticence et de résistance à l'utilisation de l'informatique, sans doute parfois de manière inconsciente, comme le montre Geneviève Jacquinot : « il y a encore une raison dont personne à l'heure actuelle n'oserait parler, mais qui joue dans l'inconscient pédagogique : la crainte de voir cette fameuse machine remplacer l'enseignant »[1].

On sait aussi que chaque victoire prométhéenne mérite le châtiment des dieux. Or, dans le cas de l'informatique, les craintes ou les peurs pour des faits réels ou fantasmés sont nombreuses. Les craintes d'un fichage généralisé, l'image forte de Big Brother, les pertes d'emplois dans certains secteurs économiques, les risques d'absence de communication directe dans une société d'individus isolés

---

[1] JACQUINOT Geneviève, « La condition enseignante face à l'introduction des nouvelles technologies », in FURRY Jean, GOUREVITCH Jean-Paul, & al., *Le métier d'enseigner*, Paris, Fleurus, 1987, p. 161

devant leur console, sont, entre autres, les maux de la boîte de Pandore du mythe informatique.

Cependant, le mythe de Prométhée n'est pas en lui-même suffisant pour analyser le rapport à l'informatique et il est un autre mythe, à mon avis, tout aussi précieux pour notre travail : celui de Pygmalion. En reprenant les travaux de Philippe Breton, on peut avancer que « la croyance dans l'existence d'une créature artificielle avec laquelle il est possible de communiquer intelligemment, est, au sens strict, le mythe fondateur de la tribu informatique »[1]. Dans ce mythe, de nouvelles questions sont posées qui éclairent le rapport à l'informatique et viennent compléter celles que soulèvent le mythe de Prométhée. Ainsi, en poursuivant les idées de Philippe Breton[2], le fantasme de se passer des femmes comme génitrices n'est sans doute pas étranger à toutes les tentatives de créer des intelligences artificielles. Partant de là, on peut alors questionner le rapport particulier des femmes à l'informatique. Cette question, pour nous qui travaillons sur le rapport au savoir d'enseignants de l'école élémentaire, n'est pas superficielle ou anodine car la féminisation du corps enseignant du premier degré est très importante. Il est certain, a pu écrire Claire Terlon, que « le contexte social de l'utilisation des ordinateurs en fait un domaine qui paraît à peu près exclusivement masculin »[3]. De plus, avec cette opposition à la « création charnelle féminine »[4], avec le fantasme de se passer des femmes, l'informatique peut alors être pensée, vécue, ressentie comme un nouveau point de départ, comme une origine nouvelle. Le langage courant associe d'ailleurs très souvent l'adjectif *nouveau* aux technologies informatiques : nouvelles technologies de l'information et de la communication, nouveaux médias... Plus que le rapport à l'innovation, cette nouvelle origine questionne aussi le rapport à l'histoire.

---

[1] BRETON Philippe, *La tribu informatique : enquête sur une passion moderne*, Paris, Métailié, 1990, p. 142
[2] BRETON Philippe, *Histoire de l'informatique*, Paris, La Découverte, 1987, p. 32
[3] TERLON Claire, Les filles et l'informatique, in *Enfance*, n°2-3, 1985, p. 257
[4] ROUX Marie-Agnès, op. cit., p. 125

La littérature nous montre ainsi que le rapport à l'informatique pour chaque sujet conjugue questionnements, croyances, interrogations ou certitudes mais aussi peurs et fantasmes. Il mêle ainsi indissociablement un niveau social et un niveau psychique.

Enfin, et cela est très intéressant pour nous qui travaillons le rapport informatique d'enseignants, il convient de remarquer que les mythes fondateurs de l'informatique comportent les mêmes éléments qui sont à la base d'une fantasmatique de la formation. Les travaux de Philippe Breton situent l'informatique comme partie prenante des mythes de fabrication d'une créature imaginaire et placent l'ordinateur comme un descendant des automates, du Golem ou de Frankenstein. Philippe Meirieu, de son côté, analyse le mythe de l'éducation comme fabrication. Il cite à son tour Frankenstein « l'homme aux prises avec l'arrivée d'un autre »[1], Pygmalion, « sans doute tout éducateur est-il toujours un peu un Pygmalion qui veut donner vie à ce qu'il fabrique »[2], Pinocchio ou le Golem pour noter que « les créatures imaginées par les hommes pour les servir ne se laissent pas maîtriser facilement »[3]. Il dénonce l'éducation comme fabrication, c'est-à-dire comme projet de maîtrise totale de l'autre, de contrôle de son destin, affirmant la toute-puissance de l'enseignant et refusant toute autonomie à l'élève en lui déniant sa place de sujet. Quant à l'élève, il échappe nécessairement à son formateur-créateur. Il s'agit bien dans les mythes fondateurs de l'informatique comme dans l'éducation fabrication, du même désir d'égaler Dieu pour suivre les propos de René Kaës[4]. Le fabriquer-former d'une machine à l'image de l'être humain ou du moins à l'intelligence de celui-ci correspond au fabriquer-former de l'élève par l'enseignant. Il y a une correspondance entre

---

[1] MEIRIEU Philippe, *Frankenstein pédagogue*, Paris, ESF, 1996, p. 12
[2] MEIRIEU Philippe, op. cit., p. 27
[3] MEIRIEU Philippe, op. cit., p. 37
[4] KAES René, Désir de toute puissance, culpabilité et épreuves dans la formation, in KAES René, ANZIEU Didier, THOMAS Louis-Vincent, *Fantasme et formation*, Paris, Dunod, 1975 - 1984, p. 79

mythes fondateurs de l'informatique et fantasmatique de la formation qui considère le formé comme l'être à fabriquer.

On peut dire que le rapport à l'informatique offre une manière indirecte d'accéder au rapport au savoir de l'enseignant. L'enseignant travaille avec ses savoirs disciplinaires, didactiques et pédagogiques, ses savoirs professionnels, mais aussi avec ses angoisses, ses fantasmes, ses désirs qui sont ici interpellés par l'informatique, car les transformations techniques « remettent en question les systèmes de repérage et de construction de soi »[1] et provoquent rupture ou opportunité. L'introduction de l'informatique à l'école conduit les enseignants à interroger leur identité professionnelle et l'équilibre de processus de construction identitaire est remis en cause. Pour modéliser comment l'enseignant tente de rétablir un nouvel équilibre, deux positions extrêmes peuvent être proposées, qui délimitent l'espace des possibles à l'intérieur duquel s'inscrit chaque enseignant, de façon plus ou moins proche d'un de ces pôles : soit il adhère et l'ordinateur, objet réel et social, devient objet de substitution pour des objets internes, par des mécanismes de projection et de sublimation ; soit il rejette et met en place des mécanismes de défense du moi qui se déclenchent « lorsque l'enseignant se voit menacé dans son moi par des interventions extérieures qui l'affectent directement, parce qu'il les ressent comme étant dirigées contre lui »[2]. Ainsi, l'identité est-elle questionnée. Jean-Marie Barbier[3] note précisément, dans un article consacré à l'usage de cette notion en recherche, que la notion d'identité et la problématique identitaire permettent d'articuler psychique et social et qu'elles apparaissent comme un paradigme pour penser et accompagner les mutations et

---

[1] BARUS-MICHEL Jacqueline, GIUST-DESPRAIRIES Florence, Identité et mutations sociales, in AUBERT Nicole, DE GAULEJAC Vincent, NAVRIDIS Klimis & al, L'aventure psychosociologique, Desclée de Brouwer, 1997, p. 280
[2] POSTIC Marcel, La relation éducative, Paris, PUF, 1979, édition de 1982, p. 218
[3] BARBIER Jean-Marie, De l'usage de la notion d'identité en recherche, notamment dans le domaine de la formation, in Education permanente, n° 128, 1996, p. 11 - 26

recompositions sociales actuelles et offrent une hypothèse féconde pour l'intelligibilité des pratiques sociales.

Alice

Pour apporter une illustration de ce que le rapport à l'informatique peut nous permettre de comprendre du rapport au savoir d'un enseignant, je m'appuierai sur l'analyse d'un entretien de recherche, issu d'un travail de thèse en cours en sciences de l'éducation, sous la direction de Claudine Blanchard-Laville. Ce travail se déroule selon une démarche clinique. C'est un entretien non directif dans lequel les interventions du chercheur n'ont d'autres buts que de permettre à la personne de développer pleinement l'élaboration de sa pensée. Il est réalisé avec Alice en avril 1995. C'est une enseignante de CM2, âgée de 35 ans, mariée. Elle a travaillé dans une entreprise privée avant d'entrer en IUFM et enseigne en banlieue parisienne, depuis trois années. L'entretien a eu lieu dans sa salle de classe et a duré près d'une heure.

Le rapport à l'informatique d'Alice peut être approché de deux façons. Tout d'abord, de façon directe, on peut noter que si on devait classer les enseignants selon leurs pratiques de l'informatique, Alice se situerait probablement dans une catégorie intermédiaire, ni tout à fait réticente, mais pas non plus utilisatrice inconditionnelle. La première idée qui vient à l'esprit d'Alice est que l'informatique est un superbe outil mais pas fondamental. L'informatique doit rester limitée dans le temps, dans le mode d'utilisation et pour certains enfants. Aussi développe-t-elle l'idée que l'informatique est un outil pour taper des textes, de façon occasionnelle ou alors un outil de remédiation pour des élèves en difficulté. Les mots de la famille de *ponctuels* sont émis dix fois. *Ponctuellement dans le temps pour de la saisie de textes et ponctuellement sur un deux ou trois élèves qui vont s'entraîner*, résume-t-elle. Au-delà de ces temps ponctuels, l'informatique est selon Alice, une affaire de spécialistes qui n'a pas sa place à l'école primaire, mais plutôt au collège ou dans des clubs.

L'informatique est assimilée à l'ordinateur. Dès le début de l'entretien, parlant de l'informatique, Alice dit en avoir un à la maison. Une analyse lexicométrique montre d'ailleurs que le mot *ordinateur* est employé la plupart du temps au singulier (58 fois contre 3 fois seulement au pluriel) et qu'il est le mot plein le plus utilisé dans l'entretien. Cette position de la machine dans le discours d'Alice est donc très importante : elle a affaire à une machine et non pas à un ensemble de techniques ou d'outils. Cela peut sans doute permettre la projection sur la machine du monstre dévoreur, comme nous le verrons plus loin. Alice peut alors entrer en concurrence avec la machine, tenter de la défier. En effet, à aucun moment, elle n'envisage une relation pédagogique médiatisée par l'ordinateur. Soit l'élève est en contact avec l'ordinateur, soit il est en relation avec l'enseignante. Avec l'ordinateur, les exercices proposés aux élèves n'ont pas été pensés, *pondus* par elle pour reprendre son langage, *surtout que l'informatique c'est des programmes tout fait, c'est pas toi qui les as conçus*. Dans cette concurrence entre l'ordinateur et l'enseignante elle affirme sa victoire auprès des élèves car l'ordinateur ne permet pas l'accès au savoir. L'enfant ne peut pas *s'auto-apprendre par l'ordinateur*. Tout au plus, l'ordinateur peut-il permettre une remédiation. C'est une prothèse pour les élèves qui n'ont pas assimilé une notion. Ses rapports de concurrence sont aussi remarquables avec son frère : *la facilité qu'il a eu à essayer de faire ses devoirs de math et avoir son bac C par rapport à moi, je trouve ça dégueulasse (rire) vraiment dégueulasse*, mais aussi avec le chercheur : *je vais essayer de pas dire trop de bêtises. Ceci dit moi je parle comme ça vient et après c'est à vous de transcrire avec des beaux mots.*

En installant un rapport de concurrence, Alice se positionne dans un rapport hiérarchique de savoir : les élèves, l'ordinateur, l'enseignante et enfin le frère : *il a commencé très jeune et maintenant il nous a dépassé dix mille fois, c'est lui qui nous apprend des choses*. Notons, au passage, que les utilisateurs d'informatique cités par Alice au cours de l'entretien, sont tous exclusivement des hommes : le père, le frère, Pierre, un garçon de la classe, un programmeur, son mari. Sa collègue, une copine à laquelle elle fait allusion, n'utilise pas l'informatique. Rappelons que Claire Terlon dans une revue de la littérature nord américaine, constatait que les filles sont très minoritaires à utiliser, manipuler des ordinateurs, dans les domaines scolaires et extra scolaires[1].

Enfin, on note que le savoir chez Alice est lié à un travail *à la main*, comme celui du potier qui modèle l'argile. Or, *si on pousse trop les enfants vers l'ordinateur, ils ne sauront plus faire à la main* et cela devient vraiment trop facile.

Mais au-delà de cette analyse première, l'étude du contenu latent du discours nous permet de proposer des hypothèses sur le rapport fantasmatique d'Alice à l'informatique. Les mécanismes d'identification projective, décrits d'abord par Mélanie Klein, puis repris par Wilfred Bion comme processus ordinaires de l'activité de penser, offrent une théorie pertinente pour tenter de comprendre son rapport à l'informatique. Mélanie Klein pose l'existence d'un Moi archaïque, présent dès les premiers moments de vie, qui fait que le nourrisson ressent tout malaise « comme s'il lui était infligé par des forces hostiles »[2], en particulier l'absence du sein maternel, pris ici au sens de l'ensemble des soins que la mère apporte au bébé. Cette angoisse de persécution renforce le besoin de maintenir séparés l'objet aimé et l'objet destructeur. Ainsi, le moi du nourrisson clive sa relation avec l'objet primaire, le sein, en deux objets : l'objet idéal et l'objet persécuteur ou encore selon les termes de Mélanie Klein « bon sein » et « mauvais sein ». Les guillemets permettent ici de respecter les notations de Mélanie Klein qui voulait ainsi « souligner le caractère fantasmatique des qualités du bon et du mauvais objet »[3]. Le mécanisme d'identification projective offre la possibilité de cliver des parties non désirées de la personnalité, de façon temporaire, et de les déposer dans un objet. Certes, ces mécanismes

---
[1] TERLON Claire, Les filles et l'informatique, in *Enfance*, n° 2/3, 1985, p. 255
[2] KLEIN Mélanie, Les racines infantiles du monde adulte, in *Envie et gratitude et autres essais*, Paris, Gallimard, 1968, p. 98
[3] LAPLANCHE Jean, PONTALIS Jean-Bertrand, *Vocabulaire de la psychanalyse*, Paris, PUF, 1967-1976, p. 51

d'identification projective interviennent dans les tout premiers mois de la vie, mais Mélanie Klein remarque : « Que les premières attitudes puissent exercer leurs effets tout au long d'une vie se trouve illustré lorsque certaines relations aux premières images se reproduisent »[1]. Ainsi, « le bon sein devient le prototype de tous les objets aimants. Le mauvais sein devient celui de tous les objets persécuteurs »[2]. Wilfred Bion ajoute en outre que si la capacité à gérer la frustration est suffisamment développée, alors peut naître de celle-ci une pensée. Dans le cas où la capacité à gérer la frustration est insuffisante, on se trouve en présence du « mécanisme d'omnipotence et d'omniscience qui se substitue à l'apprentissage »[3]. Au lieu du développement d'un appareil à penser, on assiste alors au développement hypertrophié de l'appareil d'identification projective.

Les sentiments qu'Alice exprime vis-à-vis de l'informatique sont rarement positifs. On trouve chez elle de l'interdit de plaisir *je suis pas une passionnée d'ordinateurs ou je m'interdis de l'être / je vais pas m'y mettre par plaisir.* Cet interdit du plaisir semble dire qu'elle pourrait trouver du plaisir avec l'informatique, ou du moins qu'elle a pu en éprouver, car son rapport à l'informatique a évolué. Pour Alice, l'informatique a été un endroit d'élévation comme semble indiquer l'expression *redescendue sur terre* qu'elle emploie en parlant de sa position actuelle par rapport à l'informatique. En redescendant sur terre et en refusant le plaisir, Alice se trouve confrontée à la déception : *relativement déçue quand même des expériences que j'ai eues.* Car l'ordinateur fait peur, inspire de la crainte : *j'ai eu peur / moi c'est vrai que je suis un petit peu méfiante vis-à-vis de l'ordinateur.* Cette frustration, ce désir qui ne peut être assouvi, comblé avec l'informatique favorise le mécanisme

---

[1] KLEIN Mélanie, op. cit., p. 110
[2] PONTALIS Jean-Bertrand, Mélanie Klein, in *Encyclopédia Universalis*, Tome 13, Paris, 1989, p. 345
[3] BLANCHARD-LAVILLE Claudine, Aux sources de la capacité de penser et d'apprendre, in BEILLEROT Jacky, BLANCHARD-LAVILLE Claudine, MOSCONI Nicole (dir.), *Pour une clinique du rapport au savoir*, Paris, L'Harmattan, 1996, p. 28

d'identification projective qui, chez Alice, conduit à projeter le mauvais objet sur l'ordinateur.

Si l'informatique est affirmée à plusieurs reprises comme un outil ponctuel, il est cependant remarquable que l'ordinateur est organisé par Alice comme un espace. C'est ainsi un endroit à l'intérieur duquel elle peut pénétrer. Alice emploie les mots *dans*, *dedans*, à de nombreuses reprises pour introduire le mot ordinateur ou le mot machine. Mais comme dans un labyrinthe, on s'y perd : *dans l'ordinateur à ne plus savoir en sortir / alors tu sais plus où tu es dans ton labyrinthe des boucles.* On retrouve ici une idée développée par Philippe Breton pour qui, l'univers de l'ordinateur est essentiellement souterrain et fait appel à ce qu'il définit comme l'esprit du labyrinthe. Ce qui entraîne un risque de se perdre, sauf si on connaît par avance le chemin ou si on en a dressé une carte[1]. Ce goût du labyrinthe explique, selon l'auteur, le succès des jeux d'aventure, mais aussi le fait que certains utilisateurs d'informatique se retrouvent prisonniers du souterrain, sans coupure alors entre vie privée et sphère professionnelle par exemple. Sherry Turkle note aussi chez les hackers, la passion du labyrinthe où seule compte la maîtrise totale de la complexité[2].

Le recours à l'idée du labyrinthe entraîne celle d'un parcours difficile qu'il faut effectuer pour atteindre son but, faits de mouvements, de recherche et de risque de mort car le chemin est sinueux, difficile, risqué, peuplé d'adversaires. Le labyrinthe est un espace qui ne se maîtrise pas, ou du moins pas aisément ; nul ne peut jamais savoir par avance où conduisent ses multiples chemins qui se présentent à lui et il est souvent placé devant des choix d'itinéraires. Les mythes labyrinthiques racontent tous le voyage, l'épreuve, l'initiation et la résurrection. Ils relatent eux aussi la mort promise du héros, son sacrifice, sa découverte d'un secret initiatique, sa transfiguration[3]. Mais au travers du

---

[1] BRETON Philippe, La tribu informatique : enquête sur une passion moderne, Paris, Métailié, 1990, p. 84
[2] TURCKLE Sherry, *Les enfants de l'ordinateur*, Paris, Seuil, 1986
[3] ATTALI Jacques, *Chemins de sagesse, traité du labyrinthe*, Paris,

cheminement dans un labyrinthe, fut-il même virtuel, ce n'est pas tant l'épreuve en soi qui est intéressante à observer, ni le but à atteindre, de façon statique, mais l'espace intermédiaire que constitue le passage, cet entre-deux comme le nomme Daniel Sibony[1], plus où moins vaste, à l'intérieur duquel le sujet doit se risquer. Cet entre-deux se modifie au cours du cheminement et transforme celui qui en fait le passage. « Le vrai passage a lieu au milieu. » écrit Michel Serres[2]. C'est le processus, le passage d'une place ancienne à une place nouvelle qui est ici à interroger. Or, la quête d'une nouvelle place, qu'induit toute tentative de passage, amène toujours des questionnements qui tiennent à la place précédente, au désir de la quitter, de ne pas s'y installer. Et cette même précédente place impliquait les mêmes questionnements sur la place qui la précédait. Et ainsi, jusqu'à l'origine. La question du passage, l'idée de l'entre-deux sont à relier à la question de l'origine. Dans chaque expérience du labyrinthe, à chaque nouveau passage, la question de l'origine est à nouveau remise en jeu, repositionnée, revisitée. Et puisque l'origine est à jamais perdue, on ne peut la retrouver qu'au travers des retours successifs à des épreuves de passage. « C'est au passage de l'entre-deux que l'origine se fait parlante »[3]. Dans une étude sur les mythes labyrinthiques, dans laquelle il rassemble les jeux informatiques, la mythologie grecque ou encore les corridas, Jacques Attali note que les labyrinthes permettent de comprendre ou plus exactement d'approcher « la façon dont chacun a décrypté les secrets de la vie, de la mort, de l'au-delà, de la création du monde et de l'identité de l'homme »[4].

Mais pour que l'origine se fasse parlante, il faut qu'il y ait passage, il faut que l'épreuve du labyrinthe soit franchie et non pas qu'on s'y perde. Or, Alice, en présentant le labyrinthe informatique comme un espace sans issue, lui nie toute possibilité de créer un passage, d'offrir un apprentissage, une expérience. Car dans ce labyrinthe *on*

Fayard, 1996
[1] SIBONY Daniel, En*tre-deux, l'origine en partage*, Paris, Seuil, 1991
[2] SERRES Michel, *Le Tiers-Instruit*, Paris, François Bourin, 1991, p. 24
[3] SIBONY Daniel, op. cit., p. 342
[4] ATTALI Jacques, op. cit., p. 68

patouille à ne plus savoir s'en sortir. Or, la question de l'origine est reliée aux pulsions épistémophiliques, au désir de savoir, car comme écrivait Mélanie Klein, « Tout en voulant pénétrer par la force dans le corps de la mère pour s'emparer de son contenu et le détruire, il [l'enfant] souhaiterait également savoir ce qui s'y passe et de quoi cela peut avoir l'air [...] Ainsi se forment les liens qui unissent aux pulsions sadiques rendues à leur apogée, les besoins épistémophiliques naissants »[1]. Fantasmatiquement, Alice projette sur l'informatique le mauvais objet, la mauvaise mère. C'est un monstre qui se *développe*, qui *mord*, qui phagocyte complètement ceux qui l'approchent : c'*est une grosse bébête qui mord l'ordinateur* dit-elle à deux reprises. C'est un danger : *l'ordinateur nous sluppp.* L'ordinateur est anthropomorphisé et prend l'image d'un monstre qui avale et dans lequel on se perd une fois englouti. Les mots *bouffe, mord, mange, écœurée, dégueulasse, sluppp* renforcent cette image de la bouche dévorante. Repousser l'informatique, lutter contre le monstre, *la grosse bébête,* c'est, en suivant l'analyse de René Kaës[2], affronter l'imago maternelle mauvaise.

Alice protège les élèves contre le virus de l'ordinateur et c'est aussi dans ce sens là que je veux pas pousser les enfants trop tôt à aller vers l'ordinateur et à se laisser bouffer... par l'ordinateur. Car une fois qu'on y a touché, qu'on a pianoté, on risque d'être aliéné, dépendant. L'informatique est associée à l'image de la maladie, de la drogue, un besoin comme si t'étais sous perfusion, et donc liée à la mort. Pour Alice, la mauvaise maîtresse est alors l'ordinateur, dont elle protège les élèves, ce qui lui permet d'éviter la dévoration. En maintenant un objet mauvais clivé, l'institutrice peut alors prendre le rôle du bon sein. C'est elle qui prépare tout ce qu'elle donne aux élèves, c'est la bonne mère qui nourrit et qui est toujours présente quand les élèves ont besoin d'elle. Elle nie aux enfants toute capacité d'autonomie, car d'après elle, l'autonomie, comme l'ordinateur, n'autorise pas l'apprentissage. L'enseignante peut

---

[1] KLEIN Mélanie, *La psychanalyse des enfants*, Paris, PUF, 1959, p. 188
[2] KAËS René, op. cit., p. 85

montrer le monde à l'enfant, orienter son regard, lui dire ce qu'il doit voir, ce qu'il faut voir. Les élèves ont besoin d'elle pour cela et l'ordinateur ne le permet pas. De cette identification projective au sein idéal, à la bonne mère, découle, selon Didier Anzieu, l'attente d'une formation qui accomplirait les désirs de toute-puissance infantile, apporterait l'omniscience et permettrait d'échapper à la mort : « Formation redoutable et redoutée en même temps qu'attrayante, car si l'être humain devenait tout-puissant, ce serait vrai aussi pour ses désirs de destruction »[1].

Alice rassemble ses élèves et elle-même dans une communauté de classe, se situant alors dans le même espace que ses élèves. On remarque l'emploi fréquent des mots ensemble, nous, nos, pour parler de la classe, nos apprentissages. En ce qui concerne l'utilisation du pronom nous, on peut remarquer une double signification. Dans certains cas, les plus fréquents, il s'agit pour l'enseignante de désigner l'ensemble de la classe, s'incluant elle-même, fusionnant au groupe des élèves. À d'autres moments, elle utilise un nous de généralité, proche du on, impersonnel, qui semble désigner l'ensemble des enseignants, au moins ceux du groupe scolaire, ou ceux qui lui sont proches : des CM2 qu'on a nous. Il est d'ailleurs fort possible qu'elle inclut le chercheur dans ce nous collectif, car le désir de toute-puissance de l'enseignante se ressent également dans l'entretien, où à plusieurs reprises, elle tente de prendre la maîtrise de celui-ci, en posant des questions, en tentant d'obtenir une prise de position du chercheur, en cherchant à établir un dialogue. Rappelons que l'entretien s'est déroulé dans sa salle de classe, ce qui a sans doute contribué à renforcer ce désir de maîtrise de l'entretien chez Alice. A la fin de l'entretien, c'est d'ailleurs elle qui dira on en reste là.

Conclure

Le lecteur de cette illustration d'un rapport à l'informatique aura peut-être l'impression d'un arrangement

---

[1] ANZIEU Didier, Le désir de former des individus, in *Connexions*, n° 16, 1975, p. 33

de la réalité du discours ou que certains exemples et passages tombent parfois trop bien ou collent de trop près à la théorisation. Ce serait alors oublier que cette recherche est conduite selon une démarche clinique. Il nous faut retenir, en suivant Claude Revault d'Allonnes[1], que toute étude de cas est une construction et une création mais aussi nécessairement une réduction. Car, si la démarche clinique implique de considérer le sujet comme une personne, c'est-à-dire de la considérer dans sa globalité, ce qui conduit à l'étude de la personne saisie dans son ensemble, la personne entière ne serait se réduire à la présentation d'un cas, fut-elle la plus complète possible. La démarche clinique se caractérise également par la prise en compte des phénomènes transférentiels et, en particulier, le contre-transfert du chercheur analysé plutôt que nié. Ainsi si l'angoisse d'Alice transparaît dans cet entretien, elle est à mettre en miroir de l'angoisse du chercheur arrivant pour un des premiers entretiens de sa recherche, qui se manifestait par des interrogations telles que : le magnéto fonctionne-t-il ? Vais-je savoir proposer de bonnes relances ? Serais-je capable de supporter les silences ? Ces angoisses, celles qu'Alice éprouve vis-à-vis de l'informatique comme les miennes, se manifestaient aussi certainement de façon inconsciente, dans la relation entre les deux personnes en présence. Le souci pour le chercheur de contrôler le côté technique de l'entretien a renforcé sans doute chez Alice ses tentatives pour contrôler le déroulement de l'entretien, ce qu'elle réussit avec d'autant plus de facilité que le type d'entretien choisi, l'entretien non directif, conduit le chercheur à laisser pleinement la personne rencontrée cheminer dans le discours selon le cours de sa pensée. Ces tentatives de contrôle ainsi que le désir de maîtrise absolue du travail des élèves et son désir réparateur montrent qu'Alice semble se situer inconsciemment dans la position d'une mère toute-puissante, dans sa relation pédagogique. En protégeant de l'entrée dans le labyrinthe que représente à ses yeux l'ordinateur, elle barre aux élèves la question de l'origine. Dans une telle position, elle risque d'empêcher, de compromettre, voire d'interdire l'accès au

---

[1] REVAULT D'ALLONNES Claude, L'étude de cas ; problèmes déontologiques et éthiques au cœur d'une méthode, in *Psychologie clinique*, n°5, 1998, p. 51-61

savoir. Or cette position est difficilement tenable pour un enseignant. Mais par là même elle se protège de la destruction et de la dévoration par ses élèves. En projetant sur l'informatique la pulsion de mort, Alice peut se poser en héroïne dans la lutte contre le monstre. Mais affronter le monstre c'est aussi se convaincre, narcissiquement de sa propre bonté, s'est s'investir soi comme la bonne mère, celle qui permet à ses enfants de grandir. René Kaës nous montre que, dans la position fantasmatique où le formateur s'identifie à la mère, il est confronté à l'épreuve de la séparation, « d'avoir à se détacher de l'être en formation pour que celui-ci puisse être mis au monde »[1]. Alice s'offre une issue en jouant sur la durée de la relation pédagogique : les élèves sont avec elle une année seulement, *ils sont dans ma démarche* et auront un autre enseignant l'an prochain. Plus tard, au collège l'informatique peut avoir sa place. Dans un autre temps, dans un autre espace, avec un autre enseignant. Dans un autre rapport au savoir.

Face à un rapport frustrant à l'informatique, Alice a développé un mécanisme d'identification projective, qui conduit à considérer l'ordinateur comme le mauvais sein et l'enseignante comme le bon sein de la relation pédagogique. Ce que montre ce travail, outre le fait d'apporter un éclairage sur le rapport au savoir d'Alice, c'est combien est fécond le rapport à l'informatique pour réaliser un tel travail. Cela tient peut-être à ce que l'informatique est investie par la société comme par le sujet. Comme le note Pierre Lévy, dans son dernier ouvrage, « l'usage croissant des technologies numériques et des réseaux de communication interactive accompagne et amplifie une profonde mutation du rapport au savoir »[2]. Le rapport à l'informatique peut alors être considéré comme une forme d'inscription sociale du rapport au savoir.

---

[1] KAËS René, op. cit., p. 83
[2] LEVY Pierre, *Cyberculture*, Rapport au conseil de l'Europe, Paris, Editions Odile Jacob, 1997, p.206

Rapport au savoir et formation des adultes

L'apprenance : rapport au savoir et société cognitive

Philippe Carré

« L'action d'apprendre, volontaire ou contrainte, formelle ou informelle, pénètre tous les âges de la vie et toutes les activités »

J. Boissonat, *Le Travail dans vingt ans*, Rapport du Commissariat Général au Plan, 1995

Sous tous les cieux, à toutes les latitudes, l'« apprendre » est aujourd'hui reconnu comme un moteur déterminant du développement. Les individus lui doivent leur compétence et par conséquent, leur « employabilité » dans un marché de l'emploi au fonctionnement toujours aussi aléatoire. Les équipes de travail et les entreprises y détectent l'avantage concurrentiel majeur dans la nouvelle économie de l'immatériel. Les sociétés y décèlent l'atout déterminant dans la lutte pour le développement collectif et le maintien du lien social dans un monde de plus en plus virtuel. Au centre de ce nouveau panorama, la figure-clé du *sujet social apprenant* illustre le changement de posture qui est désormais indiqué à l'individu par l'ensemble des forces sociales. Le terme d'*apprenance* semble correspondre à l'attitude d'investissement dans le savoir réclamée par l'entrée dans la « société cognitive ». Des enjeux éthiques, théoriques et pratiques nombreux sont mis à jour par l'irruption de cette notion dans le champ de la formation des adultes, et, plus largement, de l'éducation. On tentera, dans ce chapitre, de situer ces enjeux, puis de proposer une première approche de la notion d'apprenance, de la définir et de la situer eu égard aux problématiques du rapport au savoir et de la société cognitive, avant de conclure en présentant quelques « chantiers » ouverts autour de cette notion nouvelle.

L'économie du savoir

Sous le titre « Le monopole du savoir, nouvelle arme des pays les plus riches », le journal *Le Monde* faisait état d'un rapport du PNUD[1] selon lequel, bien en deçà de l'image de « village-planète » qu'Internet tend à diffuser, l'augmentation des inégalités se perpétue constamment au plan international, en particulier par le biais de modalités d'accès aux savoirs de plus en plus déséquilibrées. Le constat de la diminution brutale des coûts de transmission de l'information à distance serait ainsi relativisé par l'observation de « clivages croissants entre les populations connectées et celles qui ne le sont pas »[2]. Nous serions alors devant une illusion d'optique : si la démultiplication des réseaux et la banalisation des équipements informatiques projette l'image d'un savoir « à portée de toutes les mains », qu'en est-il quand on apprend qu'en Afrique du Sud par exemple, « de nombreux hôpitaux et 75% des établissements d'enseignement n'ont pas de ligne téléphonique » ? Ou encore qu'un ordinateur coûte en moyenne « plus de huit ans de salaire au Bangladesh, contre à peine un mois aux Etats-Unis »[3] ?

Le savoir, ainsi consacré « nouvelle arme » des pays les plus riches dans leurs efforts de développement – ou de survie –

---

[1] Programme des Nations Unies pour le Développement
[2] *Le Monde*, 13.7.99
[3] *Le Monde*, 13.7.99

sur un marché mondial de plus en plus ouvert et déréglementé, représente également, selon les discours politiques et manageriaux actuels, la ressource la plus stratégique des entreprises et des organisations aux prises avec la concurrence intérieure et étrangère. Les années 90 auront ainsi vu la notion d'*organisation apprenante* relayer avec succès celle d'investissement formation, célèbre slogan des années 80, pour pérenniser une vision qui, au delà des étiquettes, dépasse de très loin l'effet de mode. Il est en effet aujourd'hui accepté par l'ensemble des experts et des leaders d'opinion, tant pour ce qui concerne l'entreprise que l'emploi, qu'apprentissage et savoir seront des atouts majeurs dans la performance sociale et économique au XXIè siècle.

Un consensus des forces politiques, sociales et économiques se forme ainsi peu à peu autour des verdicts qui, tel celui de l'OCDE en 1996, donnent au savoir un rôle « capital » dans le fonctionnement économique :

« Les nations qui exploitent et gèrent efficacement leur capital de connaissances sont celles qui affichent les meilleures performances. Les entreprises qui possèdent plus de connaissances obtiennent systématiquement de meilleurs résultats. Les personnes les plus instruites s'adjugent les emplois les mieux rémunérés. »[1]

Pourtant, l'entrée dans cette nouvelle « économie du savoir » et son corollaire, l'adhésion généralisée à la double contrainte (« soyez autonome, développez vos compétences par vous-même ») ne va pas sans nombre de désillusions, de contraintes alourdies, de charge mentale surajoutée, voire de souffrance [2]. Qu'il s'agisse de l'injonction répétée à l'usage des technologies de l'information, du travail en groupe, et plus largement de l'appel incantatoire à toute une série d'attitudes d'engagement dans l'action (initiative, créativité, responsabilité, autonomie, etc.) on peut voir derrière les nouvelles formes de travail les sources potentielles de conflits graves, dans la mesure où « ni l'implication ni la motivation

---

[1] OCDE (1996) *Technologie, production et création d'emploi*, cité in *Le Monde*, 21.12.99
[2] *Le Monde*, 21.12.99

ne s'achètent et se commandent »[1]. On peut ainsi déceler, au delà du message mobilisateur, des formes nouvelles, plus ou moins subtiles de « l'emprise de l'organisation »[2]. On peut aussi, à partir d'une vigilance redoublée à l'égard des risques inhérents à cette nouvelle économie du savoir, en interroger les implications éducatives. Et chercher ainsi à dégager la portée et les limites de cette nouvelle donne « économico-pédagogique » eu égard au rapport des sujets sociaux au savoir, désormais promulgué valeur universelle.

Des incertitudes de la société éducative aux risques de la société cognitive

Certains observateurs du champ de l'éducation et de la formation avaient formé, il y a plus de vingt ans, la vision d'une « société éducative » (Dumazedier, 1978), et même identifié les prémisses d'une « société pédagogique » dans laquelle « 53 millions de Français passent plus de temps à enseigner et à être enseignés qu'à produire des biens et des services » (Beillerot, 1982).

Dès 1978, J. Dumazedier posait les enjeux d'une société « éducative » en ces termes : « est-ce le renforcement du pouvoir des institutions sur les individus ou l'émergence des conditions de libération et de développement de l'autoformation volontaire ? ». L'expression de « société éducative » était jugée par cet auteur « à la fois heureuse et malheureuse » : derrière ce terme, on pouvait en effet entrevoir une société de l'aliénation à travers l'extension d'une éducation imposée, au service des pouvoirs établis ; à moins qu'inversement, ce terme recouvre une éducation des personnes qui permette d'échapper à la toute puissance des pouvoirs politiques, technocratiques ou bureaucratiques. L'auteur voyait alors dans l'aide à l'autoformation volontaire des sujets sociaux la clé de cette situation paradoxale de la société éducative en devenir.

---

[1] Lichtenberger Y. (1999) : De nouvelles formes de travail, de nouvelles contraintes, *Le Monde*, 21.12.99
[2] Pagès M. et coll. (1979) : *L'emprise de l'organisation*, Paris : PUF

Quatre ans plus tard paraissait l'ouvrage de J. Beillerot (1982). Pour cet auteur qui s'était employé à une estimation quantifiée du temps consacré par les Français à des activités pédagogiques, la « société pédagogique » était caractérisée par l'extension permanente des activités pédagogiques dans des régions de plus en plus étendues du tissu social, en fonction d'un projet politique affirmé de « l'imposition et l'inculcation par un pouvoir arbitraire d'un arbitraire culturel ». Ce projet était observé sous trois grandes formes : accroissement de la pédagogie scolaire, introduction généralisée du rapport pédagogique dans le fonctionnement social, transformation pédagogique d'activités privées ou sociales autres. Expression d'une volonté masquée de contrôle social accru comme réponse aux tensions du capitalisme et du libéralisme, cette société pédagogique généralisée menaçait donc de devenir une société de soumission aggravée, mais à visage éducatif : c'était l'annonce de « l'ère du grand pédagogue » (Beillerot, 1982).

Si l'on entrevoyait dans les années 70 l'émergence de sociétés « éducatives » ou « pédagogiques », le relais semble aujourd'hui bel et bien transmis : la société des années 2000 devra être celle « de la connaissance », « de l'information » ; elle sera « apprenante », « cognitive » (C.E., 1995). Des incertitudes de la société éducative, accompagnée des menaces de l'ère du grand pédagogue, à la société cognitive de la Commission européenne vingt ans plus tard, la thématique sociale reste égale à elle-même, y compris lorsqu'on la voit se radicaliser par le biais de la société de l'information et des réseaux : hors du savoir, point de salut pour les économies, pour les sociétés, pour les personnes. Mais un autre mouvement, plus inscrit dans la durée des évolutions pédagogiques, plus « paradigmatique », se fait jour, qui empêche d'assimiler la société de la connaissance de l'an 2000 a un simple ersatz des sociétés éducatives ou pédagogiques d'il y a vingt ans. Le recours à la figure du *sujet social apprenant*, comme « gestionnaire de ses compétences », « responsable de ses apprentissages », « entrepreneur de soi-même » est l'emblème paradoxal de ce changement de conception des relations entre l'individu et les institutions du savoir. Comme si la société, non contente de se vouloir « éducative » et « pédagogique », se voulait aujourd'hui « apprenante », c'est-à-dire, au delà de ses actions pédagogiques, porteuse des conditions d'efficience des apprentissages permanents des sujets sociaux...

Ce nouveau paradigme de l'apprendre vient suppléer les déficiences de l'ancien paradigme de la formation et de l'enseignement. On en perçoit les signes à plusieurs niveaux de l'organisation sociale : au plan macro-économique, à celui des entreprises elles-mêmes et enfin à travers les figures actuelles du « travailleur de la connaissance ».

La montée des investissements dans l'intelligence

A un premier niveau, macro-économique, la liaison entre investissement dans le capital humain de l'entreprise et performance globale semble aujourd'hui fermement établie. La performance économique, appréhendée à travers l'indicateur de la capitalisation boursière, se révèlerait ainsi strictement corrélée à la qualité du management des ressources humaines à tel point que « sur cinq ans, le retour pour l'actionnaire est deux fois plus important pour une société avec indice élevé du capital humain »[1] . L'intelligence est désormais érigée en variable stratégique : selon les experts les plus écoutés, le capital, source majeure de compétitivité depuis près de deux siècles, est en train d'être supplanté par « la connaissance, l'initiative, la créativité, la réactivité »[2]

La notion d'investissement immatériel, travaillée depuis une dizaine d'années déjà, prend tout son sens avec cette nouvelle donne. Selon un rapport du Conseil Economique et Social de 1994, « La corrélation globale entre l'intensité de l'investissement immatériel et la prospérité économique est avérée » ; ce sont donc « les facteurs humains de productivité qui, de plus en plus, vont assurer la différence entre les entreprises compétitives et les autres. Cette « montée de

---

[1] Etude du Cabinet Watson Wyatt auprès de 400 entreprises cotées, rapportée par *La Lettre de l'expansion*, octobre 1999
[2] S. Ghoshal, in *Le Monde*, 17.12.97

l'immatériel » consacre la tendance du futur « conditionné par l'appel permanent à plus d'intelligence dans le travail » (CES, 1994). Elle touche désormais tous les secteurs de l'économie : services, bien sûr, mais également secteurs industriel et agricole (avec les « cultivateurs de l'immatériel », de plus en plus appelés à gérer leurs exploitations à travers des auxiliaires technologiques et des médiations symboliques de plus en plus nombreux et abstraits).

Le caractère stratégique de l'immatériel se traduit de façon explicite par l'accroissement sensible des investissements immatériels repérables : recherche-développement, formation, marketing, logiciels (CES, 1989). Mais il se traduit sous des formes plus discrètes, voire masquées, d'investissements dits « intellectuels » et inscrits à des rubriques comptables diverses : développement commercial, innovation, stratégie, organisation, communication, etc. Ainsi, pour Caspar et Afriat,

« Les économistes de la croissance accordent de plus en plus d'importance à des déterminants non matériels de l'évolution économique tels que la recherche-développement ou la formation. Un nouveau système de production et d'échange a tendance à se structurer autour de la mobilisation des talents et des savoirs »[1].

La formation occupe bien sûr, dans ce contexte, l'un des tout premiers rangs des investissements immatériels, en dépit des obstacles comptables nombreux à la saisie économique de ses effets et de ses résultats [2]. Et la croissance régulière des dépenses, tant publiques que privées de formation a validé amplement ces hypothèses, jusqu'aux débuts des années 90 quand une tendance des budgets à marquer le pas a été identifiée. A côté des inadaptations du système de repérage statistique et des anachronismes liés à l'histoire du droit de la

---

[1] Caspar, P. & Afriat, C. (1988) : *L'investissement intellectuel : essai sur l'économie de l'immatériel*, Paris : Economica ; Afriat, C. (1992) : *L'investissement dans l'intelligence*, Paris : PUF « Que Sais-Je ? », 128p.
[2] Caspar, P., Dir. (1988) : L'investissement formation, *Education Permanente*, n°95, 222p.

formation continue en France, à côté de l'opacité inhérente à tout investissement dans l'humain, une difficulté majeure empêche d'appliquer trop strictement la théorie du capital humain à la formation des adultes : c'est la question de la propriété du savoir et des compétences, et leur mobilité sur un marché du travail ouvert et concurrentiel qui se trouve alors posée (CES, 1989).

Triomphe de l'organisation « apprenante »

Au niveau des pratiques sociales dans les entreprises et les organisations, on ne compte plus les manifestations, réelles ou incantatoires, de ces nouveaux modes de gestion et de développement des compétences « au quotidien », du retour en gloire de la formation sur le tas, jusqu'aux « communautés de pratique » en passant par le florilège des apprentissages « informels », « expérienciels », « organisationnels », « intégrés », etc. De toutes parts se manifeste le *credo* nouveau en la vertu de l'apprentissage « dans et par le travail ».

L'une des manifestations les plus spectaculaires du culte naissant des savoirs dans l'organisation est peut-être le phénomène de l' « ingénierie des connaissances », nouvelle fonction d'expertise interne ou externe sur les savoirs stratégiques d'une organisation. Le « knowledge management » d'origine nord-américaine est à ses origines. Celui que l'on peut également appeler le « manager des savoirs » de l'entreprise a pour fonction de faciliter l'identification, la structuration, la capitalisation et le partage des savoirs utiles à l'organisation. Cette fonction particulièrement utile dans les situations de mobilité de personnel expert (départ à la retraite, embauches), se révèle stratégique sur le front concurrentiel, à l'heure où le différentiel d'information et de compétence collectives est reconnu comme le principal avantage concurrentiel. D'où l'importance accordée à cette fonction par les grandes entreprises françaises aujourd'hui, après leurs homologues nord-américaines [1].

---

[1] Rollot, C. (1999) : Conserver l'intelligence de la société, *Le Monde*

L'ensemble de ces nouvelles options manageriales se cristallise à travers l'expression d' « organisation apprenante », dont on connaît le succès en Europe et Outre Atlantique. Sous cette bannière se rassemblent des productions théoriques de bonheurs divers, des guides pratiques pour la firme du XXIè siècle, des comptes-rendus d'expériences et des observations empiriques, bref un ensemble hétéroclite de conceptions et de pratiques généralement articulées autour de l'un des trois niveaux d'analyse courants de l'organisation : les individus, les collectifs de travail, les structures. L'apprentissage organisationnel est ainsi alternativement conçu, selon les auteurs et les terrains concernés, comme une forme d'autoformation professionnelle, comme l'ensemble des apprentissages collectifs d'une équipe ou d'un service, ou comme le processus de « mémoire d'entreprise » d'une structure dans son ensemble. L'organisation apprenante, contrairement à l' « entreprise formatrice » qui l'a précédée, n'est pas une organisation « enseignante » : elle est supposée favoriser, faciliter, accompagner, développer... les apprentissages. On retrouve ici une différence pointée ci-dessus entre les sociétés « éducative » ou « pédagogique » d'hier et les sociétés « cognitives » ou « apprenantes » d'aujourd'hui : si dans les modèles précédents, c'était le caractère pédagogique de l'action de la société ou de l'entreprise *sur* les salariés et les citoyens qui était mis en avant, c'est aujourd'hui le rôle premier de l'apprentissage *par* les sujets sociaux qui est affirmé.

Du travailleur du savoir au sujet social apprenant

La mutation du qualificatif d'« éducative » (ou de « pédagogique ») à celui d'« apprenante » (ou de « cognitive ») pour qualifier les nouvelles sociétés de l'information apparaît clairement dans ce passage du rapport de l'UNESCO pour l'éducation au XXIè siècle :

« Dans cette vision prospective, une réponse purement quantitative à la demande insatiable d'éducation – un bagage scolaire de plus en plus lourd – n'est ni possible ni même appropriée. Il ne suffit plus en effet que chaque individu accumule au début de sa vie un stock de connaissances, où il pourrait ensuite puiser indéfiniment. Il faut surtout qu'il soit en mesure de saisir et d'exploiter d'un bout à l'autre de son existence toutes les occasions de mettre à jour, d'approfondir et d'enrichir cette connaissance première, et de s'adapter à un monde changeant » (Delors, 1996).

« Saisir, exploiter, approfondir, enrichir, s'adapter... ». La figure de l'honnête homme du XXIè siècle apparaît toujours aussi portée par les idéaux fondateurs de l'Education permanente, mais avec sans doute une forte dose de pro-activité[1] en plus. Son rôle n'est plus seulement de profiter des cours, stages et séminaires organisés pour lui / elle par tel ou tel « grand pédagogue » dans le cadre des institutions qui régissent sa vie civile et professionnelle, mais bien de saisir, de façon déterminée et quasi-réflexe, toutes les occasions d'apprentissage qui s'offrent à lui ou elle dans les multiples cadres, formels et informels de la vie quotidienne. Il y aurait en quelque sorte, entre les visions éducatives ou pédagogiques des années 60-70, et la vision cognitive ou apprenante des années 2000, permanence de finalité, mais transformation de posture. La société de demain devrait alors être apprenante non seulement dans son organisation sociale et politique, mais également parce que chacun des sujets qui la composent est, individuellement, appelé à devenir sujet social apprenant... Le glissement n'est pas que de forme : c'est la nature du lien entre individu et institution éducative qui change, le signe lexical le plus éclatant de ce changement étant le recours immodéré – et souvent incantatoire – à l' « apprenant », participe présent supposé actif, en lieu et place du « formé », participe passé reconnu passif et désormais relégué à la muséographie de la formation des

---

[1] Par pro-activité, on pourra entendre la mobilisation effective des dynamismes du comportement en direction d'un but autodéterminé (Carré, Moisan, Poisson, 1997)

adultes. Ce simple glissement terminologique [1] aura pris environ 20 ans.

Le recours désormais immodéré à l'apprenant dans les discours des politiques et des gestionnaires s'accompagne évidemment d'une montée du souci d'individualisation, de personnalisation de la formation. Dès 1989, le Conseil Economique et Social notait : « En matière de formation (...) il faut faire place à l'analyse de type micro-économique et se préoccuper davantage de l'individu » (CES, 1989). Ce souci était relayé par la même institution cinq ans plus tard, cette fois-ci agrémentée des prémisses d'un souci éthique : « Tous concernés », tel est le leitmotiv à ne pas laisser réduire à « tous cernés » (CES, 1994).

La figure récente de l'apprenant s'appuie sur une figure plus ancienne, dont l'émergence est quasi contemporaine de la fin des grandes idéologies manageriales, taylorisme et relations humaines en tête ; il s'agit de celle du « travailleur du savoir », forgée par les experts anglo-saxons du management dès la fin des années 60 et relayée par des initiatives européennes comme la commission Eurotecnet. Dans ce dernier cadre, les « compétences à l'autoformation » étaient analysées, à l'échelon européen, comme les plus importantes des qualifications des nouveaux travailleurs des sociétés à haute valeur ajoutée technologique (Nyhan et al., 1991). Capacité au travail en équipe, par projet, compétences dans l'identification et l'exploitation des sources d'information et des réseaux humains et informationnels, usage expert des technologies, qualités d'initiative, d'autonomie et de responsabilité, l'ensemble de ces qualifications nouvelles attendues du travailleur de la connaissance se recomposaient à travers la notion clé de « compétence à apprendre ». Les conclusions émises ici au niveau européen prolongeaient les recommandations émises au niveau national par le Conseil Economique et Social, et préfiguraient les préconisations du rapport de l'UNESCO qui paraîtrait quelques années plus tard (Delors, 1996). Pour les experts d'Eurotecnet, en effet, face

---

[1] Glissement terminologique à rapprocher du passage graduel, sur le champ clinique, du terme d' « analysé » à celui d' « analysant », qui en est à peu près contemporain.

aux enjeux du développement technologique et de l'explosion informationnelle, la réponse de la formation des adultes « ne consiste pas à augmenter le nombre d'activités de formation externes ad-hoc, mais de s'assurer que sont créées les conditions grâce auxquelles les travailleurs vont apprendre par eux-mêmes au sein même de leur environnement de travail » (Nyhan et al., 1991).

La figure du « travailleur du savoir », forgée par et dans l'entreprise, s'est trouvée ensuite relayée et décuplée, tourbillon libéral oblige, à travers les images de l'individu « gestionnaire de sa compétence », voire « entrepreneur de soi-même » (H. de Jouvenel). L'autonomie dans la prise en charge du développement de ses compétences devient alors un élément-clé de la qualification sociale, voire de l'« employabilité ». La capacité d'apprendre, compétence stratégique dans le quotidien du travail, devient le pivot du développement vocationnel, sur un double registre préventif (développement de l'employabilité) et offensif (gestion de sa carrière). Pour certains experts américains du management, l'« apprendre » devient une véritable « façon d'être » dans une société en état de turbulence permanente. La formation institutionnelle, sous ses diverses formes, ne peut répondre à l'ensemble des enjeux de l'apprendre ; la première des qualités requises par ce nouvel art de vivre en harmonie avec le désordre est la capacité à diriger soi-même ses apprentissages (Vaill, 1996).

La société cognitive et la subjectivation de l'apprendre

Dans ce feu d'artifice d'arguments, de notions nouvelles et d'anticipations, le bouquet nous vient de la Commission Européenne à travers son rapport « Enseigner et apprendre – Vers la société cognitive » (CE, 1995). L'articulation nouvelle des moyens mis à disposition pour apprendre et de la nouvelle posture attendue des sujets sociaux y est exprimée sans ambiguïté :

« Il est clair désormais que les potentialités nouvelles offertes aux individus demandent à chacun un effort d'adaptation, en particulier pour construire soi-même sa propre qualification, en recomposant des savoirs élémentaires acquis ici ou là. *La société du futur sera donc une société cognitive* » (CE, 1995)[1].

La menace d'une sélectivité sociale accrue est à peine voilée quand on en vient aux implications de cette nouvelle donne éducative sur les pratiques des sujets sociaux eux-mêmes :

« Ce seront les capacités d'apprendre et la maîtrise des savoirs fondamentaux qui situeront de plus en plus les individus les uns par rapport aux autres dans les rapports sociaux. La position de *chacun dans l'espace du savoir et de la compétence* sera donc décisive. Cette position relative, que l'on peut qualifier de « rapport cognitif », structurera de plus en plus fortement nos sociétés » (CE, 1995) [2].

Société de l'immatériel, la société cognitive est donc à la fois un prolongement et une extension de la société « pédagogique ou « éducative » des années 70. Elle implique une modification radicale du « rapport cognitif » des sujets sociaux au travail, à la culture, à la vie quotidienne. Elle pose l'exigence d'un renversement du rapport au savoir, ainsi que le pressent J. Beillerot (1998) :

« La grande affaire est devenue celle de la transformation du rapport au savoir des sujets-auteurs, individuels et collectifs (...) Jusqu'alors, les individus étaient mis en situation passive, qui impliquait une grande part de conditionnement. Aujourd'hui s'annonce une société cognitive, une culture de l'apprendre, c'est-à-dire une anthropologie de l'apprentissage, où celui-ci s'effectue dans des contextes qui nécessitent l'activité mentale du sujet, en particulier une saisie, une conscience intelligente de lui-même dans sa singulière situation. A la dimension métacognitive où l'apprenant est invité à se penser en train d'apprendre, où l'analyse et la réflexion vont de pair, s'ajoute un processus de subjectivation qui assure son développement et en particulier une conscience émotionnelle accrue ».

---

[1] En italiques dans le texte
[2] En italiques dans le texte

La formation, l'éducation et la pédagogie, piliers des sociétés contemporaines du grand mouvement pour l'éducation permanente de 1955 à 1980, sont aujourd'hui peu à peu remplacées par l'apprentissage, la cognition et l'autoformation ; termes révélateurs à la fois du changement de paradigme éducatif à l'œuvre et du processus de subjectivation de la formation. Le sujet social du XXIè siècle ne saurait se contenter d'être l'objet, le « formé » des dispositifs éducatifs construits pour lui. Auteur encore plus qu'acteur de la transaction cognitive, il est à la fois le foyer et le moteur de l'apprentissage. Le sujet de l'apprendre n'est plus objet de formation ; à travers la formule du sujet apprenant se croisent à la fois les apports du raz-de-marée cognitiviste en psychologie, les héritages bien vivaces de l'éducation nouvelle et des pédagogies de l'activité, les influences contradictoires de l'inspiration autogestionnaire et de la pensée libérale.

En définitive, si la problématique des sociétés « éducatives » ou « pédagogiques » issues de l'essor de l'éducation permanente était avant tout tournée vers l'action pédagogique, donc vers les forces sociales et techniques d'intervention sur l'apprendre, le paradigme nouveau, sensible depuis le milieu des années 80 en France, est construit sur une transformation du rapport au savoir du sujet social, ou du moins sur l'expression sociale de sa nécessité.

L'apprenance : une transformation du rapport au savoir

« Processus créateur pour penser et agir, faisant de tout sujet un auteur de savoir » selon Beillerot (1989), ou encore « ... rapport au monde, à l'autre et à soi-même d'un sujet confronté à la nécessité d'apprendre » selon Charlot (1997), la notion de rapport au savoir est bien l'enjeu majeur des recommandations, des injonctions et des incantations adressées par la société cognitive aux sujets sociaux de l'Europe du XXIè siècle. Selon Giordan (1998), l'« apprendre », pour se révéler aussi efficace que possible, impose d'adopter « un autre rapport au savoir », porteur de nouvelles attitudes vis-à-vis de l'acte d'apprendre :

« Mais les individus ne conçoivent pas toujours que le niveau de leurs performances dépend, en partie, de leur propre investissement (...) Toute la difficulté est de passer d'un fonctionnement automatique mais local, adapté aux quelques situations que l'apprenant a l'habitude de traiter, à une mobilisation plus large de procédures de pensée intégrées dans des stratégies gérées consciemment. »

C'est donc à une modification radicale du rapport au savoir de l'adulte, actif ou non, salarié ou demandeur d'emploi, qu'engage le discours « cognitif » actuel. Et c'est une posture nouvelle, expressive de ce nouveau rapport au savoir, qui se dégage de ce tableau prospectif. Pour décrire cette nouvelle posture, expressive d'un rapport au savoir pro-actif, anticipateur et quasi-existentiel, on commence à parler d'apprenance.

Constatant que la langue française ne fournit pas de mot pour décrire les nouvelles attitudes et comportements à encourager chez chacun pour faire face aux défis économiques et sociaux de demain, H. Bouchet, syndicaliste et membre du Conseil économique et social, rapporteur des deux études sur les investissements immatériels déjà cités, propose le terme d'apprenance. « Reste, conclut l'auteur, à décliner les implications consécutives à l'entrée en lice de ce nouveau mot » [1].

Le mot avait été déjà employé, ici et là, pour exprimer cette conception nouvelle du rapport au savoir [2], sans qu'à notre connaissance, un programme précis d'analyse conceptuelle, pragmatique et éthique n'ait été élaboré.

Attitude globale, l'idée d'apprenance interpelle les trois registres de la vie psychique. Sur le plan affectif, elle indique

---

[1] Bouchet, H. (1998) : Qu'emporter au prochain millénaire ? *Le Monde*, 7 octobre
[2] Par exemple : Trocmé-Fabre, H. (1999) *Réinventer le métier d'apprendre*, Paris : Editions d'Organisation

que l'idée d'apprendre sera a priori vécue sur un mode émotionnel positif, en tant que source possible de plaisir[1]. Sur le plan cognitif, que les représentations de l'apprendre émises par le sujet seront propices au déploiement de modes efficaces de traitement de l'information (attention, concentration, stratégies cognitives, métacognition...). Enfin sur le plan conatif, l'idée d'apprenance véhicule celle d'un rapport intentionnel, proactif, au fait d'apprendre. Une première définition de l'apprenance pourrait dès lors se formuler comme *un ensemble stable de dispositions affectives, cognitives et conatives, favorables à l'acte d'apprendre, dans toutes les situations formelles ou informelles, de façon expériencielle ou didactique, autodirigée ou non, intentionnelle ou fortuite*.

Six modes d'expression de l'apprenance

En regard d'une telle définition, six modes d'apprentissage peuvent être identifiés [2] en passant en revue l'ensemble des situations potentielles d'apprentissage qu'un adulte peut être amené à rencontrer. Ces modes d'apprentissage se construisent à partir de trois critères :

- L'apprentissage est-il intentionnel ou non ?
- L'apprentissage se déroule-t-il en milieu éducatif formel ou non ?
- L'apprentissage est-il dirigé (par un autre, les circonstances..) ou autodirigé ?

L'apprenance, comme attitude favorable à l'ensemble des modes d'apprendre disponibles à l'adulte, pourrait donc se manifester à travers l'ensemble des modes et des exemples suivants :

---

[1] Hatchuel, F. (2000) : *Apprendre à aimer les mathématiques*, Paris : PUF
[2] Carré, P. : From intentional to self-directed learning in Straka, G., Ed. (à paraître) : *Theories of self-directed learning*, New York : Münster Waxmann

Apprendre sur un mode	Intentionnel		Non-intentionnel	
	Dirigé	Autodirigé	Dirigé	Autodirigé
Formel	1 : FID Cours du soir municipal	2 : FIA Centre de ressources	3 : FND Stage obligatoire dans l'entreprise	AUCUN (L'auto-direction présuppose l'intentionnalité)
Informel	4 : IID Echanges de savoirs	5 : IIA Autodidaxie	6 : IND Formation sur le tas	

Tabl. XXX : Six modes d'expression de l'apprenance et quelques exemples

Mode 1 : FID (formel, intentionnel, dirigé) : il s'agit du mode « historique » de l'éducation des adultes, par inscription volontaire à des cours et sessions de formation dirigées par des professionnels de l'enseignement (cours du soir, cours municipaux d'adultes, centres interentreprises de formation, etc.)

Mode 2 : FIA (formel, intentionnel, autodirigé) : nous entrons ici dans le champ des « formations ouvertes », dans lesquelles un apprenant volontaire s'inscrit pour un temps d'apprentissage en majorité hors de la présence du formateur, mais dans le cadre d'un dispositif construit comprenant un ensemble de ressources éducatives matérielles et humaines ayant largement recours aux technologies de l'information et de la communication. Les Ateliers Pédagogiques Personnalisés, les Centres de ressources multimédias, les Centres d'autoformation illustrent ce type de dispositif.

Mode 3 : FND (formel, non-intentionnel, dirigé) : il s'agit à présent du cas habituel, canonique de la formation continue en entreprise, dans lequel les salariés sont appelés à suivre un stage conçu en fonction des besoins d'adaptation du personnel aux évolutions de la firme. L'inscription y est souvent obligatoire, ou pour le moins fortement conseillée, la formation étant alors assimilée à un acte de travail.

Mode 4 : IID (informel, intentionnel, dirigé) : nous sommes à présent passés du côté des formations informelles, donc organisées en dehors des institutions « officielles » d'éducation et de formation. Sous ce mode, l'adulte participe intentionnellement à une action de formation dirigée par un autre, en milieu non expressément formatif. Certains cas de « coaching », de tutorat ou de doublure de poste s'inscrivent ici, de même qu'une partie des actions entreprises dans le cadre de réseaux d'échanges de savoirs.

Mode 5 : IIA (informel, intentionnel, autodirigé) : nous voici à présent au cœur de la situation d'autodidaxie : un apprenant volontaire dirige par lui-même un apprentissage hors de tout lien avec l'institution éducative formelle, grâce à des ressources variées, documentaires (bibliothèque), technologiques (Internet, etc.), relationnelles (experts, homologues et pairs).

Mode 6 : IND (informel, non-intentionnel, dirigé) : dans ce mode d'apprendre, l'apprentissage est dirigé de l'extérieur (par un autre, les choses ou le hasard), involontaire pour le sujet apprenant et se déroule en milieu informel. Nous sommes dans le cas de figure de la formation « sur le tas », ou de l'apprentissage expérienciel « incident », formule qui traduit bien le caractère inattendu, parfois accidentel des multiples apprentissages réalisés comme à notre insu, par contact direct mais réfléchi avec ce qui nous arrive.

Notons enfin que deux derniers modes, formellement possibles, sont effectivement introuvables : un mode « non-intentionnel autodirigé » en milieu formel ou informel, est en effet impossible, pour autant que l'autodirection des apprentissages exige l'intentionnalité du sujet apprenant (Carré, Moisan, Poisson, 1997).

Les chantiers de l'apprenance

L'apprenance est sans doute un thème d'avenir, comme l'indique un certain nombre de signaux en provenance du monde de la formation des adultes et du développement social :

- montée d'une prise en compte directe de la logique de l'apprenant dans les démarches-qualité, tant dans la recherche que dans les organisations professionnelles [1] ;
- développement de « chartes » et de « manifestes » en faveur de l'apprentissage tant en France [2] qu'à l'étranger[3] ;
- insistance des politiques à formuler les enjeux du développement des compétences en termes de nouvelles façons d'apprendre (CE 1995, UNESCO, 1996);
- succès des notions d'« apprentissage organisationnel », de « management des savoirs » et d'« ingénierie de la connaissance » dans l'ensemble des milieux professionnels;
- développement des investissements intellectuels dans tous les domaines de l'activité économique (CES 1989, 1994) ;
- enfin (surtout), essor des applications éducatives des industries de la communication et raccourcissement extrême des temps de mise à disposition du savoir.

En prônant la création d'un droit individuel à la formation transférable et garanti collectivement, d'une part, et le développement des pratiques de validation des acquis de l'expérience, d'autre part, le rapport du Secrétariat d'Etat

---

[1] Voisin, A. Dir. (1996) : La qualité de la formation, *Education Permanente*, n°126, p.205-230
[2] *Charte de l'apprenant en faveur de la qualité en formation*, GARF (Groupement des Animateurs et Responsables de Formation en entreprise, 12 rue Sainte Anne, 75001 Paris)
[3] *Declaration on learning*, M. Pearn et coll. (1998)

221

aux droits des femmes et à la formation professionnelle [1] prend une partie de la mesure des changements qui s'imposent pour développer l'apprenance dans toutes les couches de la société, à tous les âges et en tous les lieux. A l'heure où les négociations autour du temps de travail posent inéluctablement la question de la prise en charge des temps d'apprentissage, quand plus de la moitié des salariés d'un sondage récent affirment être prêts à se former en dehors du temps de travail, voire à participer au financement de leur formation [2], un certain nombre de questions vives se posent néanmoins encore au double plan de l'éthique et de la recherche :

- Au plan de la recherche, l'essor de la notion d'apprenance doit permettre une relance des recherches sur l'acte d'apprendre chez l'adulte, au triple plan cognitif, affectif et conatif, ainsi que dans sa dimension sociologique. Les notions classiques de motivation, d'attention, de mémoire, ainsi que les concepts plus récents de métacognition et de proactivité devraient faire l'objet de recherches empiriques largement ancrées sur les réalités sociopédagogiques variées de l'apprentissage adulte aujourd'hui ;
- Des liens devront être établis avec d'autres objets de recherche, déjà travaillés dans des équipes installées : rapport au savoir, évidemment, mais également autoformation, organisation apprenante et formations ouvertes.
- Enfin, au plan éthique, il faudra mener des observations de pratiques nouvelles entraînées par le développement du thème de l'apprenance dans les organisations, afin de déceler partout où ils apparaissent, les signes d'une interprétation aliénante, défavorable aux sujets sociaux de ce qui peut fort vite s'assimiler à une injonction à l'autoformation contrainte, entraînant, dans une sorte de « darwinisme éducatif » aggravé, l'accroissement des

---

[1] Péry, N. (1999) : *La formation professionnelle – Diagnostics, défis et enjeux*, Secrétariat d'Etat aux droits des femmes et à la formation professionnelle, 248p.
[2] Plus d'un tiers des salariés prêts à financer leur formation, *Le Monde*, 2.11.99

écarts sociaux entre « bonne » et « mauvaise » apprenance.

Notion porteuse d'avenir et de chantiers prometteurs pour le développement humain et économique d'une société vouée à devenir de plus en plus « cognitive », la notion d'apprenance demande à être travaillée, construite et analysée dans ses dimensions théoriques, pratiques et éthiques. C'est au prix de la confrontation permanente de ces trois approches, en complémentarité et non en opposition, qu'elle pourra porter pleinement les fruits de ses promesses. C'est à ce prix que l'on saura faire de l'acte d'apprendre un vecteur d'émancipation des sujets sociaux dans les nouvelles économies du savoir.

Bibliographie :

Beillerot J. (1982) : *La société pédagogique*, Paris : PUF, 223 p.
Beillerot J. : « Le rapport au savoir : une notion en formation », in : Beillerot J. et coll. (1989) : *Savoir et rapport au savoir - Elaborations théoriques et cliniques*, Bégédis : Editions Universitaires, 240 p.
Beillerot J. (1998) : *L'éducation en débats : la fin des certitudes*, Paris : L'Harmattan, 154p.
Carré P., Moisan A., Poisson D. (1997) : *L'autoformation – Psychopédagogie, Ingénierie, Sociologie*, Paris : PUF, 276 p.
Charlot B. (1997) : *Du rapport au savoir*, Paris : Economica, 110 p.
Commission Européenne (1995) : *Enseigner et apprendre – Vers la société cognitive*, Luxembourg : OPOCE, 107 p.
Conseil Economique et Social (1989) : Investissement intellectuel : facteur de modernisation de l'industrie française, Rapport présenté par H. Bouchet, *Journal Officiel*, n° 20 du 26.07.89, 134 p.
Conseil Economique et Social (1994) : Les leviers immatériels de l'activité économique, Rapport présenté par H. Bouchet, *Journal Officiel*, n° 16 du 5.07.1994, 176 p.
Delors J. (1996) : *L'éducation – Un trésor est caché dedans*, Rapport à l'UNESCO de la Commission internationale sur

l'éducation pour le vingt et unième siècle, Paris : UNESCO / O. Jacob, 312 p.
Dumazedier J. (1978) : « La société éducative et ses incertitudes », *Education Permanente*, n° 44, Octobre, p. 3-13
Giordan A. (1998) : *Apprendre !* Paris : Belin, 255 p.
Nyhan B. et coll. (1991) : *Developing people's ability to learn*, Brussels : European Interuniversity Press, 193 p.
Vaill P. (1996) : *Learning as a way of being*, San Francisco : Jossey-Bass, 216 p.

Conflits de rapport au savoir et culture d'organisation : le cas du complexe CUCES-INFA de Nancy

Françoise Laot

En 1954, à Nancy, une poignée de notables crée un organisme, le CUCES,[1] dans le but de rapprocher les deux mondes de l'Université et de l'Industrie. Celui-ci entame son action dans trois domaines : la sensibilisation des élèves ingénieurs aux questions économiques et sociales dans l'entreprise, le perfectionnement des ingénieurs et cadres et, dès 1956, la promotion supérieure du travail avec l'ouverture de cours du soir de l'Institut Universitaire créé pour l'occasion au sein du premier organisme.

En 1960, Bertrand Schwartz, alors directeur de l'Ecole des Mines de Nancy dont il vient d'achever la réforme, prend la direction du CUCES. Aidé d'une petite équipe, il entreprend une réorientation complète de l'organisation et du projet du CUCES dans le but de faire face au « sous-développement » de la France en matière d'éducation des adultes. Il décrète une « mobilisation générale pour une instruction générale » et développe une conception de l'éducation permanente qui

---

[1] Centre universitaire de coopération économique et sociale

s'appuie, dans un premier temps, sur des actions dans le milieu de l'entreprise, puis sur des actions collectives de formation dans les bassins miniers de Lorraine en pleine reconversion. Le développement de l'organisme est exponentiel. Il emploie un nombre de plus en plus important de personnes et multiplie les actions innovantes sur plusieurs fronts à la fois.

En 1961, le Ministre de l'Education de l'époque, Lucien Paye, en visite à Nancy, prend connaissance du projet du CUCES. Séduit par ses idées, il confie à Bertrand Schwartz la création d'un Institut National pour la Formation des Adultes, l'INFA. Après moultes difficultés administratives, cet institut verra officiellement le jour en 1963. CUCES et INFA ont vocation à devenir complémentaires, à s'appuyer l'un sur l'autre pour œuvrer au développement, par la recherche et par l'action, de l'éducation permanente, un champ alors encore quasi inexploré. Ce complexe institutionnel[1] aura cependant bien du mal à coordonner son action et connaîtra, après 1968, un long démantèlement qui prendra fin, en 1973 avec la suppression de l'INFA et la division irréversible du CUCES en deux organismes distincts.

Les savoirs sur l'éducation et la formation qui s'élaborent dans les années 60 au sein du Complexe de Nancy se rapportent principalement au savoir lui-même.

Etant donné les tensions groupales dans lesquelles ils s'élaborent, ces savoirs ne sont ni figés, ni vraiment « unanimes ». Ces particularités rendent leur description nécessairement relative par rapport au moment (évolution dans le temps) et par rapport au lieu de leur énonciation (CUCES/INFA, mais aussi telle équipe par rapport à telle autre, etc.). Il existe pourtant, quelques fondements communs qu'il est important de repérer.

---

[1] Constitué du CUCES, de l'Association du CUCES (ACUCES) et de l'INFA. Cf. Françoise Fréchet-Laot, 1998, *Contribution à l'histoire des institutions d'éducation des adultes, le Complexe de Nancy (CUCES/ACUCES-INFA), 1954-1973*, thèse de sciences de l'éducation sous la direction de Jacky Beillerot, Université de Paris X Nanterre, juillet 1998, 2 volumes, 439 p + 344 p. annexes.

Or il apparaît que la notion de « rapport au savoir » est au centre des réflexions menées à Nancy. Cette notion en vient à prendre corps à partir de plusieurs sources différenciées. Strictement nommée (début 1966[1]) ou abordée à partir d'expressions proches (relation au savoir, rapport avec le savoir, etc.), elle se construit progressivement, dès le début des années soixante pour se généraliser dans les écrits institutionnels à partir de 1969, principalement à partir de la problématique de la relation Maître-élèves. Il est donc possible d'étudier cette notion dans le discours, à partir des textes produits[2]. Mais il est un autre moyen, plus indirect, de s'y intéresser et c'est celui que je me propose de tenter ici : peut-on analyser la culture d'organisation et les relations conflictuelles du CUCES et de l'INFA à travers le prisme du rapport au savoir ?

La recherche et l'action comme deux composantes essentielles de la production de savoir

L'originalité de l'expérience nancéienne réside pour partie dans le fait que la recherche et l'action, dans un domaine jusqu'alors très peu exploré (l'éducation ou la formation des adultes), y sont considérées comme indissociables et y sont organisées pour interagir et se compléter. L'INFA, comme le CUCES, devait se placer sur le terrain de l'action, comme opérateur lui-même, notamment dans la formation de formateurs, ou comme prestataire auprès d'autres opérateurs. Chaque formateur se devait d'enrichir les problématiques émergentes et chaque chercheur se devait de participer aux actions de formation de courte ou de longue durée[3]. Il était encore jugé souhaitable, pour les uns comme pour les autres, qu'ils se forment eux-mêmes en interne et en suivant des cycles de formation à l'extérieur.

---

[1] Note interne de Claude Lefort, février 1966
[2] Françoise F. Laot « *Le rapport au savoir : une notion en formation dans les années soixante à Nancy* » Communication au troisième congrès international d'actualité de la recherche en Education et Formation de Bordeaux, juin 1999, à paraître dans les actes du congrès.
[3] Définition de la politique de l'INFA par Bertrand Schwartz, Conseil d'Administration de l'INFA du 26 octobre 1964.

Le découpage des fonctions, recherche pour l'INFA, formation pour le CUCES, résulte en fait d'un accident de parcours institutionnel. Initialement en effet, le projet de Bertrand Schwartz et de la toute première équipe du CUCES ne consistait en aucune façon à partager aussi radicalement les domaines entre les organisations. Mais le cours de l'histoire en a décidé autrement. Après plus de deux ans de navettes entre différents services du Ministère de l'Education Nationale (auxquelles s'ajouteront encore deux nouvelles années de négociations sur la question des statuts du personnel), le projet de création de l'institut est passé à la moulinette administrative. Il en ressort « laminé », normé, lavé de toutes rugosités, au point que ses initiateurs eux-mêmes n'y croient déjà plus : « *l'INFA est un institut mort-né* (...) *Il était condamné dès le départ* » (interview de Bertrand Schwartz). Comme tous les établissements supérieurs publics de l'Education Nationale, l'INFA est tenu de recruter selon les normes en vigueur dans la fonction publique et ces normes sont jugées incompatibles avec les missions novatrices qui devaient être dévolues au personnel de l'INFA. En bref, l'INFA recrute, puisqu'il a maintenant une existence légale et des moyens pour le faire, mais il ne sera en mesure de fonctionner ni avec les « bonnes » personnes, ni dans la bonne direction.

A la lumière de ce qui précède, l'hypothèse selon laquelle l'INFA a été le lieu où l'on a commencé à réfléchir et à *formaliser* la notion de « rapport au savoir » dans le champ de l'éducation des adultes, et le CUCES celui où l'on a *agi* un certain rapport au savoir apparaît donc rapidement trop schématique.

Elle semble s'imposer pourtant aux acteurs eux-mêmes, qui, dans leurs auto-représentations des groupes qui forment le complexe, caricaturent à gros traits leurs différentes postures par rapport à l'action et au savoir.

Un exemple significatif en est cette plaisanterie qui m'a été rapportée par plusieurs anciens cadres du CUCES et de l'INFA :

« - *A quoi reconnaît-on un chercheur de l'INFA d'un formateur du CUCES ?* »
« - *A la vitesse à laquelle il traverse la cour* ».

Les formateurs, selon les uns, toujours affairés, ne prennent pas suffisamment le temps de réfléchir aux tenants et aux aboutissants de leurs actes, alors que, les chercheurs, selon les autres, dans leur sphère intellectuelle, s'avèrent incapables de passer à l'action et d'y prendre des responsabilités.

La même thématique s'exprime sous différentes formes, par exemple dans le conflit « des inductifs contre les déductifs », ou encore entre ceux qui « savent » (mais qui ne font pas) et ceux qui ne « savent pas » (mais qui font) ! :
« *Les chercheurs [...] lorsqu'ils sont venus faire leur étude [évaluative sur une action de formation] et qui m'ont écrit des trucs avec l'air de me considérer comme un imbécile qui n'avait pas compris ce qu'il faisait... C'est assez insupportable de voir des gars qui sont tranquilles dans leur bureau, qui font leur thèse...* » (ancien cadre du CUCES)

« *On a écrit des papiers pour souligner les insuffisances théoriques du CUCES. On ne savait pas trop sur quelles bases il travaillait. (...) Les gens du CUCES avaient tendance à prendre des notions toutes faites, comme des mots d'ordre. La réalité est plus complexe* » (ancien chercheur de l'INFA).

On retrouve ici l'opposition des savants-amateurs et des savants-professionnels (S. Moscovici). Le va-et-vient constant entre des expériences distinctes, tantôt intellectuelles, tantôt professionnelles, ne semble pas réalisable.

Pourtant, l'une des équipes du CUCES écrivait en 1966 :
« Nous intervenons dans deux institutions pour y développer une pratique d'éducation des adultes en milieu socioprofessionnel (...) La définition de cette pratique, de son contenu, de sa méthodologie, ainsi que l'élaboration de la théorie de cette pratique font partie intégrante de notre travail. C'est dire que nous éprouvons quelques difficultés à épouser la distinction traditionnelle entre Recherche et

Action. Si Recherche Active signifie que ces deux termes sont « substantiellement » liés, notre activité se réfère à la Recherche Active. La recherche nécessaire à notre pratique se fonde sur des hypothèses de travail issues directement de situations concrètes. L'éclairage théorique qui en découle doit les nourrir en retour. »[1]

Par ailleurs, il serait faux de croire que les positions militantes à propos de la participation à l'action étaient absentes chez les chercheurs de l'INFA. Cette question faisait d'ailleurs fortement débat au sein même des équipes, partagées entre les inconditionnels de la recherche-action et ceux qui exprimaient à son égard de fortes réserves, mettant en avant les risques de perte de liberté, d'impartialité, voire même d'identité que la pratique fait courir au chercheur.
Ce sujet, comme beaucoup d'autres, n'a jamais donné lieu à unanimité. Les lignes de fractures traversaient certes les deux institutions, mais aussi les équipes elles-mêmes, dessinant ainsi une culture d'organisation bien plus complexe et contrastée qu'il n'y pourrait paraître au premier abord.

La cristallisation sur ce conflit entre deux modes de production des savoirs, par l'action et par la théorisation, semble donc bien être le symptôme de quelque chose qui caractérise la culture institutionnelle du Complexe de Nancy. Le conflit se donne des apparences de rationalité, mais il prend forme, à mon sens, dans le registre affectif, émotionnel. Je voudrais montrer qu'une des clefs de compréhension de ces tensions se trouve bien dans l'histoire de la genèse des groupes qui donnent vie à ces organisations.

Le Complexe de Nancy se veut et se vit comme une organisation *apprenante* avant la lettre[2] et le récit de son

---

[1] Equipes Assistance Publique/Société des Automobiles Peugeot, note préparatoire au séminaire INFA/CUCES de février 1966, non signée mais vraisemblablement de la plume de Jean-Joseph Scheffknecht.
[2] Le terme apparaîtra plus tard et en d'autres lieux, mais l'idée est bien là. Au cours des discussions des Prémontrés d'avril 1965, où sont réunis les cadres du CUCES et de l'INFA en groupes de travail, le problème de l'éducation permanente du formateur est au centre des débats. Un des moyens pour y parvenir est « *la "pédagogie institutionnelle" comprise comme la formation pour les membres d'un organisme (par exemple le*

histoire peut se lire comme un *roman de formation* pour chacun de ses membres. Quasiment tous les anciens cadres interviewés gardent en effet la nostalgie d'une aventure formidable, exceptionnelle, riche, foisonnante, bouillonnante (selon les expressions recueillies) et expriment le sentiment qu'ils ont eu de la *chance* de vivre cette expérience hors du commun, à partir de laquelle ils ont beaucoup appris. Mon hypothèse est alors la suivante : ce qui caractériserait le mieux la spécificité de cette expérience ne serait-il pas la mise en œuvre d'un (ou de) rapport(s) au savoir collectif(s) propre(s) aux institutions nancéiennes ?

La notion de rapport au savoir peut-elle s'appliquer à un groupe ?

Impliquant la personne au plus profond de son histoire familiale individuelle, le rapport au savoir n'est en fait jamais un rapport asocial. Les autres y jouent un rôle actif, dès l'origine (Mosconi, 1996). « C'est bien dans l'interaction familiale que se constitue le "rapport au savoir de l'enfant" ».[1] Si les personnages parentaux y jouent un rôle prépondérant, ils sont eux-mêmes situés dans une réalité sociale et sexuée. Or ce statut social a une grande influence sur la constitution du rapport au savoir pour un individu donné. Cependant, tous les auteurs ayant écrit sur le thème sont unanimes sur ce point : le rapport au savoir est celui d'un sujet[2]. Ce sujet pourrait-il être collectif ?

CUCES) *résultant de la façon dont vit et est organisé cet organisme. Par exemple : travail en équipe polyvalente, participation du "chercheur à l'action qui suit sa recherche, diffusion des expériences acquises individuellement (le fait de diffuser est aussi formateur pour celui qui diffuse que pour celui qui reçoit...)* » « Compte-rendu des discussions des Prémontrés », CUCES, avril 1965, p. 5

[1] N. Mosconi, 1996, « Famille et construction du rapport au savoir » in J. Beillerot, C. Blanchard-Laville, N. Mosconi (dir.), ***Pour une clinique du rapport au savoir***, L'Harmattan, p. 106

[2] Y compris B. Charlot, 1997, ***Du Rapport au Savoir. Eléments pour une théorie***, Ed. Economica, qui écrit p. 87. « Il n'y a de rapport au savoir que d'un sujet. Il n'y a de sujet que dans un monde et dans une relation à l'autre. Mais il n'y a de monde et d'autre que déjà là, sous des formes qui pré-existent au sujet. Pour être celui d'un sujet, le rapport au savoir n'en est pas moins rapport social au savoir »

Outre le niveau intra-personnel, N. Mosconi distingue trois niveaux des processus familiaux dans la constitution et l'évolution dynamique du rapport au savoir *d'un individu* : le niveau inter-personnel qui fait intervenir essentiellement les figures parentales dans la « pulsion de savoir », notamment dans la relation primitive à la Mère ; un niveau groupal qui met en jeu un groupe familial comme ensemble original irréductible aux individus qui le composent ; un niveau socioculturel faisant intervenir le statut et la position socioprofessionnels de chaque membre de la famille comme influant en particulier sur les représentations du savoir.

Pour ce qui concerne le niveau groupal, qui nous intéresse ici plus particulièrement, N. Mosconi s'appuie sur les psychanalystes qui ont fondé la thérapie familiale pour décrire la famille comme un ensemble semi-clos, en équilibre dynamique, qui intègre, plutôt qu'il n'additionne, les caractéristiques de chaque membre. L'intégration dans le groupe familial se fait au niveau des processus affectifs et pulsionnels de chaque membre et des problématiques inconscientes. « Elle se traduit dans la perception implicite d'un "nous" collectif et par la constitution de ce "nous" comme objet d'investissement conscient et inconscient ».[1] L'organisation familiale produirait des processus psychiques inconscients que sont les fantasmes ou les mythes partagés et ceux-ci pourraient jouer un rôle déterminant sur le rapport au savoir des membres du groupe familial. « Ces projets, ces savoirs et ce langage communs, mais aussi ces idéaux, ces mythes plus ou moins partagés constituent donc le milieu au sein duquel parents et enfants construisent, font évoluer leur rapport au savoir et s'en font, pour tout dire, les auteurs. »[2]

Deux difficultés majeures rendent délicate l'analyse de la culture du Complexe de Nancy à partir de ces éléments théoriques.
La première est que le rapport au savoir de chaque membre des équipes nancéiennes est inaccessible à travers le matériel recueilli. Les entretiens effectués n'étaient pas centrés sur

---

[1] N. MOSCONI, 1996, opus cit., p. 109
[2] Ibid. p. 112

cette problématique. Ils n'ont d'ailleurs concerné qu'une partie des personnes impliquées.[1] Les écrits, quant à eux, sont pour la plupart des écrits institutionnels (comptes rendu d'activité, comptes rendus de réunion, notes de synthèse) qui n'ont pas d'auteur repéré et qui adoptent des formes peu compatibles avec l'expression d'affects. Il subsiste néanmoins quelques exceptions notables, quelques écrits qui dérogent à ces règles : des tracts syndicaux, un conte mythique[2] écrit aux lendemains de mai 1968 qui met en scène (*primitive*) une auto-représentation des groupes de l'INFA et du CUCES, quelques notes internes, rares, mais riches de contenu. Les propos recueillis par entretien laissent quant à eux libre cours à l'expression d'images, notamment sur les groupes et leur organisation. C'est à partir de ce matériel que je propose de remonter le fil du rapport au savoir d'un sujet collectif, non pas comme somme de rapports au savoir individuels, mais comme processus original inhérent à la culture groupale[3].

Une seconde difficulté réside dans le fait que le Complexe nancéien n'est pas une famille. Il est en outre composé de *plusieurs* groupes dont les contours sont mouvants, dans le temps et dans « l'espace ». Dans le temps, car la première équipe de 1961 ne ressemble en rien aux équipes de 1965 ou de 1968. Dans « l'espace », car une fois tranchée la coupe diachronique, il reste d'autres choix à faire. Qui doit-on inclure dans les groupes à étudier : la totalité des équipes de l'INFA et du CUCES ? Les membres du noyau de base ? Ceux de la « première vague de recrutement » ?

---

[1] 45 entretiens ont été menés, dont 38 auprès d'anciens cadres du Complexe, qui comptait déjà en 1967, plus de 150 personnes. Cependant, la très grande majorité des membres des premières équipes ont été interviewées.
[2] « *Les Cuchefs sont-ils cannibales* ? » par Patrick Ranjard, qui met en scène deux tribus, les Cucès et les Inf'A, installées de part et d'autre du Fleuve NOIR dans la grande plaine de Formadul...
[3] La culture groupale doit s'entendre ici en référence à Bion qui lui donne un sens large et « vague » : structure du groupe à un moment donné, ses occupations, son organisation. Selon lui, la culture du groupe révèle toujours l'existence d'hypothèses (ou de présupposés) de base sous-jacentes. W. R. Bion, **Recherches sur les petits groupes**, PUF, 1965, (2ème édition, 1972, p. 42)

Cette seconde série d'objections peut cependant être aisément contournée. Les groupes nancéiens sont en effet nombreux et changeants. Ils n'en restent pas moins qu'ils sont tous issus d'un même noyau, et qu'une même enveloppe les englobe. C'est bien le sens même du « complexe » : ensemble qui *contient* plusieurs éléments.[1] Cette enveloppe qui fait tenir ensemble des individus *est* le groupe, selon D. Anzieu. Comme une peau qui se régénère autour du corps, cette enveloppe vivante est une membrane à double face. L'une tournée vers le dehors, physique et sociale (les bâtiments, les statuts des institutions nancéiennes, leur objet social), constitue une barrière protectrice contre l'extérieur. L'autre face est tournée vers la réalité intérieure des membres du groupe, et permet l'établissement d'un état psychique *transindividuel* qui fonde la réalité imaginaire des groupes.

Depuis le début des années 50, à la suite des travaux menés par Bion à la Tavistok Clinic de Londres, la méthode psychanalytique, appliquée aussi bien aux groupes réels qu'aux groupes psychothérapiques, a permis d'explorer largement la dimension de l'imaginaire dans les groupes. Freud avait déjà émis l'hypothèse de l'existence d'un *Idéal du moi* commun à tous les membres d'un groupe. R. Kaës décrit, quant à lui, un *appareil psychique groupal* doté des mêmes instances que l'individuel, mais non des mêmes principes de fonctionnement. L'activité de cet appareil psychique groupal va consister à produire du rêve, pour un accomplissement imaginaire de désirs et de menaces.

Si l'on accepte, à la suite de ces auteurs, l'hypothèse d'une instance psychique groupale, le fossé qui sépare rapport individuel et rapport collectif au savoir peut être plus aisément franchi. Reste à décortiquer, pour le cas qui nous intéresse, quelles sortes d'*interactions familiales* pourraient bien être à l'origine de sa constitution. Selon Freud en effet, le groupe familial serait bien le *prototype* de tous les groupes. Le phénomène des *hypothèses de base* de Bion ne vient pas

---

[1] Plus petit dénominateur commun aux innombrables acceptions du mot, selon le dictionnaire Hachette Livre, 1997

contredire cette explication freudienne, mais la compléter. Pour ce dernier en effet, se référant aux travaux de M. Klein, ce sont des anxiétés plus primitives encore, liées aux relations d'objets partiels, qui sont à l'origine de toutes les formes de comportement dans les groupes. D. Anzieu enfin, reprend les conceptions de Bion, en contestant toutefois qu'une fantasmatique puisse disparaître après sa formulation dans un groupe. Selon lui, les fantasmes – qui restent individuels mais trouvent une résonance chez les autres membres – circulent dès qu'il y a groupe. C'est cette résonance, qui permet la circulation fantasmatique et qui relie les membres, aussi bien dans leur cohésion agissante que dans leur angoisse collective. Il en fait le premier des cinq organisateurs psychiques inconscients du groupe.[1]

Roman des origines et imaginaire groupal

Une interprétation fine des organisateurs du groupe du Complexe de Nancy n'est définitivement plus possible. Plus de trente ans ont passé. Je voudrais juste m'appuyer sur les quelques traces restantes (dont on peut penser qu'elles sont essentielles du seul fait qu'elles restent justement) pour tenter de comprendre, sur un point très précis, celui de la constitution des groupes, en quoi certains événements d'une histoire institutionnelle peuvent contribuer à éclairer une dimension de cette même histoire qui n'apparaît pas à priori du même ordre. Autrement dit, en quoi des faits peuvent-ils influer sur des idées, des mentalités, des *rapports au savoir*, l'inverse apparaissant d'emblée plus évident. Or donc, que nous disent ces traces ?

Que les groupes du CUCES et de l'INFA, issus de la même *matrice*, ne naissent pas de la même *scène primitive*. Qu'ils connaissent très vite un sort bien différent.

---

[1] Les quatre autres étant l'imago, les fantasmes originaires, le complexe d'Œdipe et l'enveloppe psychique de l'appareil groupal. D. Anzieu, *Le groupe et l'inconscient*, Dunod, 1975 (nouvelle édition, 1981)

Le premier groupe (la première équipe du CUCES), grossit par le jeu de la cooptation. Le groupe s'auto-produit par parthénogenèse. « Leurs légendes prétendent que les premiers Cuchefs sont nés du limon même du fleuve » dit le conte mythique. Quelques années plus tard, à l'INFA, les chercheurs sont recrutés sur appel à candidature, selon des profils disciplinaires et des contraintes réglementaires qui restreignent les choix.

Groupes frères, groupes rivaux, beaucoup de choses seront vécues sur le schéma du « bon » et du mauvais « groupe », le CUCES comme fils préféré et l'héritier du *Père*, l'INFA comme l'avorton, le bâtard rebelle.

« *Mais enfin, quel est le meilleur fils de Schwartz ? C'était vraiment... quel est le fils qu'il préfère ? ... une question qui taraudait les gens* » (ancien du CUCES, cette idée est récurrente dans le matériel recueilli par entretiens).

« *Schwartz était le soleil autour de qui tout le monde tournait* » (ancien de l'INFA)
« *C'était un héliotropisme schwartzien si j'ose dire, ce soleil noir qui permettait la photosynthèse, mais qui au fond était l'affaire de chacun, Schwartz, mais pas seulement sa personne, mais tous les gens qu'il y avait autour (...) Papa Schwartz, cette figure d'un soleil, permettant la confiance, c'est quand même un carburant tout à fait important, un pari positif fait sur les gens...* » (ancien du CUCES)

La figure du Père tout puissant, qui *éblouit* ou qui *foudroie* est omniprésente dans la plupart des interviews, mais elle est loin d'être uniforme. Elle est vécue de manière souvent moins positive chez les anciens de l'INFA, où apparaît *l'ombre du Père* et la difficulté de s'affirmer face à lui. « *Difficile de contester une locomotive telle que Bertrand Schwartz, alors qu'on est bénéficiaire d'une relative sécurité de l'emploi ou de développement socioprofessionnel, donc de cracher dans la soupe...* » (ancien de l'INFA).
De Père nourricier (*soleil* ou *fleuve*) ou encore *Prophète, Génie*, sa figure se transforme en Ogre ou en Vampire : « *On lui apporte des idées nouvelles, il presse les citrons, il presse les cervelles* » (ancien de l'INFA). Elle est parfois

ambivalente (ou clivée), chez les *fils spirituels* eux-mêmes : « *A un moment je me suis éloigné de lui, car je ne voulais pas être happé dans son truc* ».

Il est plus facile à ceux de l'INFA de railler la « *dépendance heureuse des gens du CUCES* ». Quand l'investissement des géniteurs est moins fort, l'emprise l'est également. Mais sous la raillerie n'est-ce pas la jalousie (désir d'amour) qui pointe ?

« [Il avait été dit que] *Schwartz avait créé l'INFA car les cadres du CUCES n'avaient pas le temps d'écrire leur expérience. Nous devions donc écrire l'expérience de ces pionniers. Ils étaient les abeilles qui allaient chercher le miel et nous les bourdons qui n'étions pas là pour féconder les abeilles, mais pour les servir. Cela avait créé une certaine controverse.* » (ancien de l'INFA)

Il convient de bien distinguer deux types de « fils du père » : les personnes et les groupes institutionnels. Parmi les fils-personnes, une figure du « grand-frère » est identifiée à plusieurs reprise. Elle est incarnée par Michel Deshons, délégué général du CUCES. Puis viennent les relations parfois difficiles, à la « *Caïn et Abel* » comme dit un ancien du CUCES, parlant cette fois des luttes fratricides internes au CUCES. Mais, je voudrais souligner ici que l'INFA et le CUCES sont eux-mêmes les deux enfants terribles de cette histoire mythique.

Or, ne pas être le premier est parfois difficile à vivre, comme l'exprime cette fois un écrit du début 1966 :
« Avoir un frère aîné, c'est bien agréable parfois mais ça n'est pas toujours drôle. Surtout quand il a déjà fait son chemin, on voudrait vous voir suivre la même voie ; quand on essaie quelque chose de nouveau, il l'a déjà fait et tout ça bouche parfois la vue et paralyse l'imagination aux parents comme à soi. […]
L'INFA, né après, mais dans le même berceau, peut bénéficier de l'expérience du CUCES pour développer son caractère original ou bien être accablé comme d'un héritage trop lourd. »[1]

---

[1] J. Migne, « Note pour le séminaire de février 1966 », 3 p. ronéotées.

Mais, bien pire que la critique, est le déni. Ainsi une note préparatoire à un séminaire en février 1966 appelant des écrits sur les orientations futures de l'« INFA-CUCES » provoque quelques réactions en chaîne :
« La question des rapports de l'INFA et du CUCES est formulée en termes peu clairs. L'auteur [de la note interne concernant le séminaire[1]] écrit en première page : l'INFA et le CUCES, puis, "le complexe INFA-CUCES", puis, "les deux institutions", "ces deux organismes", puis "l'INFA-CUCES" ; en seconde page il écrit à deux reprises "l'institution» et "l'organisme" abandonnant toute distinction. Cette incertitude de vocabulaire n'est sans doute pas dépourvue de sens. En tous cas nous ne dissimulerons pas qu'elle engendre un certain malaise, nous ne pouvons manquer de nous demander si le séminaire reconnaît pleinement à l'INFA un champ d'activité spécifique.

Répondre que cette reconnaissance va de soi puisque l'INFA est un organisme indépendant ne suffit pas : l'existence juridique de l'INFA ne détermine pas nécessairement son existence réelle. »[2]

Le grand frère aurait-il fait alliance avec le Père pour éliminer le vilain petit canard ? Le manger ou le chasser, l'effacer, jeter le brouillon à la poubelle, recommencer autre chose ? Par exemple un INEFA, ou des AUREFA[3]... ou tout autre système de « remplacement » de l'ensemble CUCES-INFA qui va être imaginé à Nancy dès 1966.

Mais jeter l'esquisse n'est pas si simple. Le petit rejeton est doté de vie propre ! Et il bénéficie de la protection de Mère Administration (ou Mère Université telle qu'elle apparaît au détour d'un ou deux entretiens). Cette même Mère qui a rejeté les fils du Père...

---

[1] Il s'agit en fait de Michel Deshons, délégué général du CUCES, dans une note du 17 janvier 1966
[2] C. Lefort, note interne, « préparation du séminaire INFA-CUCES, 8-12 février 1966.
[3] INEFA : Institut national d'éducation et de formation des adultes, AUREFA : Associations régionales pour l'éducation et la formation des adultes

En effet, un projet de décret d'octobre 1963 prévoyait le détachement pur et simple de personnel à l'INFA et donnait la possibilité au directeur de lui accorder un avancement accéléré compte tenu de ses compétences. Ce projet sera refusé par les services financiers et remanié quatre ou cinq fois, remis en question, rediscuté, modifié encore... En mars 1964 Bertrand Schwartz envoie une lettre au Secrétaire général des affaires financières, pour tenter d'infléchir le cours des choses : « L'institut est original certes ! Ses buts le sont et même uniques dans le genre. Comment son statut ne le serait-il pas ? Je ne puis m'empêcher de penser que si l'on n'obtient pas gain de cause, tout est compromis. Comment ne pas jeter un cri d'alarme devant tant d'efforts et tant d'espoirs perdus ? »[1]
Le décret sur la situation des personnels du 1er octobre 1965 signera l'échec.

Refaisant l'historique de tout cela, au cours d'une réunion en 1968, B. Schwartz confirme bien que la création de l'INFA, *corps étranger*, casse le processus d'autogénération du CUCES :
« [Monsieur Paye] dit que ce qui se faisait au CUCES devait s'étendre à toute la France et qu'il était donc nécessaire de créer un Institut National. L'Administration demanda donc au CUCES d'élaborer des statuts pour l'organisme "à créer". Mais au bout de deux ans le projet avait été complètement transformé et le CUCES ne pouvait s'y intégrer, car les statuts étaient tels qu'aucun membre du CUCES ne pouvait "entrer" dans le nouvel organisme. Il a donc fallu faire appel à des personnes extérieures et peu à peu l'Institut National pour la Formation des Adultes a pris corps. »[2]
Les guillemets figurant dans le texte parlent d'eux-mêmes. L'INFA n'a jamais été « à créer », puisqu'il existait déjà, c'était le CUCES !

---

[1] Lettre de B. Schwartz à M. Blanchard, Secrétaire général des affaires financières, du 4 mars 1964 (Archives nationales, carton 770-469/94).
[2] Compte rendu de la réunion d'information INEFA-IREFA du 14 juin 1968

Ce nouveau corps qui prend vie de manière impromptue vient chambouler tous les plans : « Se posait alors la question de savoir ce que ferait l'INFA et ce que ferait le CUCES. »[1] L'INFA impénétrable, car protégé à l'intérieur du corps de la Mère. Jamais vraiment né ?

En quoi une telle histoire institutionnelle structure-t-elle l'imaginaire, l'organisation et la production des groupes ? Chercheurs de l'INFA et formateurs du CUCES peuvent-ils en faire abstraction, en « être accablé comme d'un héritage trop lourd » ou, pour s'en défendre, s'en saisir afin de se construire une identification symbolique ? Le rapport au savoir ne deviendrait-il pas alors, moyen d'investissement et de différenciation, un espace d'opposition entre les deux groupes, fabriqué par l'antagonisme fantasmatique de leur histoire originelle ?

---

[1] Ibid.

Biographie et autobiographie

La vie de Galilée de Bertolt Brecht[1]

Jacky Beillerot

Il y a des œuvres qui sont si explicites qu'elles tendent au lecteur un piège : lui faire croire qu'il comprend tout d'évidence. Je classe dans cette catégorie le *Nom de la Rose*, où U. Eco, sémiologue malicieux, met en scène la fascination de la connaissance et du savoir pour lesquels s'affrontent deux camps, les anciens et les modernes, dans la bibliothèque d'un monastère, au beau milieu des Alpes, à l'orée de la Renaissance, autrement dit, au début du XIVè siècle. Il en va de même avec B. Brecht pour la majorité de ses pièces et singulièrement *La vie de Galilée* apologie à, la veille de la seconde guerre mondiale de la lutte et du triomphe de la science contre l'obscurantisme de l'Eglise.
Cependant, à lire et relire ce Galilée, à profiter aussi du secours d'une étude partielle qui vient de lui être consacrée[2], on voit apparaître en même temps que les évidences proclamées, les subtilités et les nuances de l'auteur dans sa compréhension du moment mis en scène. Pour ceux qui s'intéressent au phénomène des savoirs dans les sociétés occidentales, donc à leurs évolutions sociales et historiques au moins en Europe, qui s'intéressent aussi à la manière dont les

---

[1] L'Arche, 1990, (Première édition française 1955), 142 p.
[2] J. Ricot, « *Leçon sur savoir et ignorer* », PUF, 1999, 115 p.

individus construisent leur rapport à des savoirs différenciés et opposés, le théâtre de Brecht offre tout à la fois des données historiques et des représentations du passé et de l'avenir selon les mythes en vigueur au milieu du XXè siècle. Quelques lignes pour prendre la mesure du moment historique qui va nous occuper.

Le siècle qui s'écoule de 1540 à 1640 environ, marque pour l'Europe un moment essentiel, celui qui voit s'installer une transformation esquissée depuis la Renaissance italienne : le changement de la source, de la fondation du savoir. L'Eglise avait capté puis organisé l'héritage grec, voire égyptien, l'avait développé, sinon enrichi, par ses propres docteurs. A l'aube du siècle qui nous occupe, l'activité de penser, entendue comme penser le monde et l'univers, donc de décider ce qui est juste et vrai, travail éminemment philosophique, est entièrement institutionnalisée par un « appareil idéologique » soutenu en grande part par les Etats et les royaumes. Certes, l'institution Eglise avait connu depuis des siècles de multiples contestations et contestataires. Mais elle avait réussi non tant à toujours en triompher, qu'à circonscrire le champ intellectuel, comme on dit le champ de bataille. L'Eglise n'avait pu empêcher les schismes et les réformes, mais même dans ces cas, il s'agissait de luttes, parfois sanglantes, entre rivaux qui partageaient l'essentiel. Si les organisations ecclésiales différaient, une unité était intellectuellement maintenue, symbolisée par le nom même qui les réunissait tous : ils étaient chrétiens d'Eglise, c'est-à-dire se référaient non seulement aux mêmes textes sacrés, mais plus encore ils se référaient à ce que nous appelons aujourd'hui, un mode de production de la vérité, à savoir la Révélation. Or, le siècle que nous scrutons va imposer un autre mode, celui de la preuve, en même temps qu'un autre mode de validation, la confrontation sans fin d'individus et de communautés sans que jamais une instance suprême puisse trancher entre le bien et le mal, le vrai et le faux.
A mieux saisir les contenus, les enjeux, mais aussi les hésitations et les contradictions de ce temps charnière, on peut mieux comprendre aujourd'hui encore les ambiguïtés et les ambivalences, les conflits même entre les savoirs rivaux, les contestations des savoirs et les résistances que suscitent les sciences, ou encore les difficultés immenses qui demeurent

à devoir apprendre des savoirs si différents les uns des autres, dans leur nature, dans leurs effets, y compris dans les troubles psychiques qu'ils entraînent.

Car, comme il vient d'être mentionné, la laïcisation de la connaissance, « l'humanisation » accrue par la découverte de la démarche scientifique, sont autant de secousses et d'ébranlements de l'ordre ancestral et patriarcal. Ce qui se commence au tournant des XVIe et XVIIe siècles, n'est rien de moins que la disparition annoncée de toute Révélation. La connaissance advient du travail de l'esprit humain et non d'une promesse divine : G. Gusdorf dans « L'Encyclopédia Universalis », volume 7, p. 444, à propos de Galilée, en écrit l'importance extrême.

« Le savant florentin incarne, dans les dernières années du XVIè siècle et le premier tiers du XVIIè, la conception mécaniste du savoir qui, triomphant peu à peu des résistances, définira bientôt en Europe l'idéal scientifique et le code de procédure de la connaissance rigoureuse.
C'est Galilée qui a détruit définitivement l'image mythique du Cosmos pour lui substituer le schéma d'un univers unitaire, soumis à la discipline rigoureuse de la physique mathématique, appelée à axiomatiser de proche en proche tous les secteurs de la connaissance, aussi bien dans l'ordre des sciences de la nature que dans l'ordre des sciences de l'homme.
La destruction galiléenne du Cosmos représente, dans l'histoire occidentale du savoir, un événement sans précédent et peut-être sans second. L'apparition de l'intelligibilité mécaniste ne modifie pas seulement telle ou telle manière de voir : elle impose une nouvelle pensée de la pensée. Ce qui change, ce n'est pas le système du monde, mais le monde comme système, et la place de l'homme dans le monde, et le rapport de l'homme avec le monde, avec lui-même et avec Dieu.
Responsable de cette mutation de la condition humaine, il était normal que Galilée eût à payer le prix de son initiative. Les dieux eux-mêmes, plus haut placés dans la hiérarchie que de simples cardinaux, avaient très sévèrement condamné Prométhée. »

Entrons donc dans le travail de Galilée-Brecht et rappelons d'abord quelques données[1].
La vie de Galilée fut écrite en 1938-39. Le premier texte en français date de 1955. La pièce est composée de 15 tableaux qui déroulent des séquences de la vie de Galilée de 1609 à 1637, soit pendant 30 ans, de ses quarante à soixante-dix ans. La pièce témoigne de la sensibilité d'un grand auteur progressiste, à la veille du cataclysme mondial. Exilé au Danemark au moment où il écrit la Vie de Galilée, B. Brecht qui venait d'apprendre la fission de l'atome d'uranium par Otto Hahn et ses collaborateurs, pouvait avoir quelque lucidité sur le combat qui s'annonçait entre les ténèbres et la lumière.

On ne fera pas l'étude de la pièce dans l'œuvre de l'auteur, pas plus qu'on ne cherchera d'un point de vue théorique ou théâtral ce que représente cette pièce. Souvenons-nous simplement que le théâtre brechtien est communément qualifié d'épique et de dialectique.

Ce qui nous intéresse c'est la vision du rôle des savoirs et de la connaissance dans la représentation que s'en fait un intellectuel révolutionnaire : révolutionnaire parce qu'il appelle de ses vœux un changement profond de société, parce qu'il se déclare proche des communistes, parce qu'après la révolution des astres, il propose la révolution de la société.

Ce qui frappe aux lectures successives, ce qui frappe trop pourrait-on dire est bien que tout est explicitement dit. L'effort pédagogique de Brecht fait ici merveille. Pas de sous-entendu pressenti, pas de complexité apparente : il s'agit du conflit historique entre la science et l'obscurantisme, entre le laïc et le religieux, entre la raison et la foi. Et on peut accumuler les citations en ce sens :

p. 9 : « Car là où la croyance était installée depuis mille ans, là maintenant, le doute s'installe ».
p. 10 : « Oui, c'est écrit dans les livres, mais allons maintenant voir par nous-mêmes ».
p. 10 : « Tout le monde aujourd'hui met de la science dans son vin, vous savez ! ».
p. 17 : « Nous avons des hypothèses mais nous exigeons de nous-mêmes des preuves ».

---

[1] Voir annexe 1, « une note chronologique du siècle ».

p. 28 : « Aujourd'hui, 10 janvier 1610, l'humanité inscrit dans son journal : ciel aboli ! ».
p. 35 : « Je crois en l'homme et cela signifie que je crois en sa raison ».
p. 36 : « La séduction qui émane d'une preuve est trop grande ».
p. 51 : « La vérité est fille du temps, pas de l'Autorité ».
Même page : « Notre ignorance est infinie : entamons la d'un millimètre cube ».
p. 72 : « Par deux fois Galilée répète « Je crois en la raison ». Dans tous les tableaux ou presque, on trouve un personnage, et souvent Galilée lui-même, pour exalter le doute, la raison, les preuves, l'avancée du savoir humain. Images conformes à ce que l'on croit être la naissance de la pensée moderne avec une détermination et une absence d'ambivalence qui correspond au milieu du XXe siècle, aux déclarations et proclamations de foi d'un public éveillé.
La joie de la découverte est affirmée : « Il est apparu que les cieux sont vides. Alors un rire joyeux retentit » (...), et même si son ami Sagredo lui dit p. 40 « c'est la nuit du malheur, celle où l'homme voit la vérité », ce n'est que le faire valoir du savant.

Le savoir nouveau ou plutôt la nouvelle façon de connaître l'univers est un hymne à la vie, car chez Galilée, connaissance et savoir ne sont pas d'ascèse. C'est un personnage gourmand, presque truculent, avec sa bedaine. La vie, la chair sont présentes tout au long de la pièce ; il faut manger comme il faut boire du vin à toutes les occasions. Et s'il vaut mieux acheter des livres que payer le laitier, c'est qu'avoir des dettes fait partie de la belle et bonne vie, de la bonne chère.
Le pape dira de lui : « Il pense par tous les sens. Il ne sait pas dire non à un vieux vin ou à une pensée neuve » (p. 112).
Pensée et jouissance sont tout un, mieux, il s'agit de jouir de la pensée et du corps.
p. 92 : « Je dis jouir est une prouesse », ou encore p. 32 : « C'est au cours d'un bon repas que j'ai le plus d'idées ». Pour autant, Galilée en même temps qu'il s'inscrit en faux contre l'ascèse, rejette la truculence des grands de ce monde qui ne les fait pas penser. C'est l'alliance qui est la nouveauté du

siècle. p. 39 : « Et tu sais que je méprise les gens dont le cerveau n'est pas capable de remplir l'estomac ».
p. 39 encore, au moment où il demande à aller à Florence, il trouve le bon argument : « Et je veux de la viande à manger ». Le pain, le lait, le vin, les oies bien rissolées.
Et lorsque Andréa son élève devenu grand, veut l'injurier de s'être rétracté, il ne trouve rien de mieux que de lui lancer, p. 118 : « Sac à vin ! Bouffeur d'escargots ! ».
Pour Galilée, savoir est vital certes, mais comme on dit aussi que manger est vital. Aussi peut-il être roué ou tricheur comme le montre l'épisode de la lunette qu'il vend à Venise comme une découverte alors que toute l'Europe la connaît. Ou encore Galilée peut bien aussi être simplement humain, très humain : alors que ses amis après avoir cru qu'il ne se rétracterait pas, font un immense effort mental pour comprendre que sa rétractation n'était qu'une ruse pour sauver le développement de la connaissance, ils entendent Galilée leur dire, qu'il avait eu simplement peur de souffrir de la torture. Andréa p. 120 : « Vous cachiez la vérité à l'ennemi. Dans le domaine de l'éthique aussi vous aviez des siècles d'avance sur nous ». Mais Galilée réplique p. 129 : « Je me suis rétracté par peur. Ce n'est pas une ruse ».

Les savoirs nouveaux sont des plaisirs pour l'esprit dans des corps sensuels qui jouissent. Et l'apogée sera pour Brecht les rapports nouveaux des savoirs et de la société.
Hymne à la raison et à la science ! Positivité du savoir qui est, et sera, au service de l'humanité (cf. les machines hydrauliques auxquelles il est souvent fait allusion), entendons du peuple des campagnes et des villes. La science, dans son processus et dans ses résultats, assurera la libération. Plusieurs répliques et séquences en témoignent, tout au long de la pièce.
Si la terre tourne autour du soleil, les rapports humains en seront immanquablement changés, comme l'énonce le chanteur à la page 99 : l'ordre sera bouleversé, le nouvel ordre sera plus juste.
p. 131 : « Le combat pour rendre le ciel mesurable est gagné à cause du doute ; à cause de la foi le combat de la ménagère

romaine pour son lait sera encore et toujours perdu. La science, Sarti[1] a à voir avec les deux combats ».
p. 81 : « Vous avez raison, il ne s'agit pas des planètes, mais des paysans de Campanie ».
On sait cependant que le théâtre brechtien met en scène des héros déchirés, divisés, comme l'écrit l'Encyclopédia Universalis. S'ils sont au cœur de la société, la société est dans leur cœur. Ils sont divisés par des aspirations contradictoires. Générosité/égoïsme, lucidité/aveuglement, révolte/capitulation. Ce sont ces contradictions qui rendent le théâtre émouvant et loin du réalisme socialiste à la Staline ou à la Mao.
Le tableau 8 et les longs monologues du moine physicien témoignent d'une immense crainte : faire perdre aux hommes ce que l'ordre « naturel » donne de sens à leur vie.
Les conflits de classe sont constamment rappelés et les répliques de Galilée surtout, les autres se défendent, sont explicites, par exemple quand il répond au moine : « Pourquoi l'ordre dans ce pays est-il seulement l'ordre d'une huche vide et la seule nécessité, celle de travailler jusqu'à en mourir », p. 81, cf. le tableau pendant la peste.
Si ce n'est pas sur le rapport entre science et société que Galilée doute, en revanche, sa division de sujet est mise en scène à un autre moment. Pour poursuivre ses recherches, il cède et conforte la hiérarchie féodale. La connaissance, et lui comme héros du progrès, lui qui a raison, qui le sait, met la raison au-dessus du monde. La connaissance est plus grande que le combat. Galilée n'est pas un militant, et n'est pas le héros que ses proches voudraient faire de lui, même s'il devait en griller.
P. 39 : « Un homme comme moi ne peut obtenir une place à peu près digne qu'en rampant à plat ventre ». Et il le fera !
P. 119 : « Malheureux le pays qui a besoin de héros », retourne-t-il à son entourage qui exalte l'héroïsme.
Le disciple Andréa, à la p. 115, se remémore une phrase de Galilée et s'en rassure, parce qu'ils ont tous besoin (sauf Virginia, sa fille) qu'il ne se rétracte pas *« Qui ne connaît la vérité n'est qu'un imbécile, mais qui, la connaissant, la*

---

[1] La gouvernante, mère d'Andrea

nomme mensonge, celui-là est un criminel », ou p. 128, à propos des mains, « Mieux les vaut sales que vides ».

Voyons maintenant Galilée pédagogue. La pièce commence avec Andrea, enfant de 11 ans et se terminera avec le même Andrea, seul, faisant passer la frontière, 30 ans plus tard, au livre, les Discorsi, suite de l'œuvre interdite par l'Inquisition. Et Andrea part à son tour, à l'étranger pour enseigner. A l'enfant d'abord, à la gouvernante sa mère, et à tous ses visiteurs, Galilée explique. Il fait des expériences sensitives et actives, des montages et se promène tout au long de sa vie avec un caillou dans sa poche qui lui permet d'interpeller tous ses interlocuteurs : lançant la pierre à terre ou en l'air, il leur demande si elle tombe ou pas et pourquoi ? Ce n'est pas que les élèves ne lui pèsent pas. Espérant obtenir une pension de Venise, il s'exclame tout joyeux p. 17 : « Alors, je n'aurais plus besoin d'élèves si j'ai de l'argent du Curateur ? ». Ou, dans la même page : « J'enseigne, oui et quand puis-je apprendre ? »

p. 18 : « Et comment puis-je alors avancer si je suis forcé, pour faire marcher mon ménage, d'inculquer au premier imbécile venu qui peut se le payer que les parallèles se coupent en infini ? ».

Dès le premier tableau B. Brecht fait entrer un nouvel élève que Galilée fait payer au prix fort. Ludovico, le même qui sera le fiancé de sa fille et qu'il chassera bien des années plus tard.

p. 39 : « Et à ce poste (à la cour de Florence) je n'aurai plus à seriner en leçons particulières le système de Ptolémée, mais j'aurai le temps, le temps, le temps, le temps. »

A la page 105 encore, Varni le fondeur, lui dit : « Vous êtes l'homme qui lutte pour la liberté d'enseigner des choses nouvelles ». Et Galilée avait dit bien plus tôt, p. 47 : « Si les manuels disent des erreurs, que l'on donne de nouveaux manuels ».

p. 35 Galilée est crédité d'avoir enseigné à des centaines d'élèves à Padoue et à Pise.

Conflit moderne du chercheur et de l'enseignant. Temps pris et volé à la découverte. Pour autant Galilée a besoin de faire connaître, de diffuser les connaissances nouvelles, comme il le dit lui-même p. 83 : « Et le pis est que ce que je sais, je suis forcé de le dire à d'autres ». Quelques mots seulement sur Virginia, ou plutôt, des rapports de son père à elle. p. 32 : « Et bientôt Virginia aura besoin d'une dot, elle n'est pas intelligente ». A la page 38, il refuse qu'elle regarde à travers la lunette alors qu'il y invite tout le monde. Et dans la même page, il réplique qu'il n'a rien vu « rien pour toi », sous-entendu rien qui ne t'intéresse, alors qu'il vient de découvrir les satellites de Jupiter. A la page 39, il lui ordonne « *va à la messe* ». Si l'on ajoute qu'il s'est arrangé pour faire rompre ses fiançailles et la garder tout au long de sa vie auprès de lui, on aura compris que le Galilée mis en scène par Brecht n'est pas très progressiste, à moins qu'il faille comprendre que se rejoue dans le siècle la vie d'Œdipe et d'Antigone (Galilée finira sa vie aveugle).[1]

La formation d'un nouveau rapport au savoir

Brecht se sert de Galilée pour annoncer l'aube des temps modernes. Le dramaturge construit tout au long de la pièce le rapport entre les temps nouveaux et l'ancien temps. C'est pourquoi les oppositions abondent dans la pièce, il y en aura plus d'une vingtaine. En voici quelques exemples.
- Le mouvement contre l'immuable ; page 9 : « Car tout bouge, mon ami ».
- L'ordre nouveau contre l'ordre ancien. Le tableau 4 et p. 42 : « L'ordre ancien dit : je suis ce que toujours j'étais, le nouveau dit : si tu n'es plus bon, disparais ».
- La découverte opposée à l'éternité immuable. Même page : « Chaque jour connaît sa découverte ».
- Le doute contre la croyance et la foi, p. 9 : « Car là où la croyance était installée depuis mille ans, là, maintenant, le doute s'installe ». Ou, à la page 110, l'inquisiteur qui dit :

---

[1] Que dire des rapports du même avec Madame Sarti, la gouvernante ? Un seul détail, dans deux ou trois répliques, lorsqu'ils sont seuls, ils se tutoient. Que faut-il en conclure ?

« Ces gens doutent de tout. Devons-nous fonder la société humaine sur le doute et non plus sur la foi ? ».
- p. 130 : « La perpétuation de la science me semble, à cet égard, requérir une vaillance particulière. Elle fait le négoce du savoir issu du doute ».
- Maintenant, aujourd'hui, l'instant, s'opposent à jadis, il y a 1000 ans et structurent les antinomies dès le début de la pièce « Car l'ancien temps est passé et voici un temps nouveau », p. 8/9.
- L'observation par soi-même, contre l'autorité des « pontes », et des livres de tradition. Et ici, il y a trois oppositions en fait : l'autorité, les pontes, les livres, que l'on retrouve dans la grande tirade p. 97/98, qui est un traité d'observation scientifique.
- Observer, contre regarder ou croire : « Ecarquiller n'est pas voir ».
- Regarder les faits contre l'exercice rituel de la disputatio illustré par le tableau 4 : « Ses découvertes dues à la lunette se heurtent à l'incrédulité des savants florentins ».
- S'opposent encore : Tout le monde contre les spécialistes, le courage d'affronter l'inconnu contre la terreur, Dieu en nous ou nulle part contre Dieu dans le ciel, univers infini contre univers fermé, centré, prédire ou prévoir les événements contre se soumettre, les hypothèses, les preuves, la démonstration contre les déductions hâtives ou contre les doctrines. p.26 : « Je me méfie naturellement beaucoup de toute déduction hâtive », ou p. 52 : « Messieurs, ne défendons pas les doctrines ébranlées ».
- L'univers, contre le ciel. p. 33 : « Il n'y a pas de soutien dans le ciel, d'appui dans l'univers ! Il s'agit d'un autre soleil ».
- La terre, corps céleste comme les autres, contre la terre, astre unique, centre du monde. Et l'enjeu est là de taille. C'est tout le tableau 8 de la conversation entre un moine et Galilée, le premier expliquant qu'être qu'un homme sur un amas de pierres serait la perte du sens de l'humain. Il n'y aurait aucun sens au monde, à la création.
- L'ignorance, contre la certitude des savoirs anciens p. 51 : « La vérité est fille du temps, pas de l'autorité. Notre ignorance est infinie, entamons-là d'un millimètre cube ».
- La publicité de la connaissance, contre le silence et le secret. p. 70, le cardinal Barberini, futur pape : « Le sage

dissimule son savoir », en rappelant à Galilée que ce proverbe de Salomon devrait bien l'inspirer, alors que Galilée affirme p. 83 : « Et le pis est que ce que je sais, je suis forcé de le dire à d'autres ».
- L'homme peut et doit savoir contre l'interdit de connaître : p. 74, le cardinal Bellarmin : « Et cela conformément à la doctrine de l'Eglise qui dit que nous ne pouvons pas savoir, mais sommes libres de chercher ».

Le changement de « paradigme » dirions-nous aujourd'hui, qui transforme le rapport au savoir d'une civilisation, est plus complexe qu'une première lecture obligée nous le raconte. A un premier niveau, qui identifie en effet deux types de savoir, on peut aussi chercher d'autres plans moins dichotomiques, moins caricaturaux qui correspondent sans doute davantage aux ambiguïtés du temps d'alors, et tout simplement à la permanente ambiguïté des savoirs, aux frontières entre savoir démontré et savoir indécis, et ainsi plus proche de ce que les cultures contemporaines nous offrent comme « objets » de savoirs ; que par là même ne s'opposerait plus le doute à la certitude comme au premier niveau, mais s'incarnerait le doute d'aujourd'hui, le doute non de toute certitude, mais de la finitude de la certitude : l'acceptation qu'une donnée éprouvée et démontrée, soit juste et vraie mais qu'elle fasse aussi partie d'un plus grand ensemble qui échappe à chaque instant donné. J. Ricot voit dans Le Galilée de Brecht, une belle démonstration de la double ignorance qu'il avait analysée à partir de Socrate et Platon. Pour lui, il y a dans la pièce, l'ignorance des professeurs qui ne veulent pas regarder le ciel, et celle du moine qui défend l'interprétation littérale de la Bible ; deux formes d'une même ignorance, celle qui provient de l'assurance d'un savoir dogmatique, ignorance donc qui ne sait pas qu'elle est faite de croyance. S'oppose à elle, l'ignorance qui est celle de savoir qu'on ne sait pas. L'ignorance savante ou des savants, qui, au contraire du dogme, accepte de modifier la théorie pour accueillir les faits[1].

---

[1] On peut y adjoindre l'ignorance qui ne serait pas ignorance, c'est-à-dire celui qui ne sait pas ce qu'il ne sait pas.

On est introduit par là dans une complexité du monde, où se côtoient des savoirs différents en même temps que des croyances variées. Certes, clarté et complexité sont si « insupportables » que chacun n'aura de cesse que se trouver une aire de repos. L'argotique expression « ça me prend la tête » ne dit pas autre chose. B. Brecht sans doute pour les besoins de sa cause n'a pas bien rendu compte du débat théorique qui agite la période. D'une part, Galilée n'a pas démontré l'héliocentrisme, pas plus que Copernic. D'autre part, les réserves émises sur ses observations n'étaient pas toutes sans fondement : ainsi les déformations optiques, mal connues alors, auraient pu perturber les observations. En conséquence, si Galilée a raison, ce n'est pas d'emblée, ce n'est pas sans détour. Lors de l'apparition des comètes en 1618, il se trompe en considérant qu'elles ne sont pas des corps célestes, mais le résultat d'illusions d'optiques, comme une sorte d'arc-en-ciel. La conquête de la vérité démontrée par une approche scientifique se révèle être une démarche lente et non fulgurante, titubante, passant d'une hypothèse à une autre, d'une interprétation à une autre. La position des gens d'Eglise, elle-même est plus incertaine, plus sensible que la légende ne le rapporte. D'une part, la distinction, entre les hypothèses bonnes pour les calculs et la vraie nature des choses, qui se manifeste dans l'expression « sauver les apparences », conduit à chercher la cohabitation entre une physique possible « vous êtes libre d'étudier même cette théorie-là, mais sous la forme d'une hypothèse mathématique », (p. 74), et le maintien de l'interprétation de la Bible par l'Eglise. Galilée enfin, participe au débat relatif à la lecture des Ecritures, en plaidant pour une lecture symbolique non littérale[1].
La rétractation de Galilée elle aussi nous contraint à tempérer notre vision d'un monde divisé en héros et salauds. Mieux vaut des mains sales que vides. Philosophie sartrienne avant la lettre, où la peur existe, comme l'ambivalence. Une vérité,

---

[1] C'est peut-être à cette capacité du « double langage » que l'institution de l'Eglise doit de durer depuis vingt siècles : ainsi le Vatican confirme par ses propres savants les découvertes de Galilée et met, en même temps, Copernic à l'Index.

surtout scientifique a le temps pour elle ; elle s'imposera un jour ou un autre et Galilée nous enseigne une belle leçon d'humilité et de courage ; car il faut du courage pour se rétracter. Brecht accepte que le conflit psychique soit ici mis en scène et pas seulement placé, déplacé en conflit social ; c'est que les nouveaux savoirs sont devenus aussi, ambivalents. Brecht écrit la version finale de la pièce en 1945, après la bombe d'Hiroshima...
Le plus souvent Brecht renforce le mythe de Galilée en proie au cléricalisme et à la « mauvaise » ignorance jusqu'à faire du savant italien un précurseur de l'émancipation communiste.
Mais il y a un autre personnage de Galilée, un Galilée nous l'avons vu, qui met en scène sa propre vie, où il se montre rusé et roué, bon vivant, cherchant de l'argent et préférant Florence et ses princes, plutôt que Venise pourtant plus tranquille et plus éloignée de la papauté. Or, en quittant Venise, il abandonne une conception plus généreuse, plus militante du savoir au service des intérêts du peuple. Il préfère obtenir des facilités financières d'un prince dont il espère qu'il lui laissera la totale liberté de produire une science gratuite, une science pour la science.
Et si son procès a plus fait pour sa gloire que les preuves scientifiques de l'héliocentrisme qu'il n'a pas données, il a cependant contribué par son génie de la méthode expérimentale, par exemple en découvrant les lois de la chute des corps, à faire passer l'Europe, d'un savoir contemplatif de la nature à un savoir pratique[1]. Galilée ingénieur précurseur, vise à se rendre maître et possesseur de la nature. Ici **savoir est pouvoir**, dont le contraire n'est plus alors l'ignorance, mais l'impuissance, même si on sait aussi que le contraire de l'impuissance est la puissance, et non le pouvoir, la puissance jusqu'à son apogée fantasmatique, de la toute puissance : nous sommes bien encore dans notre sujet, quand il est question de pénétrer, de violer les secrets de la nature, mais on aura changé de registre.
Il reste le projet de Galilée de mettre les savoirs savants à la disposition du peuple : le contre pied de Copernic qui les réservait à ceux qui peuvent les entendre. Galilée se voit reprocher par l'Inquisition de rédiger ses travaux, non pas en

---

[1] Ricot, op. cit. p. 77.

latin, « mais dans l'idiome des poissonnières et des marchandes de laine », p. 111, belle définition de la future « vulgarisation » scientifique qui ouvre la porte par Brecht interposé aux débats du XXe siècle sur la nature idéologique et sociale des savoirs.

Enfin, Brecht fait chanter à Galilée, tout au long de la pièce, une sorte d'opéra du savoir. Toute la pièce est en effet pleine de « savoir » et la traduction récente de Recoing (1990) accentue encore l'usage de la notion si souvent voisine et synonyme de science (cf. la comparaison de traduction en annexe établie par Françoise Hatchuel).

Federzoni (polisseur de lentilles et collaborateur de Galilée), au moment où il croit encore que Galilée ne se rétractera pas s'écrie p. 117 « Maintenant commence véritablement le temps du savoir. Ceci est son heure de naissance. Imaginez s'il s'était rétracté ».

Et la dernière réplique d'Andrea, l'élève, p. 137 : « Nous n'en savons pas assez, loin de là, Giuseppe. Nous n'en sommes vraiment qu'au commencement ».

La science est entendue comme une modalité de connaissance, une attitude de l'esprit, un principe de pensée. Le savoir quant à lui, est résultat, produit, richesse surtout.

p. 18 : « Ma science a soif encore de savoir ».

On peut entendre cette réplique, comme mon désir, désir de connaître, de prouver. Connaître, pris ici au sens de percer le secret du monde et du ciel et de l'univers (Galilée ne fait-il pas crever les sphères du ciel auxquelles croyait la tradition !). Un Connaître métaphysique, qui n'est pas une expérience intime mais l'exercice de la raison.

Ainsi, on arrive à la trilogie : désir, soif, savoir, les métaphores si habituelles, pour parler aussi bien de l'éducation que de Dieu.

p. 39 : « Je dois savoir ».

Le savoir peut devenir une passion et une incarnation, et si la connaissance est de l'éther, le savoir lui est de la chair. Le savoir est sensualisé, socialisé et institué.

Annexe 1 : note chronologique 1540 - 1640

Quelques données factuelles permettront au lecteur de mieux entrer dans le débat. Les savants dominent la période. Copernic meurt en 1543 ; il ne publie son œuvre d'astronomie, découvrant, redécouvrant peut-être l'héliocentrisme seulement à la veille de sa mort. Ensuite, Tycho Brahé mort en 1601 ; remarquable observateur du ciel qui chercha à concilier géocentrisme et héliocentrisme. Puis enfin Kepler (1571-1630) qui succède au précédent à Prague, comme astronome de Rodolphe II. Galileo Galilei quant à lui, traverse les deux siècles concernés de 1564 à 1642.

Quelques dates permettent de comprendre les allusions dans la pièce :
1600 : Giordano Bruno est brûlé sur le bûcher
1605 : Kepler découvre la trajectoire elliptique des planètes
1616 : Copernic est mis à l'Index
1618 : Etude des comètes par Kepler et Galilée.
1631 : Grassenti observe la passage de Mercure entre Terre et Soleil prévu par Kepler
1632 : Dialogue sur les deux principaux systèmes du monde de Galilée
22 juin 1633 : Condamnation de Galilée
1638 : Discorsi : dernier ouvrage de Galilée
Galilée a écrit plus de 20 volumes d'œuvres et de manuscrits. Il est considéré comme l'inventeur de la mécanique. S'il n'a pas démontré le mouvement de la terre, il a cependant observé que la lune a des montagnes, que Jupiter est pourvu de satellites (dénommées par lui astres médicéens), que le soleil a des taches et il découvre les phases de Venus prévues par Copernic. Il a enfin cette intuition fulgurante que la nature et l'univers sont écrits dans une langue, la mathématique, et donc qu'il devient possible non plus seulement de décrit, mais d'expliquer.

Annexe 2 : Bertolt Brecht : La vie de Galilée. « Wissen » et ses traductions

Fiche établie par F. Hatchuel

Oeuvre originale allemande[1]	Traduction de Pierre Abraham en 1955[2]	Traduction d'Eloi Recoinfen en 1989[3]
Tableau 1 Schien das Licht des Wissens hell (p. 7) * Ich bin also gezwungen, die Locher in meinem Wissen auszustopfen (p. 22) *	Traduction éloignée (p. 13) Alors il me faut bien repriser les trous de mon savoir (p. 21)	La clarté du savoir jaillit (p. 7) Je suis donc bien forcé de boucher les trous de mon savoir (p. 17)
Meine Wissenschaft ist noch wissbegierig (p. 22) Für das Wissen, das Sie verkaufen (p. 25) Mein Wissensgebiet (p. 28) *	Ma science est encore avide de science (p. 21) Pour le savoir que vous vendez (p. 22) Mon domaine scientifique (p. 24)	Ma science a soif encore de savoir (p. 18) Pour le savoir que vous vendez (p. 18) (le) champ de mon savoir (P. 22)
Tableau 7 Der Weise verbirget sein Wissen (p. 98)	Le sage dissimule son savoir (p. 60)	Le sage dissimule son savoir (P. 70)
Tableau 8 Wollt wissen, wie man wissen find (p. 109) *	De quoi parlèrent-ils ? De science, de physique ** (p. 65)	Qui voulait savoir le secret pour trouver la voie du savoir (p. 78)
Tableau 9 Das Wissen wird eine Leidenschaft sein (p. 131) Ich muss es wissen (p. 40)	Le savoir va devenir une passion (p. 76) Je le saurai (p. 81)	Le savoir peut devenir une passion (p. 93) Je dois savoir (p. 99)

---

[1] Stücke, T VIII, Berlin, Suhrkamp, Verlag, 1955.
[2] Théâtre complet, T 3, Paris, Ed. de l'Arche, 1955.
[3] La vie de Galilée, Paris, Ed. de l'Arche, 1990.

Tableau 13		
Die Zeit des Wissens	L'ère du savoir p. 94)	Le temps du savoir (p. 117)

Tableau 14		
Zwei neue Wissengweige (p. 173) *	Deux sciences nouvelles (p. 101)	Deux nouvelles branches du savoir (p. 127)
Wissenswert (p. 181) Sie (die Wissenschaft) handelt mit Wissen, gewonnen durch Zweifel Wissen verschaffend über alles (p. 185)	Dignes d'être connues (p. 102) Elle (la science) fait commerce du savoir acquis grâce au doute créant le savoir sur tout (p. 1041)	Dignes d'être connues (p. 127) Elle fait le négoce du savoir issu du doute. Procurant du savoir sur tout (p. 130)
Wissen um des Wissens willen aufhängen (p. 196) Ihr Wissen (p. 187) Mein Wissen (p. 187) Das Wissen flüchtete über die ? wie, die wissensch....... *Différence entre les deux traductions	Mettre en tas le savoir pour le plaisir du savoir (p. 104) Leur science (p. 105) Mon savoir (p. 105) Non traduit, strophe d'introduction ** Traduction assez éloignée car il s'agit d'une strophe d'introduction au tableau P. Abraham a privilégié le rythme et la structure	Amener le savoir pour le savoir (p. 131) Leur science (p. 131) Mon savoir (p. 132) Le livre a passé la frontière. Nous qui avons soif de savoir

Posture autobiographique et rapport au savoir. Aperçu méthodologique et critique a propos de la position de Jean-Paul Sartre

Claude Poulette

Présentation

« L'autobiographie, s'il y en a, relève d'abord du crédit. Quelles garanties peut-on avoir de ce qu'un récit autobiographique soit plus véridique qu'un autre ? Il y a toujours une posture, c'est-à-dire une imposture par cela même que c'est une posture (...) L'autobiographe se poste, il se met même dans la poste à recomposer ses souvenirs, voire à les inventer, il s'adresse sa « vie » en une sorte de poste restante. Ce serait à nous, lecteurs, d'aller chercher le courrier en souffrance. Lui il est déjà loin ».[1]

Peut-on rendre compte de la *constitution* du rapport au savoir en interrogeant la *posture* autobiographique ? Est-il

---

[1] FROMENT-MEURICE (M), « Personne a/à ce nom », in *L'animal autobiographique. Autour de Jacques Derrida*, p. 129, Galilée, Paris, 1999.

pertinent de prêter un quelconque crédit au récit de vie lorsqu'il est question d'identifier les composantes intersubjectives, intrasubjectives et inconscientes du rapport au savoir ? Ce sont ces questions que nous voudrions examiner ici.

En prenant l'exemple de Jean-Paul Sartre (*Les Carnets de la drôle de guerre, Les Mots*) nous n'avons pas l'intention de cibler exclusivement les perspectives originales d'un auteur situé au carrefour de la phénoménologie, de la psychanalyse existentielle et de la dialectique. Il s'agit en revanche de confronter les positions de Sartre à la problématique des identifications dont on admettra ici qu'elle exhibe une dimension décisive de la *constitution* du rapport au savoir et de son évolution.

« *Le rejet de la domination du savoir transcendantal* »

Précisons pour commencer que la parenté entre les interrogations qui animent aujourd'hui la question du rapport au savoir et la problématique qui fut celle de Sartre nous paraît évidente, ne serait-ce que sur l'axe du rapport entre savoir, psychisme ou conscience individuelle et structure familiale, axe qui va occuper l'avant-scène de toutes les biographies romancées ou critiques que Sartre produira (*L'enfance d'un Chef*,[1] *Baudelaire, Saint Genet comédien et Martyr, Mallarmé : La lucidité et sa face d'ombre*) avant de devenir le point central de l'autobiographie (*Les Mots*), prolongée, comme on sait, par le volumineux Flaubert (*L'Idiot de la famille*) .
Le point de convergence entre Sartre et la question du rapport au savoir n'est autre que « le rejet de la perspective

---

[1] Avant l'essai sur Baudelaire (1947) et donc bien antérieurement à *Saint Genet comédien et martyr* (1951), Sartre dévoila largement son intérêt pour le problème de la formation et la constitution de soi : *L'enfance d'un chef* (1938) témoigne de préoccupations qui traverseront l'œuvre entière : comment devient-on un chef doublé d'un salaud antisémite (soit Lucien Fleurier converti « au réel »), comment devient-on un homme qui écrit, un homme « qui a choisi l'imaginaire » ? (Flaubert, Genet, Mallarmé, Sartre lui-même) par quel choix de lui-même Baudelaire deviendra-t-il un poète maudit ? Telles sont les questions qui conduiront Sartre à se retrouver (ou plutôt à *se perdre*) en un double embarrassant, Gustave Flaubert — *L'Idiot de la famille.*

transcendantale » dans le procès de constitution d'un tel rapport :
« Par l'introduction du rapport entre savoir et psychisme, note Jacky Beillerot, sous le double aspect des phénomènes cognitifs d'apprentissage et du désir de savoir, par opposition à la rigidité des savoirs figés dans des stocks sociaux, par le rejet enfin de la domination d'un savoir transcendantal, on en est venu à comprendre la réalité des savoirs comme celle d'un processus et non de résultats et de produits. Dans ce processus la dimension de vérité des savoirs est plus conditionnelle, moins évidente ; elle cède le pas à une vision plus localisée, plus singulière, où l'accent est mis sur les problématisations, sur les appropriations, et à défaut de savoir la vérité, on devient sensible au passage d'une vérité à l'autre. **On découvre alors que l'individu se produit, produit de l'existant, plus que du vrai ou du faux.** Nul doute que cette perspective est en accord avec son temps : la relativité culturelle, **la montée de l'idée d'individu,** le champ nouveau des sciences cognitives, transforment aussi la vision des savoirs. »[1] (Nous soulignons).

Ces remarques nous permettent d'évoquer ici directement l'attitude complexe de Sartre face au paradoxe de l'universalité abstraite des sciences humaines et de la philosophie compromise par le positivisme. Sartre s'est en effet longuement appliqué à démontrer, contre les dogmes structuralistes, qu'en cherchant à réduire les savoirs à leurs composantes purement formelles ou à des structures transcendantales on courait le risque de dissocier ces savoirs de leur propre procès de constitution et d'appropriation, toujours relatif à des individus et à des sujets engagés dans des situations, existentiellement pris dans un rapport de savoirs (intersubjectif et social) comme ce fut le cas, entre autres, de Sœren Kierkegaard confronté à la totalisation hégélienne.
Sans reprendre à leur compte les prétentions hégémoniques de l'hégélianisme, les données analytiques des sciences positives se cantonnent, aux yeux de Sartre, dans une épistémologie antidialectique. Cette position reste étrangère aux logiques qui gouvernent le rapport de l'homme au monde

---

[1] BEILLEROT (J), « Les savoirs, leurs conceptions et leur nature » , Pour une clinique du rapport au savoir, p. 133, L'Harmattan, Paris, 1996.

(envisagé dans ses dimensions familiales, sociales et historiques). En un mot, le scientisme serait indifférent à l'histoire et au processus d'historialisation du sujet ; il ne saurait donc rendre compte de la constitution et de la personnalisation des *individus*, toujours engagés dans des situations dont les déterminations sont intériorisées et réextériorisées par des *praxis* individuelles irréductibles aux schémas béhavioristes.

Cette attention constante aux dimensions compréhensives et existentielles du rapport aux productions culturelles a amené Sartre à en considérer les aspects les plus subjectivement investis, en fonction des situations sociales et familiales particulières.

C'est sans doute à la faveur de cette attention que Sartre n'a jamais cessé de conduire ses grandes biographies critiques (en particulier *Saint Genet* et *l'Idiot de la famille*). Et c'est également contre les thèses réductrices issues d'un marxisme indifférent à l'homme et aux *praxis* individuelles qu'il a voulu fonder une anthropologie culturelle conforme à sa propre compréhension de la phénoménologie.

Ce n'est donc pas un hasard si Sartre a commencé sa carrière philosophique en récusant radicalement le néokantisme (l'idéalisme) de son maître Husserl. Le retour au réalisme se résume alors, pour l'auteur de l'essai sur *La transcendance de l'Ego*, dans le refus de soumettre la conscience individuelle à un Moi transcendantal qui conserverait des régularités formelles anhistoriques, peu compatibles avec le travail d'historicisation des personnes engagées dans des situations singulières.
De cet acte inaugural est né l'*existence* (au sens de Sartre) comme absolue spontanéité non subsumée sous une structure ou une essence préconstituée ou prédonnée.
Quelles que soient les critiques que l'on peut adresser à cette thèse, elle a du moins le mérite de rendre problématique l'accès au savoir réifié en structure transcendantale ou en catégories préconstituées, ou, pire encore, en « stocks sociaux » assimilables aux données du « champ pratico-inerte ».

Les dimensions constitutives du rapport au monde, du rapport à soi, et du rapport au monde et à soi à travers l'acculturation et la contingence constituent l'un des problèmes centraux de l'anthropologie sartrienne. On peut s'en convaincre en lisant par exemple *Questions de méthode*, ouvrage qui prend très souvent appui sur Flaubert pour exemplifier les rapports entre psychisme, famille, histoire et écriture. Parallèlement, Sartre a rencontré la psychanalyse qui traite également du problème de l'historicisation du sujet. Phénoménologue favorable à l'unité indivise du psychisme, identifié à la conscience et à ses modalités de présence à soi, Sartre va guerroyer sans relâche contre le père de la psychanalyse en refusant l'inconscient et la topique freudienne. Après avoir consolidé ses thèses à travers ses grandes biographies, l'écrivain-philosophe tentera d'objectiver sa propre genèse en se demandant « Comment devient-on un homme qui a choisi l'imaginaire ? » ; question lancinante qui traverse de part en part l'entreprise scripturaire de l'auteur. Sartre sera donc exemplaire en ce sens qu'il n'a jamais complètement cédé devant les facilités de la « raison scolastique » caractérisée par un rapport intemporel aux vérités philosophiques[1]. On peut donc dire que Sartre appelle, par son constant souci d'élucider ses propres investissements littéraires et philosophiques, un examen plus précis de sa position face à la question des identifications formatrices.

Choix originel et projet de soi-même

Pour mener à bien cette tâche nous relèverons ici deux aspects méthodologiques de la question du *rapport au savoir* . L'un consiste à accepter de subordonner la perspective de la *constitution* d'un tel rapport à la logique des identifications et des désidentifications, l'autre vise à cerner comment Sartre a

---

[1] « Se trouve justifiée (par la *raison scolastique*) une histoire *a priori* qui ne peut s'écrire qu' *a posteriori*, lorsqu'a surgi, comme *ex nihilo*, la philosophie finale et ultime qui clôt, conclut et couronne, sans rien lui devoir pour autant, toute l'histoire empirique des philosophies antérieures qu'elle dépasse tout en permettant de les comprendre dans leur vérité... » BOURDIEU (P), *Méditations Pascaliennes*, pp. 55-56.

traité la même question dans son autobiographie[1] et dans ses grandes biographies critiques en privilégiant les notions de choix originel et de projet de soi-même.

Pour examiner cette question nous faisons appel à la constitution du rapport au savoir dans ses dimensions familiales et inconscientes. Nous utilisons donc ici *Les Mots*, ce récit de vocation dénoncée. On sait que Sartre a voulu y livrer son enfance afin de démontrer l'inconsistance des comédies familiales et littéraires d'un personnage nommé Poulou. Victime d'un huis clos familial béni qui le rendra étranger au monde, le jeune Jean-Paul est condamné à des lecteurs au-dessus de son âge. Ce privilège ambigu le conduira à s'identifier aux grands morts d'une nécropole littéraire compassée : la bibliothèque de Charles Schweitzer.

Nous évoquons d'autres textes à portée théorique et autobiographique ou encore « autographiques[2] » pour caractériser la posture sartrienne face à la dialectique des identifications (thématique que nous empruntons ici

---

[1] On le sait, *Les Mots* ne nous avaient révélés qu'une partie de l'édifice autobiographique et « autographique » sartrien. En effet nous disposons, depuis la disparition de l'auteur, d'une profusion de textes qui témoignent de sa constante passion biographique. *Les Carnets de la drôle de guerre* constituent sans doute le meilleur exemple de cette incessante interrogation sur soi.

[2] Les écrits « autographiques » sont des fragments d'autoportrait tels qu'on en trouve dans certains passages des *Carnets de la drôle de guerre*, ce sont des méditations sur soi-même qui ont l'ambition de répondre à la question « Qui suis-je ? » , ces écrits n'ont pas une densité narrative très consistante, car ils ne vont pas jusqu'à constituer un récit de vie, ce qui est le propre de la posture autobiographique, laquelle répond à la question : « Voici ce qui m'est arrivé » .
Michel BEAUJOUR oppose l'autoportrait, c'est-à-dire les écrits « autographiques » aux textes autobiographiques :
« L'autoportrait se distingue de l'autobiographie par l'absence d'un récit suivi. Et par la subordination de la narration à un déploiement logique, assemblage et bricolage d'éléments sous la rubrique que nous appellerons provisoirement thématique » . (*Miroirs d'encre*, p.8. Nous soulignons).
On trouverait des exemplaires « autographiques » dans les avant-textes des *Mots* où le travail de réflexion sur soi obéit davantage à un montage logique, foncièrement a-chronique, qu'à une mise en forme chronologique. Philippe LEJEUNE estime d'ailleurs que la structure des *Mots* est elle-même foncièrement a-chronique. Nous écrirons désormais auto(bio)graphique avec le parenthèsage central de « bio » , pour signaler que nous parlons à la fois des *deux* genres d'écriture du moi : l'autoportrait et l'autobiographie.

directement à Piera Aulagnier). Nous envisagerons également le récit autobiographique sous l'angle des désidentifications réfléchies et critiques en nous référant plus particulièrement à Octave Mannoni. Cette problématique présente à nos yeux un double intérêt. Il s'agit d'abord de comprendre en quoi le caractère réfléchi des identifications n'épuise pas leur dimension inconsciente et, d'autre part, de cerner les limites du *choix originel de soi-même* qui est au principe de la conceptualisation sartrienne de la personnalisation[1].

Avant d'entrer dans la dialectique des identifications il n'est sans doute pas inutile de prendre la mesure de la position sartrienne quant à la question, décisive à ses yeux, du *choix originel* que chaque personne fait d'elle-même. C'est naturellement sur la base de ce postulat que se construit pour Sartre le rapport au savoir, le rapport à l'écriture et le rapport au monde. Juliette Simont en a donné une excellente version condensée. Ecoutons-la :

« C'est par cette notion de choix original que Sartre marque ce qui sépare sa « psychanalyse existentielle » de la « psychanalyse empirique » , c'est-à-dire de la psychanalyse freudienne (ou du moins de l'image qu'il s'en fait). Les affinités entre sa propre démarche et cette psychanalyse sont nombreuses (...) La psychanalyse, il y insiste, loin de se contenter de données, comme c'est le cas pour la psychologie (avec ses répertoires de désirs positifs, ou sa conscience substantielle inertement habitée de désirs), s'engage, tout comme la recherche existentielle, dans une investigation sur l'historialisation de la personne, dans l'interrogation sur l'événement qui a suscité son devenir telle ou telle. Elle refuse aussi bien l'*a priori* idéal que la soumission aux faits empiriques. Mais l'**enquête ne devrait s'arrêter que face à un terme à la fois irréductible et transparent, qui nous illumine d'une évidence intuitive quant à ce**

---

[1] La **personnalisation** est le processus par lequel le Pour-soi (l'équivalent du sujet pour Sartre) se débat avec ses conditionnements familiaux primitifs en choisissant de dépasser (ou de radicaliser) « la condition » initiale qui est lui est faite.

qu'est la subjectivité absolue de la personne (...).» (Nous soulignons). [1]
Cette *évidence intuitive*, qui est le terme ultime que l'on peut rencontrer dans l'enquête existentielle, n'est toutefois pas l'inconscient freudien, mais une réalité à la fois contingente et intelligible, signe de l'existence non nécessaire, c'est-à-dire radicalement libre.

« Seul un choix primitif[2], continue Juliette Simon, peut répondre à cette exigence; contingent, il l'est puisqu'il n'est choix qu'à avoir pu choisir autrement, et intelligible tout autant, puisqu'il n'a pas pu se choisir ainsi plutôt qu'autrement sans se donner des motifs qui réduisaient à néant cette liberté d'indifférence et l'engageait totalitairement dans l'organisation du monde selon les paramètres d'un tel choix. »[3]

Sartre a fortement balisé lui-même son propre choix originel de l'imaginaire, c'est-à-dire de la littérature. Devenu compagnon de route des communistes dans les années 50, au moment où il entreprend de rédiger les premiers brouillons de son autobiographie, il sera alors prédisposé (par position idéologique et politique) à se désolidariser totalement de lui-même, de ses propres investissements primitifs, et donc de la littérature réduite pour les besoins de « la cause » à « l'imaginaire ».

Brouillant assez magnifiquement les pistes par le jeu de l'auto-dénonciation et de l'auto-parodie, il fournira dans *Les Mots* un portrait peu flatteur de Poulou, cet enfant gâté, rongé depuis toujours par l'imaginaire. C'est souligner ici qu'on

---

[1] SIMONT (J), *Jean-Paul Sartre, un demi siècle de liberté*, Le point philosophique, De Boeck Université. (pp. 171-172)

[2] « Le choix original, ajoute Juliette Simont, c'est le désir d'être de telle ou telle façon ; choix totalitaire, vers lequel indique chaque conduite empirique - pour peu qu'on soit capable de déchiffrement prescrit par la méthode de la psychanalyse existentielle ; autrement dit, il n'est pas un goût, un tic, un acte humain qui ne soit révélateur » . Si chaque geste est révélateur du choix originel, il faut alors admettre que tout rapport pratique au monde révèle à son tour un chiffre personnel qui fait la singularité irréductible d'une personne *aux prises avec le regard des autres*... C'est ainsi que Baudelaire, délaissé par ses parents, se choisit dans la solitude et le délaissement... De même Genet qui s'identifie au voleur, voleur qu'il devient par intériorisation du regard des autres...

[3] *Op.* cité p. 172.

n'entre pas dans Sartre (fût-il mort) comme dans un moulin. Cela tient à deux obstacles : 1) sa théorisation du choix originel et 2) la façon dont il a lui-même traité son enfance, « la plaie cachée » de ses choix jugés rétrospectivement peu conformes aux prérogatives du réel.

Posture auto(bio)graphique : limites des « données » littéraires

Dans un récit autobiographique nous ne pouvons assurément pas accéder directement aux conflits réels de l'auteur, mais seulement à la façon dont celui-ci les inscrit dans son récit et dans ses commentaires. Lecteurs d'écrits autobiographiques nous n'avons finalement accès qu'à des conflits qui ponctuent l'identité narrative que l'auteur est seul à pouvoir nous révéler. Nous sommes de ce fait contraints par ses choix implicites, par les limites du champ qu'il nous impose, par l'interprétation qu'il donne fatalement de sa propre histoire personnelle, par la façon dont il sélectionne ses souvenirs, etc. Nous évoquerons donc ici le discours auto(bio)graphique en l'interrogeant sous l'angle de la *constitution* du rapport au savoir. Pour ce faire nous admettrons un présupposé théorique décisif : tout récit autobiographique, toute rhétorique de l'autoportrait, suppose une tentative de désidentification critique, qui vaut, dans le cas où l'auteur se fait l'analyste de son enfance et de son adolescence, comme une désidentification consciente et réfléchie.

Dans le cas de Sartre la désidentification réfléchie est censée permettre la mise en évidence de l'irréductibilité existentielle d'un choix originel et primitif dont tous les autres choix (secondaires ou dérivés) sont des reprises à des niveaux différents. Ces reprises différentielles permettent à chaque fois au jeu identitaire de prendre une forme stable, objectivée dans des rôles. On sait que l'identification à des rôles (construits sur des schèmes d'action et des formes d'attitudes bénéficiant d'une reconnaissance sociale tant positive que négative) se fait dans la mauvaise foi, c'est-à-dire sur la base d'une réflexivité complice. Complice de quoi ? Du regard objectivant des autres. Cette réflexivité impure est consubstantielle au désir fondamental du Pour-soi sartrien. En effet, définie par son manque d'être, la réalité humaine n'a de cesse de se retrouver dans une identité substantielle qui réaliserait (par le biais du regard et du discours de l'Autre) l'unité impossible de l'existence et de l'être, de l'En-soi et du Pour-soi. Négativité inépuisable, le Pour-soi ne peut s'identifier durablement à quoi que ce soit sans renoncer à sa puissance de négation. Sa négativité incessante est au principe même de l'existence originaire et de tous les dépassements. Dans ce jeu identitaire il y va « du soi futur » comme tentative de comblement du manque (du néant originaire) auquel renvoie la négativité primordiale de la réalité humaine.

Mais en même temps (et quelle que soit la conception sousjacente du sujet à laquelle se réfère l'auteur) le récit autobiographique, fondé sur des tentatives scripturaires de désidentification critique, comporte des contraintes implicites et cachées qui rétroagissent sur l'auteur, sur les images consciemment cultivées qu'il s'impose en se livrant à ses lecteurs. Il est par conséquent à peu près impossible de se désidentifier sans souscrire aux normes d'une nouvelle identification *complice* reposant sur le *monnayage rhétorique de la technique de l'aveu personnel.*

« La scène judiciaire de l'autobiographie » comporte, en effet, des « procédures » culturelles implicites (rhétoriques) qui dominent le genre. Sans entrer ici dans le détail des analyses, retenons-en les principales caractéristiques signalées par Gisèle Mathieu-Castellani. Cet auteur s'inspire directement des travaux de Michel Beaujour fondés précisément sur un constat désobligeant pour le narcissisme (esthétique et personnel) propre à la posture auto(bio)graphique. On rompt alors avec la psychanalyse existentielle chère à Sartre. En effet, si les désidentifications réfléchies et conscientes sont fondées sur une analyse régressive qui vise « l'évidence intuitive » d'un choix originel, elles sont alors considérées comme suffisantes pour énoncer la « vérité » de la personne. Si nous soupçonnons néanmoins « l'analyse régressive » de masquer quelque peu la part inconsciente des identifications réfléchies, il convient alors de traquer cette dimension occultée et de déroger au principe même de l'intelligibilité intuitive du choix primitif de soi-même, fût-il difficilement reconstruit.

Il nous faut maintenant opposer à Sartre une « dialectique des identifications » qui, bien que proche de ses thèses sur le choix originel et le projet de soi-même, donne néanmoins une large place à l'inconscient freudien. Nous avons déjà évoqué la forme consciente et réfléchie de la notion de « désidentification ». En étudiant des textes auto(bio)graphiques nous avons accepté le postulat de la désidentification critique, c'est-à-dire le principe d'un retour sur soi-même globalement conforme à « la scène judiciaire de l'autobiographie ». Pour essayer de cerner le sens psychanalytique de la désidentification nous nous proposons de l'opposer à la désidentification introspective et critique produite sans le secours du divan analytique, par simple réflexivité scripturaire. C'est à Octave Mannoni que nous avons emprunté le terme de désidentification. Nous voudrions ici en saisir la portée dans la théorie clinique de cet auteur en rappelant comment son propos s'articule à la topique freudienne. Nous évoquerons parallèlement la position réflexive et critique de Sartre telle qu'elle apparaît dans *Les Mots*.

Identification et désidentification

Voici comment Octave Mannoni souligne la nécessité de recourir à la notion de désidentification [1] :
« L'on n'a pas à chercher la cause — le pourquoi — de l'identification, on a seulement à considérer le comment. Ou encore, en analyse, l'identification n'est pas interprétable elle-même — ou, si l'on veut, **il n'y a pas d'autre « interprétation » que la désidentification.** » (Nous soulignons)
Le même auteur rappelle que la métaphore de l'incorporation ne rend pas réellement compte de l'aspect spécifiquement psychique des phénomènes identificatoires :
« L'incorporation ou l'introjection sont, après tout, des fantasmes d'origine infantile. En un sens, comme ils sont

---
[1] MANNONI (O), *Un si vif étonnement*, pp.119-121, Éditions du Seuil, Paris, 1988.

situés au commencement, on est tenté de les placer à l'origine - mais ils sont surtout comme des interprétations en style somatique d'une réalité qui n'est pas somatique. L'identification proprement dite n'a rien que de psychique ; c'est en langue courante, se prendre pour quelqu'un d'autre, mais inconsciemment. Le déguisement, le masque de théâtre ou de carnaval ne peuvent servir d'exemple, puisque déguisé, on ne confond pas de ce seul fait, ce qu'on est avec ce qu'on paraît. Pourtant, il faut bien qu'on soit soi-même pour se découvrir identifié à l'autre. Ainsi, l'identification étant inconsciente, il est impossible de la rendre consciente autrement qu'en se désidentifiant. C'est là un processus très important, puisque c'est par ce jeu d'identification et de désidentification, selon un processus qu'il va falloir décrire, que se constitue et se développe la personnalité.» [1] (Nous soulignons)
La condition de possibilité d'une évolution des identifications semble être suspendue, c'est en tout cas ce que suggère O. Mannoni, au processus de désidentification. Comment, dès lors, rendre compte du *sens* de la distanciation propre au processus de désidentification ? S'il y a une efficience réelle de la désidentification, encore faut-il comprendre en quoi ce processus soudain, parfois éprouvé dans la honte (mais pas nécessairement), permet, soit un refus de l'identification, soit son évolution vers une symbolisation formatrice de l'identité. La personne qui s'identifie elle-même se place alors précisément dans une posture qui lui permet de ne pas sombrer dans la simple *singerie*[2].
Octave Mannoni illustre de plusieurs façons les paradoxes de la désidentification. Voici un exemple dont l'auteur mesure le caractère équivoque en ce sens qu'il fut lui-même le premier à se rendre compte qu'il était, dans cette situation singulière, imité de façon évidente par l'un de ses élèves :
« J'étais alors professeur. J'avais chargé un élève, dans la classe de philosophie, de faire un exposé; je l'avais installé dans ma chaire et je m'étais assis à une place d'élève (mais

---

[1] MANNONI (O), *op.* cité, p.121.
[2] On verra plus loin que cette question est décisive en ce sens que Sartre, dans son autobiographie, se montre lui-même très sévère à l'endroit de son enfance : ne règle-t-il pas son compte à Poulou en l'accusant de singeries permanentes ?

pas à la sienne) : l'élève fit son exposé en imitant ma voix, mes gestes et mon style. (...) Lacan, mon analyste, sans aucune hésitation m'assura que ce n'était pas une pitrerie, que c'était au contraire l'effet de sentiments très positifs à mon égard. Autrement dit c'était une identification inconsciente. (...) A la différence de l'identification, l'imitation consciente est une défense. Je me suis bien entendu demandé comment Lacan avait pu discerner la vérité. Et j'ai pensé que c'était parce que cet élève n'aurait pas pu faire durer une identification agressive, c'est-à-dire une singerie, pendant les trois quarts d'heure d'un exposé »[1] (Nous soulignons).
L'auteur nous fournit un autre exemple facilement opposable à celui de son élève. Il s'agit d'un passage emprunté à *Psychologie collective et analyse du moi*, dans lequel Freud évoque le sergent du général Wallenstein[2]. Freud signale ici que l'identification du maréchal des logis s'effectue au niveau du Moi, et non au niveau de l'Idéal du moi. S'il s'était identifié à Wallenstein au niveau de l'Idéal du moi il eût été le maréchal des logis le plus utile à l'armée. Désidentifiée comme singerie, l'imitation du maréchal des logis tombe. La honte et le ridicule ont ainsi pour effet de provoquer une rupture d'identification qui engendre son abandon. Constatons que la singerie est ici placée, de l'aveu de Manonni, hors de l'instance de l'Idéal, qu'elle demeure en deçà de sa formation puisqu'elle est interne au Moi. C'est en somme ce qui différencie la singerie réalisée au niveau du Moi de l'identification formatrice d'idéal. Les railleries des autres soldats s'accompagnent d'un abandon de l'identification. Et sans aucun doute d'un sentiment fortement ambivalent à l'égard de la personne imitée...
On trouvera dans *Les Mots* nombre de situations similaires. Ce sont alors des décharges de honte ou de cuisantes désillusions qui permettent à l'enfant ressuscité par Sartre d'abandonner les traits imités. La plupart du temps, ces imitations relèvent d'identifications ludiques, puisque l'enfant tenterait de se persuader de sa vocation en produisant, d'abord dans la jubilation, des petits textes fatalement

---

[1] MANNONI (O), *op.* cité. p. 128
[2] Il s'agit d'une citation d'une pièce de Schiller.

empruntés à des histoires lues. Or, à en croire Sartre lui-même, ce procès d'identification fut un véritable fiasco, c'est en tout cas le sens explicite de l'auto dénigrement qui anime la totalité du récit.
« Tous les enfants ont du génie, sauf Minou Drouet a dit Cocteau en 1955. En 1912, ils en avaient tous sauf moi : j'écrivais par singerie, par cérémonie, pour faire la grande personne : j'écrivais surtout parce que j'étais le petit-fils de Charles Schweitzer. (...) Ce plagiat délibéré me délivrait de mes dernières inquiétudes : tout était forcément vrai puisque je n'inventais rien (...).Je ne fus jamais tout à fait dupe de « cette écriture automatique » (...) Je mijotais dans des transes exquises. Tout destinait cette activité nouvelle à n'être qu'une singerie de plus (...) je feignais d'être trop absorbé pour sentir la présence de mes admirateurs; ils se retiraient sur la pointe des pieds en murmurant que j'étais trop mignon, que c'était charmant (...) par bonheur la consécration fut différée par le mécontentement de mon grand-père. Karl n'avait jamais admis ce qu'il appelait mes mauvaises lectures (...) Il continua d'ignorer mes gribouillages mais, quand ses élèves allemands venaient dîner à la maison (...) il posait la main sur mon crâne et répétait : « Il a la bosse de la littérature ». Il ne croyait pas un mot de ce qu'il disait... »[1].
Le cas du maréchal des logis de Wallenstein évoque donc immanquablement les très nombreuses mésaventures du jeune Sartre. Dans *Les Mots* le narrateur a précisément « des mots » d'adulte pour stigmatiser rétrospectivement son insatiable cabotinage. La preuve la plus flagrante de cette propension sartrienne est magistralement illustrée par le passage où Sartre relate ses déconvenues lorsque l'occasion lui fut donnée, en novembre 1915, de s'identifier à un soldat patriotique. Une de ses admiratrices, amie de sa mère (Mme Picard) lui fit don d'un petit questionnaire. À la question : Quel est votre vœu le plus cher ? l'enfant s'empressa de répondre : « Être un soldat et venger les morts ». Lorsqu'il fit part de sa trouvaille aux deux femmes, il aurait essuyé une si vive humiliation qu'il se serait réfugié devant son miroir

---

[1] *Les Mots*, pp. 116-128.

pour y grimacer compulsivement afin d'exorciser des convulsions de honte :
« J'allai grimacer devant une glace (...) Contre les fulgurantes décharges de honte, je me défendais par un blocage musculaire. Privé d'alibi, je m'affalai sur moi-même. **Dans le noir je devins une hésitation indéfinie** (...) Je m'enfuis, j'allai reprendre aux lumières mon rôle de chérubin défraîchi. En vain. La glace m'avais appris ce que je savais depuis toujours : j'étais horriblement naturel. Je ne m'en suis jamais remis.
(...) **J'étais un laissé-pour-compte et j'avais, à sept ans, de recours qu'en moi qui n'existait pas encore...** »[1] (Nous soulignons)
Une humiliation de plus... Faut-il croire à cette « fable critique » ? Sartre fut-il en rupture d'identification créatrice d'idéal ? N'aurait-il pas d'Idéal du moi ? Ce en quoi il confirmerait le verdict de l'éminent psychanalyste lui annonçant triomphalement (dans *Les Mots*) qu'il n'a pas de Surmoi. Pas de Surmoi : pas d'Idéal du moi, tout juste un Moi voué à la désidentification critique de ses inépuisables singeries...

Reste un embarras de taille : comment un enfant si prompt à se découvrir en flagrant délit de singeries littéraires a-t-il pu produire un écrivain si attaché à son mandat ? Bien plus : comment un enfant si malheureux dans ses tentatives ludico-littéraires a-t-il pu finalement donner naissance à *ces talents* d'écrivain polygraphe et à cette autobiographie si littérairement écrite?
Il faut croire que la fable des *Mots* a refoulé ou dénié les identifications positives et formatrices, constitutives de l'Idéal du moi. On comprendra au moins partiellement cette attitude si l'on se rappelle que Sartre a écrit son autobiographie pour dénoncer ouvertement son aliénation à l'imaginaire, l'aveuglement de l'homme mystifié que suppose, selon lui, sa croyance initiale au « salut littéraire » . Il est donc fort possible que le quinquagénaire ait renoncé à se solidariser avec ce qu'il percevait de ses identifications antérieures. Face à l'engagement politique des années

---
[1] *Les Mots*, pp. 89-90.

cinquante, les identifications du tout jeune enfant, « produit futile des mots », ne font plus le poids.

Rétrospective et impitoyable, l'autocritique, marquée par une conscience politique exacerbée, imposait donc une mise en forme littéraire des investissements initiaux compris alors comme des identifications désidentifiées *par* l'enfant lui-même. Sartre manipule donc avec une habileté consommée la désidentification ironisante et l'autodénigrement de ses premiers investissements réfléchis. C'est d'autant plus criant que nous avons désormais avec les *Carnets de la drôle de guerre* une sorte d'antidote à la démonstration très appuyée des *Mots*. En effet, les scènes « négatives » sont présentées sous un jour totalement différent dans *Les Carnets*. Nous allons y revenir après avoir évoqué la façon dont O. Mannoni présente la seconde forme de désidentification. On sait, en effet, que la désidentification n'a pas nécessairement la forme d'une perception dépréciative, que la singerie apparente peut recouvrir des processus d'idéalisation, comme le montre le cas de l'élève d'Octave Mannoni. Il importe donc de s'enquérir de l'identification *formatrice* d'idéal.

Le second type de désidentification évoqué par l'auteur ne se traduit plus par l'annulation pure et simple de l'identification. Il suppose, au contraire, un déplacement *topique* de l'identification, de sorte qu'elle devient un élément du caractère ou du Surmoi. Ce que signale ce déplacement c'est qu'il y a alors place dans l'identification et la désidentification pour un procès de symbolisation qui permet aux traits investis de s'émanciper de la relation d'objet à laquelle ils se sont substitués. On ne saurait trop insister sur l'importance de cette *substitution*, puisqu'elle consiste, aux yeux de Freud, en un processus « de transformation de l'attitude libidineuse à l'égard de l'objet en une libido narcissique ». Le processus s'accompagne d'une désexualisation et donc d'une sublimation. Cette substitution d'un changement du Moi à l'objet libidinal renvoie au statut de l'identification secondaire. On sait que cette identification est qualifiée précisément de *secondaire* parce qu'elle survient, selon Freud, comme substitution à un choix d'objet libidinal auquel le Moi a dû renoncer. Le Moi se modifierait lui-même en absorbant les propriétés de l'objet.

Cette modification est partielle, elle affecte une partie du Moi, elle procède en effet par trait unique. Le trait retenu symbolise alors la relation à l'objet auquel le Moi a dû renoncer :
« Si pour une raison ou pour une autre, le Ça est obligé de renoncer à un pareil objet sexuel, le *Moi* en subit souvent une transformation que nous ne pouvons décrire autrement qu'en disant que le *Moi* a retrouvé en lui-même l'objet sexuel perdu. (...) Il se peut que par cette introjection, qui représente une régression vers le mécanisme de la phase orale, le *Moi* rende plus facile ou possible le renoncement à l'objet. Il se peut également que cette identification soit la condition sans laquelle le *Ça* ne saurait renoncer à ses objets
L'hypothèse d'après laquelle le caractère du *Moi* résulterait de ces abandons successifs d'objets sexuels, résumerait l'histoire de ces choix d'objets.(...) Nous plaçant à un autre point de vue, nous pouvons dire que cette substitution d'un changement du *Moi* au choix d'un objet érotique constitue un moyen dont se sert le *Moi* pour gagner les faveurs du *Ça* et approfondir ses rapports avec lui (...)
La transformation à laquelle nous assistons ici, de l'attitude libidineuse à l'égard de l'objet en une libido narcissique, implique évidemment le renoncement aux buts purement sexuels, une désexualisation, donc une sorte de sublimation »[1]

Pour comprendre l'enjeu des identifications désidentifiées, elles-mêmes apparentées au processus de sublimation, Jean-Yves Rochex[2] propose de retenir, par opposition à l'exemple du maréchal des logis de Wallenstein, des passages de l'œuvre autobiographique d'Elias Canetti. Suivons-le dans ce choix judicieux qui permet d'illustrer l'enjeu des identifications formatrices. L'exemple retenu engage un rapport singulier au père, il y est visiblement question de l'identification désidentifiée :
« Mon père lisait journellement le *Neue freir Press* et c'était un grand moment quand il dépliait soigneusement son journal. Il n'avait plus d'yeux pour moi une fois qu'il avait commencé

---
[1] FREUD (S), « Le moi, le sur-moi et l'idéal du moi », *Essais de psychanalyse*, pp 197-98-99, Petite bibliothèque Payot.
[2] ROCHEX (J-Y), *Le sens de l'expérience scolaire, entre activité et subjectivité*, p. 66, PUF, Paris, 1996.

à lire, je savais qu'il ne répondrait en aucun cas, ma mère elle-même ne lui demandait rien alors, même pas en allemand. Je cherchais à savoir ce que le journal pouvait avoir de si attirant; au début je pensais que c'était son odeur; quand j'étais seul et que personne ne me voyait, je grimpais sur la chaise et **je flairais avidement le journal**. Ensuite je m'aperçu que **la tête de mon père ne cessait de pivoter** tout le long du journal; **je fis de même derrière son dos**, tandis que je jouais par terre, donc sans même avoir sous les yeux le journal qu'il tenait à deux mains sur la table. Un visiteur entra une fois à l'improviste et appela mon père qui se retourna et me surprit lisant un journal imaginaire. Il me parla alors avant même de s'occuper du visiteur, m'expliqua qu'il s'agissait de lettres, là, et il tapota dessus avec l'index. Je les apprendrai bientôt moi-même, ajouta-t-il, éveillant en moi une curiosité insatiable pour les lettres.»[1]

Le processus de désidentification, survenu au moment où le visiteur s'introduit dans la pièce n'annule assurément pas ici l'identification; il provoque, au contraire, un réajustement du trait imité en lui procurant une valeur d'idéal instauratrice d'un projet identificatoire accrédité par la *parole* paternelle.

La symbolisation est ici fortement étayée par l'intervention du père. Loin de ridiculiser l'imitation maladroite, ce dernier parle très sérieusement à son enfant *avant même* de s'occuper du visiteur. Le père autorise alors une mise en perspective des éléments clés d'un projet identificatoire. Grâce à la sollicitude paternelle, l'enfant opère un déplacement de sa curiosité opératoire. L'imitation des mouvements de la tête était encore entièrement l'effet d'une captation en miroir, étrangère à la posture opératoire et mentale du lecteur. Par son intervention le père permet à l'enfant de s'ajuster à un projet d'appropriation du mystère enfermé dans les lettres. Bien plus : il indique que cette activité relève d'un apprentissage auquel l'enfant pourra bientôt s'atteler. Cette ouverture vers l'avenir est décisive, elle autorise une projection de soi émancipée de la relation d'objet qui a permis l'identification. En un mot, elle transforme l'imitation en miroir, (la simple captation par la forme prégnante du trait

---

[1] CANETTI (E), *Histoire d'une jeunesse*. *La langue sauvée*, Le livre de poche, *biblio*, pp. 43-44, (traduction française de Bernard Kreiss, 1980).

isolé), en projet identificatoire. Ce projet permet et autorise le maintien du trait imité en le plaçant en rapport avec l'instance de l'idéal et en lui promettant une issue opératoire efficiente.

Cette désidentification formatrice peut être opposée à la désidentification critique et ironisante qui se résorbe en singeries percées à jour. Il est alors possible de caractériser la désidentification *critique* en soulignant qu'elle s'effectue au niveau du Moi, sur le mode d'une imitation sensible à l'image *externe* de l'autre, par captation imaginaire qui repose sur un leurre narcissique facilement repérable, mais impropre au *déplacement topique*. Aussi, le sujet qui se trouve soudain surpris en flagrant délit de singerie est-il amené à abandonner le trait imité. L'attitude des autorités de censure (parents, proches, amis ou pairs), peut naturellement jouer un rôle dans le déplacement topique. Il est à noter que le père d'Elias Canetti se garde bien de toute raillerie à l'endroit de l'imitation de son propre fils, il lui signale au contraire la possibilité d'un apprentissage prochain.

Il n'est donc sans intérêt de souligner que Sartre a pu présenter, dans les *Carnets*, des scènes totalement opposées (quant à leur valeur formatrice) à celles des *Mots*. C'est le cas pour la scène de novembre 1915 qui relate l'identification à l'image héroïque du soldat, lorsque Mme Picard fit cadeau à l'enfant du fameux questionnaire.
On se souvient de la chute de la scène dans *Les Mots* : « Je crus mourir. (...) Je disparus, j'allai grimacer devant une glace ». La mère et son amie, Mme Picard, se seraient donc montrées vivement opposées aux manifestations d'un héroïsme d'opérette, mais aussi aux identifications ludico-épiques du jeune enfant. Dans *Les Mots* la scène présente donc une chute spéculaire significative : l'enfant s'inflige d'horribles rictus.
Pourtant il n'est que trop clair que le *Carnet I* présente une autre chute. Les vexations disparaissent. Poulou récolte l'approbation de son public. La honte ne l'effleure pas un seul instant :
« Mme Picard venait de m'apporter le livre et il était poli de remplir le questionnaire devant elle. (...) Quand j'eus rédigé mes réponses **chacun s'extasia et je passai de main en**

main pour recevoir félicitations et baisers. J'écrivis aussi, vers la même époque, un roman de guerre où le héros parvenait à faire prisonnier le Kronprinz et lui donnait une raclée au milieu d'un cercle de poilus.»[1] (Nous soulignons). Le récit des *Mots* ne donne donc jamais la mesure de l'approbation féminine dont l'enfant bénéficia *de fait*. Mais on aurait tort d'en conclure que seules les femmes justifièrent les identifications positives. Charles Schweitzer se montra, lui aussi, capable d'initiatives favorables aux identifications ludiques et réfléchies dont est gratifié le métier d'acteur. Le petit comédien devient alors un interprète très apprécié. Voici comment la scène théâtrale de Noirétable est présentée dans *Les Mots* :
« Je connus les affres d'une actrice vieillissante : j'appris que d'autres pouvaient plaire. (...) J'avais neuf ans, il pleuvait; dans l'hôtel de Noirétable, nous étions dix enfants, dix chats dans un même sac; pour nous occuper mon grand-père **consentit à écrire et à mettre en scène une pièce** patriotique à dix personnages. (...) Je fus un jeune Alsacien : **mon père** avait opté pour la France et je franchissais la frontière, secrètement, pour le rejoindre. On m'avait ménagé des répliques de bravoure. (...) On disait aux répétitions que j'étais à croquer; cela ne m'étonnait pas. La représentation eut lieu au jardin. (...) Les enfants s'amusaient comme des fous, sauf moi. Convaincu que le sort de la pièce était entre mes mains je m'appliquais à plaire, par dévouement pour la cause commune; je croyais tous les feux fixés sur moi, j'en fis trop; les suffrages allèrent à Bernard, moins maniéré. L'ai-je compris ? A la fin de la représentation il faisait la quête, je me glissai derrière lui et tirai sur sa barbe qui me resta dans les mains. (...) On ne rit pas. Ma mère me prit par la main et vivement m'éloigna : « Qu'est-ce qui t'a pris ? me demanda-t-elle, navrée. La barbe était si belle! Tout le monde a poussé un « Oh » de stupidité.» (...) Je courus à notre chambre, j'allai me planter devant l'armoire à glace et je grimaçai longtemps ». [2]
Après les déconvenues de l'actrice vieillissante, le vitriol devant le miroir ! La recherche de la vérité singulière

---

[1] *Carnet I*, p. 79.
[2] *Les Mots*, p. 86.

débouche sur un vertigineux néant. Pourtant le récit des *Carnets* nous livre, là encore, une version opposée de la même scène :

« Enfin je jouai à Noirétable, pour une représentation de charité au bénéfice des poilus une piécette héroïque composée par mon grand-père; j'étais un jeune alsacien chassé par les boches de son village et qui finissait par retrouver son père, soldat français qui appartenait à un détachement de chasseurs et qui reprenait possession du village envahi. J'étendais le bras, au moment pathétique, en disant « Adieu, adieu notre chère Alsace » avec un air de mélancolie si réussi que M. Simon, le conservateur de la cathédrale de Reims me croqua. Ma mère possède encore cette aquarelle ». [1]

Au vitriol du miroir (présenté dans *Les Mots*) s'oppose l'aquarelle éloquente du conservateur de la cathédrale de Reims, précieuse possession de la mère du narrateur. A la fuite dans une problématique vérité solitaire, s'oppose l'immortalisation de l'air de mélancolie de l'acteur en herbe. Comment ne pas constater que l'autobiographe des *Mots* refoule toutes les formes d'encouragement qui ponctuent les identifications réfléchies associées aux scènes théâtrales et littéraires de son enfance ?

On peut faire l'hypothèse que ce processus est conforme à « la scène judiciaire de l'autobiographie » : il provoque une distanciation de l'enfance coupable au profit du rôle critique de l'intellectuel.

Aussi, la honte (rétrospective) et la conscience idéologique de l'adulte semblent-elles avoir eu raison des scènes favorables aux identifications formatrices renforcées manifestement par un public souvent plus large que les seuls protagonistes du monde domestique des Schweitzer.

Les postures négatives prêtées au grand-père, nécessaires à la progression (dialectique) du récit, ne pouvaient autoriser une identification positive sur une scène qui mettait en jeu un thème édifiant et patriotique. Enfin le grand-père, devenu dramaturge à Noirétable, dessine un acte d'engagement qui préfigure (de façon certes modeste) un petit « théâtre de situation ». Admettre alors officiellement que Sartre enfant put y trouver des gratifications ce serait risquer de montrer

---

[1] *Carnet I* pp. 79-80.

un processus d'identification ludico-esthétique fécond, mais assimilable à une entreprise où la *séduction* du public l'emporte et où le modèle imité n'est autre que la figure sublime du grand-père (assimilé lui-même à « un poseur » dans l'autobiographie). On comprend la fonction assumée par la chute du passage des *Mots* : victime de son cabotinage proverbial l'enfant s'en prend à Bernard (un premier rôle qui aurait emporté les suffrages du public). C'est alors que l'humiliation exemplaire intervient. Elle a pour fonction de dénoncer publiquement le cabotinage, d'inscrire, *à l'intérieur de la scène elle-même*, l'échec des tentatives de séduction. Conséquemment les identifications formatrices s'effondrent. Qu'il écrive ses petits romans ou qu'il convoite un premier rôle, l'enfant finit toujours par se vitrioler devant la glace. Il faut donc avoir en sous-main les *Carnets* (qui n'ont jamais été publiés du vivant de l'auteur), pour voir Sartre soutenir un tout autre rapport à l'égard des ses identifications. La « dénégation » du rôle formateur des identifications ludiques et réfléchies est une constante de l'autobiographie officielle.

Ces remarques nous amènent donc à souligner ici que la symbolisation des traits imités (permise grâce au soutien positif des autorités de censure), favorise leur déplacement sur l'instance de l'Idéal. C'est ainsi que peut se constituer un projet identificatoire qui dépasse les limites du contexte singulier qui a permis l'identification initiale. Et c'est assurément le cas de Sartre si l'on en juge par le rôle que joua la création théâtrale et littéraire dans l'ensemble de sa carrière d'écrivain-philosophe.

La dialectique des identifications

Lors de la phase du miroir un rapport complexe se constitue entre l'identification du sujet par le regard d'autrui et la façon dont ce procès est accompagné par l'énoncé identifiant : « Tu es cela » . Ce procès autorise la reconnaissance de l'image vue comme image de soi. Vu et identifié, vu et nommé, le sujet peut alors se projeter sur un registre imaginaire qui constituera la souche des identifications ultérieures réfléchies.

L'image spéculaire, matrice de l'unité de l'Ego spéculaire (du moi corporel) peut être distinguée des énoncés identifiants ultérieurs qui permettent de reconduire, dans une série jamais close, les différents projets identificatoires d'un même sujet. En effet, l'image spéculaire renvoie à l'identification imaginaire, elle peut être comprise comme le point d'origine du « Moi idéal » renvoyant aux signifiants maternels, tandis que les énoncés identifiants postœdipiens renverraient plus étroitement à l'Idéal du moi, à l'identification symbolique, sans pour autant réduire complètement le vœu narcissique prégénital. C'est sur cet écart entre image investie dans une transaction préœdipienne avec la mère et énoncés identificatoires postœdipiens, entre *Moi idéal* et *Idéal du moi* que se jouent le rapport complexe, et donc les solutions de compromis avec leurs points faibles, entre identifications symboliques et identifications imaginaires constitutives de la formation du sujet.

Afin de mettre en relief cet *écart* il nous paraît utile de rappeler ici les remarques éclairantes de Piera Aulagnier qui a longuement étudié, dans une perspective clinique, la dialectique des identifications et son évolution[1]. Ce choix est motivé par la similitude conceptuelle qui rapproche *apparemment* les recherches de Piera Aulagnier de la conceptualisation sartrienne du *Pour-soi*, comme « échappement à soi ». En effet, les deux auteurs accordent une importance capitale à la notion de projet de soi-même. C'est-à-dire à l'*ipséité*, comme identité projetée à l'horizon d'un futur investi et valorisé par un sujet particulier toujours inscrit dans une situation, elle-même éclairée par des « projets » successifs. On sait l'importance du projet et de sa dimension existentielle dans les présupposés de l'anthropologie culturelle, esquissée par Sartre, dans *Questions de méthode...* De son côté, Piera Aulagnier s'est intéressée aux projets identificatoires en cherchant, dans une perspective clinique, à en comprendre les conditions et les enjeux. Connaissant les griefs que Sartre a pu nourrir à l'encontre de la psychanalyse, en particulier, celui d'être une théorie étrangère à la conceptualisation dialectique, il nous a

---

[1] AULAGNIER (P), *Un interprète en quête de sens*, p. 186, Petite bibliothèque Payot, Paris, 1991.

paru utile de souligner ici en quoi la *dialectique* des identifications *résistait* aux reproches sartriens... Ajoutons que la notion de projet identificatoire, parce qu'elle suppose des énoncés réfléchis qui se déroulent au niveau du conscient, et parce qu'elle investit le registre temporel en marquant l'émergence du futur comme lieu de la projection du soi, mérite un examen précis : elle croise en effet une des données les plus importantes de la philosophie de Sartre, présente dès l'Être *et le Néant* — à travers précisément la notion de choix originel et de projet de soi-même. Reste à savoir en quoi cette notion sartrienne diffère des projets identificatoires dont nous allons explorer les préalables au niveau du développement des investissements libidinaux. Nous reviendrons ensuite sur les présupposés engagés par la conception sartrienne du sujet originairement libre.

Le projet identificatoire

Grâce à la notion de projet identificatoire on peut donc tenter de repérer comment un sujet se structure tout en s'historicisant. Un premier facteur permet la constitution de l'énoncé identificatoire réfléchi : il faut qu'il offre un débouché *non-interdit par l'entourage* à telle pulsion partielle du sujet, susceptible de rencontrer les emblèmes sociaux que le discours parental privilégie. Si l'on examine, par exemple, l'énoncé suivant : « Quand je serai grand, j'épouserai maman, je la défendrai, je tuerai tous les enfants méchants, je posséderai tous les jouets », etc. Il est clair que l'objet libidinal n'est abandonné que pour être retrouvé plus tard, de sorte que le « Je » projeté n'illustre que le retour souhaité au « Je » passé. Ce facteur dépend, entre autres, de l'attitude non-séductrice des instances parentales et singulièrement de la mère. Naturellement, il ne suffit pas que l'enfant énonce un vœu apparemment sans rapport avec les vœux incestueux pour qu'il s'affranchisse d'un projet finalement régressif, placé à l'abri de tout conflit. Car le souhait exprimé peut l'être en vue de répondre parfaitement au désir de la mère. En effet, si l'enfant énonce : « Quand je serai grand je serai docteur, écrivain », ou autre chose, le « Je » futur, visé par cet énoncé, se présente bien comme différent du « Je » d'autrefois et du « Je » actuel,[1] mais le métier investi peut très bien répondre au désir de la mère. La fonction, la place, « le cela » du « je serai cela », est alors investi parce qu'il a été perçu soit comme un *mot* privilégié de la mère, soit parce que la mère a prédit que l'enfant ferait « cela ». Dans ce cas l'idéal, « le cela » investi fait fonction de colmatage : « Le « cela » qui est fixé par l'énoncé réfère la demande identificatoire à cette image définie et **dont la possession future ne fait aucun doute** (...) c'est pourquoi on peut parler en ce stade d'un idéal à l'abri de tout conflit, en ce sens que dans le futur le conflit n'aura plus de place. »[2] (Nous soulignons).

Pour le dire autrement, l'identité à soi, instaurée par le « cela » (qui place à l'horizon du futur un idéal à l'abri des conflits), vient parfaitement répondre aux emblèmes adressés à la mère afin de faire parfaitement écho à son désir présumé. Il est singulier de constater que dans *Les Mots* Sartre affirme rétrospectivement n'avoir jamais douté, enfant, de sa vocation d'écrivain. Or, dans sa version définitive, l'ouvrage inclut un hommage à la mère œdipienne; il est assez clair que l'identification héroïque est marquée par la recherche d'une gloire posthume fantasmée comme une communication idéale à l'abri de tout conflit et surtout de tout délaissement. Communication qui continue d'ailleurs d'être fantasmée par Sartre, contempteur de la société bourgeoise et de l'isolement que renferme la prose littéraire, comme une présence sans distance à autrui dans une future société étrangère « au régime de la rareté » :
« Je pense que ce sentiment est lié, d'ailleurs, à une véritable révolution. Il faut qu'un homme existe tout entier pour son voisin, qui doit également exister tout entier pour lui, pour que s'établisse une véritable concorde sociale. Ce n'est pas réalisable aujourd'hui, mais je pense que ça le sera lorsque le changement des rapports économiques, culturels, affectifs

---

[1] Cet *écart* entre le « Je » futur et le « Je » d'autrefois est conforme à l'identité comme *ipséité*, au sens d'échappement à la pure permanence, c'est-à-dire à l'identité comme identité à un « soi » déjà donné. La dimension temporelle de la projection de soi est ici décisive. Nous revenons plus loin sur la nécessaire distinction du principe de permanence et sur le principe de changement constitutifs de l'identité.
[2] AULAGNIER (P), *op.* cité, p. 186.

entre les hommes aura été accompli, d'abord par la suppression de la rareté matérielle, qui est selon moi, comme je l'ai montré dans *Critique de la raison dialectique*, le fondement de tous les antagonismes passés et actuels entre les hommes » [1]. (Nous soulignons). La révolution pourrait-elle réaliser la fusion identitaire paradoxale que la littérature, qualifiée de séparatrice dans une société aliénée, ne saurait réaliser ?

L'hommage à la mère œdipienne est une constante dans les écrits de Sartre. On en trouve facilement trace dans *L'Idiot de la famille*, bien que l'auteur présente encore de fortes réserves par rapport à la topique freudienne. En effet, au moment où il écrit *L'Idiot de la famille*, il admet que les premiers objets investis peuvent avoir une fonction déterminante dans ce qu'il appelle le *vécu*. En ce qui concerne Flaubert c'est la constitution passive, elle-même reconstruite à partir de l'économie des désirs de la mère. L'activité du jeune Gustave devint passivité-active, elle est elle-même dépendante de son premier rapport à l'objet investi, dont Sartre reconnaît également l'opacité constitutive. Mais, quelle que soit l'avancée de Sartre sur ce terrain, il est encore persuadé que la psychanalyse n'est pas sensible à l'évolution *dialectique* de ce rapport à l'objet primaire qu'il se plait à dénoncer comme une détermination mécaniste et réductrice; c'est tout au moins le grand reproche qu'il adresse alors à la psychanalyse freudienne :

« La théorie psychanalytique est donc une pensée « molle ». Elle ne s'appuie pas sur une logique dialectique. (...) Ce qui manque dans l'interprétation psychanalytique classique, c'est l'irréductibilité dialectique. Dans une véritable théorie dialectique, comme le matérialisme historique, les phénomènes découlent les uns des autres dialectiquement : il y a différentes configurations de la réalité dialectique, et chacune de ses configurations est rigoureusement conditionnée par la précédente, qu'elle intègre et dépasse en même temps. C'est précisément ce dépassement qui est irréductible : on ne peut jamais réduire une configuration à celle qui précède. C'est l'idée de cette autonomie qui manque dans la théorie psychanalytique. Un sentiment ou une

---

[1] SARTRE (J-P), *Situations X*, p. 144.

passion entre deux personnes est sans doute fortement conditionné par leur relation à un « objet primitif » ; on peut retrouver cet objet et s'en servir pour expliquer la relation nouvelle. Mais cette relation elle-même reste irréductible. Il y a donc une différence essentielle entre ma relation à Marx et ma relation à Freud. La découverte de la lutte des classes a été pour moi une vraie découverte : J'y **crois** encore totalement. (...) En revanche **je ne crois pas à l'inconscient tel que la psychanalyse nous le présente**. (...) Dans le livre que j'écris sur Flaubert, j'ai remplacé mon ancienne notion de conscience — bien que j'utilise encore beaucoup le mot — par celle de vécu. (...) (Ce terme) ne désigne ni les refuges du préconscient, ni l'inconscient, ni le conscient, mais le terrain sur lequel l'individu est constamment submergé par lui-même, par ses propres richesses, et où **la conscience a l'astuce de se déterminer elle-même par l'oubli.** » [1]

Si cette critique vise une version mécaniste de l'inconscient, elle nous semble néanmoins trop rapide quant à ses conclusions sur les versions cliniques et psychanalytiques de l'historicisation du sujet. Enfin, en invoquant « le vécu » Sartre continue à prêter à la conscience ce pouvoir singulier de *se déterminer elle-même* à l'oubli. En l'absence de reconnaissance explicite de la pertinence de la topique freudienne, c'est encore et toujours la conscience qui se détermine elle-même à se choisir oublieuse !

Nous verrons que la trajectoire des identifications obéit à un processus de dépassement irréductible à la simple répétition du rapport primitif à l'objet investi, puisque la phase œdipienne, en débouchant sur l'interdit de l'inceste, produit justement un remaniement inévitable du rapport à l'objet investi. C'est *précisément le vide de réponse (de la mère)* qui amène le sujet à assumer *seul* ses projets identificatoires. Le thème du délaissement originel n'est certes pas absent de grandes biographies critiques de Sartre, il est même au cœur de son ontologie, mais il est le plus souvent thématisé comme un décrochement qui obéit à une logique du ressentiment, laquelle préserve et trahit, un rapport de dépendance significatif à l'égard des premiers objets investis.

---

[1] SARTRE (J-P), *Situation IX*, pp. 107-108.

Quoi qu'il en soit, le reproche adressé par Sartre à la psychanalyse tend à réduire trop vite l'approche analytique à une version mécaniste et réductrice, puisque la notion de projet identificatoire, en permettant de reporter sur le plan conscient le caractère réfléchi des identifications (qui obéissent néanmoins à des processus inconscients) permet d'en préserver à la fois le caractère leurrant et l'aspect intentionnel. Il est donc paradoxal de prétendre que la psychanalyse méconnaît l'intentionnalité des consciences. Elle permet, au contraire, d'en donner une version qui n'absolutise pas le plan de la conscience. C'est sur ce point que Sartre demeure irréductible : il admet l'opacité des vécus mais refuse néanmoins l'inconscient : une conscience s'oublie elle-même, mais cet oubli continue d'être étrangement indifférent au processus de refoulement, il devient dès lors une simple euphémisation (ou au mieux une dénégation) du refoulement et du refoulé.
Les projets identificatoires de la phase post-œdipienne connaissent donc une évolution significative. Mais on aurait tort de postuler que la condition de possibilité des énoncés identificatoires post-œdipiens, qui amène précisément le sujet à renoncer à être tout, («à être aimé de toutes les femmes, ou de tous les hommes, à posséder toutes les richesses»), s'accompagne de la disparition totale du vœu narcissique. Ce dernier « continue d'œuvrer en sourdine » :

« L'exploit du sujet — et il n'est pas mince — c'est de pouvoir le préserver tout en acceptant ses renvois infinis d'un projet à un autre, d'un aujourd'hui à un demain; son exploit, en un mot, c'est d'avoir réussi à opérer un compromis entre l'espérer et le vivre. Mais le propre de tout compromis est de présenter des points faibles : la faiblesse majeure du compromis identificatoire réside justement dans cet *et* qui vient unir espoir narcissique et principe de réalité. »[1]

On a de belles illustrations de la « faiblesse » de ce compromis dans *Les Mots*. On peut soupçonner Sartre d'avoir particulièrement travaillé son texte en vue de mettre en

---

[1] AULAGNIER (P), *op.* cité, p. 189.

valeur le rôle implicite de la mère œdipienne dans l'investissement exclusif de l'écriture.

Dans les *Mots* il y parvient en soulignant le rôle irremplaçable des huis clos : scènes clandestines où se déroule ce qu'il nomme le « babil de l'écriture ». Il est singulier que ce jeu à deux soit présenté sur fond de mélancolie, comme si l'auteur n'arrivait pas à faire son deuil de ces « instants parfaits ». Relevons ces séquences. On notera d'emblée que la première joue précisément sur un projet identificatoire réfléchi, mais en le présentant immédiatement en harmonie avec les vœux de la mère, de sorte que le projet d'écrire se trouve narrativement enlacé à l'évocation du huis clos ludique qui sous-tend l'espoir narcissique du narrateur :
« Qu'est-ce que tu feras quand tu seras grand ? » Je répondais aimablement, modestement que j'écrirais; mais j'avais abandonné mes rêves de gloire et les exercices spirituels. Grâce à cela peut-être, les années quatorze furent les plus heureuses de mon enfance. Ma mère et moi nous avions le même âge et nous ne nous quittions pas. Elle m'appelait son Chevalier servant, son petit homme; je lui disais tout, plus que tout : rentrée l'écriture se fit babil et ressortit par ma bouche : je décrivais ce que je voyais, ce qu'Anne-Marie voyait aussi bien que moi, les maisons, les arbres, les gens, je me donnais des sentiments pour le plaisir de lui en faire part ». [1] (Nous soulignons).
La proximité maternelle semble ici particulièrement significative : renonçant apparemment à réaliser ses rêves héroïques de gloire, l'enfant est rendu à sa mère, à l'ordre de ses désirs. Mais le texte ne doit pas nous abuser : ayant renoncé apparemment à ses identifications héroïques, l'enfant prend ses distances à l'égard des ses prouesses imaginaires pour assumer plus modestement son projet en conformité avec le principe de réalité. Mais *contradictoirement* ce projet renoue avec les emblèmes de la mère désirante étroitement complice du babil de l'écriture :
« Nous prîmes l'habitude de nous raconter les menus incidents de notre vie en style épique à mesure qu'ils se produisaient ; nous parlions de nous à la troisième personne du pluriel. Nous attendions l'autobus, il passait devant nous

---
[1] *Les Mots*, p. 180.

sans s'arrêter; l'un de nous s'écriait alors : « Ils frappèrent du pied sur le sol en maudissant le ciel » et nous nous mettions à rire. En public, nous avions nos connivences : un clin d'œil suffisait. Dans un magasin, dans un salon de thé, la vendeuse nous semblait comique, ma mère me disait en sortant : « Je ne t'ai pas regardé, j'avais peur de lui pouffer au nez », et je me sentais fier de mon pouvoir : il n'y a pas tant d'enfants qui sachent d'un seul regard faire pouffer leur mère... » [1] (Nous soulignons).

Inventé pour entretenir sur le vif une complicité maternelle, le babil de l'écriture semble sceller la référence narrative (privilégiée dans le projet sartrien d'écrire) sur la construction irréversible de la *lettre* [2] qui renouvelle la possibilité d'un plaisir offert à la mère. Ce n'est donc pas un hasard si ce babil est placé sous le signe d'un moment parfait (mais régressif). Cette séquence fait d'ailleurs écho à « la scène des fées » qui présente le brûlant désir d'apprendre lire. Dans *Les Mots* ce désir est directement inféodé à la mère. Sartre l'a mis en scène en renouvelant (non sans malignité) l'enlacement ineffaçable de l'ordre imaginaire (le vœu narcissique) et de l'ordre symbolique (la castration et ses avatars qui débouchent sur l'acclimatation au principe de réalité).

---

[1] *Les Mots*, pp. 181-182.
[2] La lettre désigne ici une trace mnésique inconsciente précise qui témoigne de la persistance du moi-plaisir. Nous empruntons ici le terme à la problématique du plaisir élaborée par Serge LECLAIRE : « *Dans le travail psychanalytique, c'est la trace mnésique inconsciente*, ainsi que la nomme Freud, qui s'impose ; ce que nous pouvons en dire de plus sûr, c'est qu'elle fonctionne comme quelque chose d'indélébile, d'ineffaçable. (...) Il convient de s'en tenir à ce que le concept de trace mnésique met en valeur, à savoir le fait que quelque chose qui se rapporte à une expérience de plaisir fonctionne comme un référent dont rien ne peut annuler la prévalence. Ce qu'on appelle souvenir d'une expérience de plaisir n'est rien d'autre (ni plus, ni moins) que ce référent grâce auquel l'écart peut se produire et le plaisir se renouveler. C'est ce qui permet que le contact si précis de la cannelure des incisives ne se fige pas dans un simple relevé anatomique des arcades dentaires, mais s'ouvre sur le plaisir, en référence, justement à une « trace mnésique inconsciente », que celle-ci soit reléguée dans le passé comme souvenir à retrouver ou qu'elle soit projetée dans l'avenir comme objectif à atteindre. C'est cette trace que j'appelle une LETTRE. (Démasquer le réel,, un essai sur l'objet en psychanalyse*, pp. 66-67, Points, 1983).

Au bord des larmes, accablé par le silence obtus des livres, l'enfant se réfugie auprès de sa mère :
« Anne-Marie me fit asseoir en face d'elle, sur ma petite chaise, elle se pencha, baissa les paupières, s'endormit. De ce visage de statue sortit une voix de plâtre. **Je perdais la tête** : qui racontait ? Quoi ? A qui ? Ma mère s'était absentée : pas un sourire, pas un signe de connivence, j'étais en exil. Et puis je ne reconnaissais pas son langage. Où prenait-elle cette assurance ? Au bout d'un instant j'ai compris : c'était le livre qui parlait ».

L'enfant en exil est ici confronté à une découverte à la fois simple et décisive : sa mère ne tire pas d'elle-même ces paroles enchanteresses qui ont pourtant bercé l'enfant lors des bains matinaux si délicieusement éprouvés dans le trouble plaisir que procure la friction à l'eau de Cologne.

C'est assez souligner que le texte lu vient se substituer (en en maintenant la trace) à au plaisir associé à *la voix* maternelle, complice des contes qui ont ponctué la scène du bain :

« Cette histoire m'était familière : ma mère me la racontait souvent, quand elle me débarbouillait, en s'interrompant pour me frictionner à l'eau de Cologne, pour ramasser, sous la baignoire, le savon qui lui avait glissé des mains et j'écoutais distraitement le récit trop connu ; **je n'avais d'yeux que pour Anne-Marie, cette jeune fille de tous mes matins** ; je n'avais d'oreilles que pour sa voix troublée par la servitude ; **je me plaisais à ses phrases inachevées**, à ses mots toujours en retard, à sa brusque assurance, vivement défaite et qui se tournait en déroute pour disparaître dans un effilochement mélodieux et se recomposer après un silence. L'histoire, ça venait par-dessus le marché : c'était le lien de ses soliloques. Tout le temps qu'elle parlait **nous étions seuls et clandestins** ».[1] (Nous soulignons).

L'habileté narrative de l'auteur consiste à produire des scènes suggestives concrétisant la faiblesse du compromis identificatoire. Lire et écrire : voilà un projet qui suppose une secrète restauration d'un vœu narcissique ineffaçable. Le huis clos ne manque pas de « faire image » pour donner le « beau rôle » à la mère.

---

[1] *Les Mots*, pp. 33-34.

Principe de changement et principe de permanence

L'émancipation n'implique nullement *une rupture radicale entre passé, présent et futur.* Sur ce point, Sartre autobiographe assume volontiers un rôle désinvolte à l'égard de ses continuités subjectives. Tout se passe alors comme si le privilège de l'écriture désidentifiante était assimilable à la mise à mort d'un passé coupable, dénoncé certes, mais tout aussi bien dépassé. Observons les enseignements des *Mots* : « À l'automne 1916 mon mandat est devenu mon caractère, mon délire a quitté ma tête pour se couler dans mes os. (...) J'attendis. A chaque minute j'attendis la prochaine parce qu'elle tirait à soi celle qui suivait. Je vécus sereinement dans l'extrême urgence : toujours en avant de moi-même, tout m'absorbait, rien ne me retenait. Quel soulagement ! » [1] (Nous soulignons)
Quand bien même on admettrait que les comédies stigmatisées rétrospectivement se transformèrent en caractère, cela expliquerait bien mal « le rôle » de l'écrivain assimilé à une véritable puissance d'arrachement :
« Pourquoi donc le passé m'eût-il enrichi ? Il ne m'avait pas fait, c'était moi, au contraire, ressuscitant de mes cendres qui arrachais au néant ma mémoire par une création toujours recommencée ? Je renaissais meilleur et j'utilisais mieux les inertes réserves de mon âme par la simple raison que la mort, à chaque fois plus proche, m'éclairait plus vivement de son obscure lumière. On me disait souvent : le passé nous pousse mais j'étais convaincu que l'avenir me tirait ; j'aurais détesté sentir en moi des forces douces à l'ouvrage, l'épanouissement lent de mes dispositions. (...)
Pas de promiscuité, surtout : je tiens mon passé à distance respectueuse. L'adolescence, l'âge mûr, l'année même qui vient de s'écouler, ce sera toujours l'Ancien Régime ».[1] (Nous soulignons).
Dans *Les Mots* l'arrachement est mis en liaison étroite avec la temporalité du projet compris comme un évolutionnisme impénitent fondé sur une discontinuité temporelle nécessaire aux conversions radicales :

---

[1] *Les Mots*, p. 192.
[1] *Les Mots*, p. 197-198.

« Mon éternité future devint mon avenir concret : elle frappait chaque instant de frivolité, elle fut au centre de l'attention la plus profonde, une distraction plus profonde encore, le vide de toute plénitude, l'irréalité légère de la réalité ; elle tuait de loin le goût d'un caramel dans ma bouche. (...) En 1948, à Utrecht, le professeur Van Lennep me montrait des tests projectifs. Une certaine carte retint mon attention : on y avait figuré un cheval au galop, un homme en marche, un aigle en plein vol, un canot automobile bondissant ; le sujet devait désigner la vignette qui lui donnait le plus fort sentiment de vitesse. Je dis : « C'est le canot. » (...) La raison de mon choix m'apparut tout de suite : à dix ans j'avais eu l'impression que mon étrave fendait le présent et m'en arrachait ; depuis lors **j'ai couru, je cours encore.** »[1] (Nous soulignons).

La prestance de l'écrivain se construit sans doute réactivement : comment neutraliser le principe de permanence ? Comment se délivrer des adhérences inavouables ? En privilégiant *la fuite* en avant :
« Les premières années surtout, je les ai biffées, quand j'ai commencé ce livre il m'a fallu beaucoup de temps pour les déchiffrer sous les ratures ».[2]

La *Loi temporelle* impose donc un rapport de *continuité* entre les trois dimensions temporelles. En ce sens la dialectique des identifications suppose que la cette *Loi diachronique*, appréhendée sous l'angle de la nécessité d'entretenir l'écart irréductible entre le Je actuel et le Je futur, ne soit pas elle-même exposée à sombrer, soit dans une exigence de permanence et d'immuabilité mortifère, soit dans une discontinuité non-maîtrisable. Le principe de changement ne saurait donc invalider complètement le principe de permanence. Inversement, la permanence ne peut jamais être maintenue à l'exclusion de tout changement :
« *Que rien ne change* » : si le sujet pouvait se plier sans le moindre écart à cette injonction, énoncée d'abord par la voix maternelle et intériorisée comme un interdit dans un deuxième temps, la potentialité psychotique et le conflit

---

[1] *Les Mots*, p. 192
[2] *Les Mots*, p. 198.

identificatoire qui la sous-tend serait à l'abri de tout risque d'actualisation. Mais une telle obéissance est hors du pouvoir du sujet qui ne peut se mettre à l'abri de l'action du temps. « *Que tout change*" : c'est en ces termes qu'on pourrait formuler l'ordre social qui parfois accueille et frappe le sujet à la sortie du monde infantile. Injonction tout autant impossible à respecter. » [1]
Toute exigence de changement qui ne permet plus au sujet de s'anticiper et de se reconnaître lui-même dans l'injonction formulée par ses partenaires constitue un énoncé identificatoire inassumable. Ce n'est que si la continuité est maintenue entre ce qu'il est amené à anticiper de lui-même et ce qu'il a été que le Je est capable d'une automodification assumée. Si l'injonction identificatoire vient à désigner une place qui n'est en aucune façon reliée, pour le sujet, à celle occupée dans le passé, alors cette place *hors histoire* entre en conflit avec le travail nécessaire à l'auto-reconnaissance d'un « soi » assumable. Le sujet se voit dépossédé de son propre travail de projection de soi-même, lequel suppose toujours une relation entre un « j'ai été » et un « tu es ». La modification imprévue expose alors le sujet à une injonction identificatoire inassumable.
Sartre aimait travailler la dramaturgie « inter » et intrasubjective des ses biographiés, il a plus d'une fois utilisé (sans en mesurer, nous semble-t-il, toutes les conséquences), le schéma paradoxal des injonctions identificatoires inassumables. Il prêtera alors à ses personnages un projet « personnalisant » déconnecté du passé du sujet. Comme si les biographiés devaient vérifier, au moins partiellement, le postulat d'une conversion un peu suicidaire, elle-même commandée par les regards et les « mots vertigineux » des cosignataires du pacte identificatoire.
Ainsi Jean Genet est-il condamné (dans *Saint Genet comédien et martyr*) à une sorte de crucifixion identitaire. Elle revient à assumer, dans une provocation radicale, une inassumable identité de *paria du mal absolu*. Genet pousse si loin le paradoxe qu'il est alors amené à revendiquer une sainteté à rebours.

---

[1] AULAGNIER (P), *op* cité, pp. 420-421.

Pour justifier ce schéma existentiel Sartre *imagine* une scène de conversion involontaire : innocent, élevé dans la religion, l'enfant est un beau jour « pris la main dans le sac », il vole *mais sans s'en rendre compte* puisqu'il est innocent... Ce schéma, pour le moins rapide, suffit à rendre l'enfant capable de s'identifier à l'essence étrangère du voleur. Cette identité inassumable lui advient par une sorte de retournement *pathétique* de tout son être. Il devient *tout autre* que lui-même sans transition, il intériorise et radicalise une injonction inassumable...

La liberté aux prises avec « le principe de permanence » : limites de la négativité sartrienne

Les premiers sentiers de la liberté

Ce détour méthodologique par la dialectique des identifications nous permet donc de mieux apprécier la position théorique de Sartre sur ce problème de l'identité et de l'*identification-à*. L'absolu existentiel auquel le premier Sartre identifie la liberté ne recouvre pas réellement le travail de mémorisation autorisant un sujet à reconnaître dans le modifié la réalisation *légitime* d'un « Je » qui le précédait. Résumé au *Pour-soi,* d'abord identifié au Néant, à la négativité, le sujet sartrien menace en permanence la continuité de ses propres projets. En effet, si tout projet de soi suppose une continuité il tend à être repris par le principe de permanence. Or, comme la liberté est négation irréductible, le projet est lui-même nié en tant qu'il est repris par l'élément de l'être identifié à l'*En-soi*. Cet « En-soi » incarne le noyau parménidien de la mêmeté. Voici, par exemple, comment Sartre s'approprie dans le *Carnet V*[1] l'angoisse devant le Néant de Heidegger en la rapportant à l'angoisse de la liberté :

« ... La liberté établit une solution de continuité elle est rupture de contact. Elle est fondement de la transcendance parce qu'elle peut, par-delà ce qui est, projeter *ce qui n'est pas encore.* Enfin elle se nie elle-même, parce que la liberté

---
[1] Les *Carnets* présentent des avant-textes de *L'Être et le Néant.*

future est négation de la liberté présente. Je ne peux pas m'engager parce que l'avenir de la liberté est néant (...) Je ne peux pas m'engager parce que mon présent, devenu passé, sera néantisé et mis hors jeu par mon libre présent à venir. »[1] (Nous soulignons).

Étrange aveu du philosophe qui prônera bientôt les vertus de l'*engagement* : la liberté, transie par le Néant, se nie si bien elle-même qu'elle se saisit en permanence comme désolidarisée de son propre passé et de ses propres engagements. Échappement permanent à soi, refus radical de l'*En-soi*, elle est, par principe, fuite devant l'identité du même. Comme cette fuite est sans terme, tout peut devenir apparemment préférable à la permanence jugée totalement mortifère de la *mêmeté*. Réduite à son expression substantielle, la permanence est elle-même fantasmée comme une reprise incessante de soi dans l'unité d'indifférence de l'Être. Le *Pour-soi* ne réussit à être autre que le « Je » qu'il est fatalement pour Autrui qu'en se faisant toujours *autre* pour lui-même — bien qu'il soit, au même moment, identifié par autrui à un caractère et à des traits objectivables. Être ainsi placé sous les regards c'est inséparablement être dépossédé par le désir insaisissable et impénétrable de l'Autre. Il s'ensuit que le principe de changement, comme arrachement à soi, est idéalement promis à rompre la *Loi* temporelle et, à travers elle, les liens de filiation.

Persistance critique du schème de l'arrachement

On pourrait croire que sur ce point Sartre a considérablement changé : n'est-il pas le philosophe des situations ? *Critique de la Raison dialectique* ne témoigne-t-elle pas du renouvellement de la philosophie sartrienne ? L'auteur n'a-t-il pas lui-même dénoncé la liberté abstraite de son ontologie de 1943 ? N'a-t-il pas conceptualisé le passage du *Pour-soi* au *groupe-sujet* ? Sa position première n'est-elle pas largement dépassée au moment (1963-64) où il publie son autobiographie ? N'a-t-il pas rencontré les hommes et une véritable expérience du monde social, depuis la guerre ? N'a-t-

---

[1] *Carnets de la drôle de guerre*, p. 343.

il pas, dès le début des années cinquante, consenti au réalisme politique qui l'amènera à devenir un compagnon de route des communistes ? Le récit des *Mots* ne récuse-t-il pas justement la conversion à l'imaginaire ? À s'en tenir aux aveux explicites des *Mots*, Sartre n'a pourtant guère varié quant à son rapport ambivalent à l'image aérienne de la liberté. Dès 1939-1940 il insistait, dans ses *Carnets,* sur la nécessité de rompre avec son passé construit à l'image d'un personnage « assez peu sympathique », trop sensible aux comédies... Et force est de constater que le récit des *Mots* ne fait que redistribuer des intuitions et des thèmes personnels déjà largement établis dans les *Carnets*. Il apparaît alors que le souci de rompre par l'écriture avec un passé détestable n'est pas nouveau. Cette propension décisive renoue implicitement avec un désir avoué de se déprendre des adhérences *illégitimes* de l'Ego : cette part d'ombre qui compromet fatalement la translucidité de la conscience et sa libre spontanéité.

Jean-Paul « désidentifié » par Sartre : les embarras de la dialectique confrontée au jeu de la liberté

Nous conclurons ici sur les passages révélateurs de cette constante sartrienne. Ces passages renforcent largement le thème d'une souveraine dépossession de soi, constitutive de l'image même d'un sujet promis à la rupture subjective. Le premier *Carnet* comporte de nombreuses notations en ce sens :
« Vendredi 13 octobre 1939 :
Chaque instant de ma vie se détache de moi comme une feuille morte. Ce n'est point que je vive dans l'instant, c'est plutôt que je vis dans l'avenir. A cause de mon *but* qui suppose une vie révolue pour être atteint. A cause de cette illusion tenace de progresser qui m'occupe depuis mon adolescence. De quelque Moi que l'on me parle, je pense : je suis mieux que celui-là. (...) **Je parle donc de celui que je fus sans sympathie, je l'abandonne aux rires et j'en ris.** » [1] (Nous soulignons).

---

[1] *Carnets de la drôle de guerre*, p. 126.

Je parle de celui que je fus sans sympathie... Cette antipathie est sensible dans *Les Mots* : l'enfant y est visiblement malmené par l'adulte au profit de l'ironie et de l'autocontestation. En ce sens, l'autobiographie procède de ce que Sartre qualifie ici de son « illusion tenace de progresser ». Rire ou faire sourire de soi c'est, aux yeux du narrateur, montrer à quel point il est désolidarisé de son personnage objectivé et « passéifié ». C'est accentuer, par l'écriture, la néantisation active du passé. Se rendre complice de l'ironie d'autrui, n'est-ce pas la précéder et la susciter habilement, esthétiquement, afin de dénoncer le pacte identificatoire d'un enfant rongé par l'imaginaire ? L'ironie sera la meilleure des armes de « désolidarisation » critique. Cette attitude défensive présente de nombreux avantages.

Elle permet de rompre avec le personnage aérien : ce petit cabotin choyé et inconsistant. Pourtant, au principe même de cette rupture, ne retrouve-t-on pas précisément l'illusion constitutive de la liberté aérienne ? « Cet histrion, pourrait dire Sartre, c'est moi, mais ce n'est déjà plus moi, car « la temporalisation » qui appartient à la conscience néantisante m'arrache à moi-même, fuit la plénitude inerte de l'en-soi et, tandis que je me retourne sur ces souvenirs, je suis déjà sans solidarité avec les moi dépassés, pris au piège de ma plume et de ma voix ; je vous donne « un cas » à interpréter, mais je continue ma route : ma dépouille vous occupe : mais ce n'est qu'une peau morte ».

Second avantage, scrupuleusement noté par le Sartre des *Carnets* :

« En même temps et par la reconnaissance même de mes erreurs, je dépouille l'homme en moi pour me placer sur le terrain absolu du spectateur impartial, de l'arbitre. Ce spectateur c'est la conscience transcendantale, désincarnée, qui regarde « son » homme ». Quand **je me juge, c'est avec la sévérité que je mettrais à juger autrui mais c'est que déjà, je m'échappe à moi-même.** L'acte même de me juger est une « réduction phénoménologique » que j'accomplis avec **délice** puisque je peux ainsi, à peu de frais, me placer **au-dessus de l'homme en moi.** Pour peu j'en rechercherais les occasions. (...) Certainement c'est ce qui me rend si évidente **ma théorie de la liberté, qui est en** effet une manière de s'échapper à soi-même, à tout instant. »¹ (Nous soulignons). Ce dénigrement des « moi » passés est une conquête ambiguë : ne permet-il pas de renouer avec la position d'une conscience absolue qui déborderait de toute part les figures d'un passé constitué, *donc dépassé* ? La transcendance sartrienne suppose « une mise à mort » rituelle du passé, car ce dernier s'apparente à une inertie qui tire l'homme-projet vers l'arrière, vers ce qu'il doit fatalement dépasser.

Enfin, cette désidentification critique possède un autre emblème narcissique évident, même s'il est dénié par l'art de rendre le « moi » méprisable : ne prévient-elle pas les critiques des contemporains, ne tente-t-elle pas d'intégrer au moi actuel du narrateur *ironisant* la totalité virtuelle des jugements négatifs et des positions critiques, assimilés par la magie de l'écriture, à la voix polyphonique et inépuisable du narrateur ? Par ce moyen, l'élaboration littéraire des *Mots* permet de réaliser, sur pièce, grâce aux travestissements du Moi de l'enfant derrière le voile des personnages littéraires soigneusement sélectionnés, une désidentification qui a l'insigne avantage de *dépersonnaliser et d'irréaliser* majestueusement les figures du Moi enfantin. Ce travail d'orfèvre du style permet de renvoyer les concrétions mythiques et imaginaires de l'enfant à leur inconsistance mimétique, à leur statut de sublimes singeries culturelles L'enfant devient un *effet* de la *mimésis* littéraire : n'est-il pas l'expression composite des figures romanesques auxquelles il emprunte ses traits ? Du coup, *tous les droits de la conscience souveraine sont clandestinement restaurés*. L'auteur tire bénéfice de son très précieux « orgueil métaphysique » : il incarne à la fois l'aliénation complète à une mystique (laïcisée) de la culture bourgeoise et son vertigineux dépassement libérateur. Il totalise, dans une unité autobiographique inachevée, les figures légendaires du Moi en se plaçant hors de soi : *Je me lâche (en mon for intérieur) tout juste comme on peut lâcher son complice,* disait déjà Sartre dans le premier *Carnet*. Jamais le programme de *La transcendance de l'Ego* ne fut plus littérairement suivi : les

---

¹ *Carnets de la drôle de guerre*, pp. 126-127.

figures reconstituées du « Je » infantile deviennent d'aimables singeries culturelles généreusement dénoncées. Ces comédies n'altèrent qu'extérieurement la conscience de l'énonciateur, le commentateur-narrateur se confond avec un horizon d'échappement qui domine et surplombe le passé, fût-il le plus reculé.

De cet « orgueil métaphysique » que nous pouvons voir à l'œuvre dans « le travail » des *Mots*, Sartre écrira, le même jour, dans son premier *Carnet* :
« Cet orgueil, en fait, n'est pas autre chose que la fierté d'avoir une conscience absolue en face du monde. Tantôt je m'émerveille d'être une conscience et tantôt de connaître un monde entier. Une conscience supportant le monde, voilà ce que je m'enorgueillis d'être et, finalement, **lorsque je me condamne durement et sans émoi, c'est à cet état primitif de support du monde que je retourne.** »[1] (Nous soulignons).

La conscience transcendantale, support du monde, origine absolue du sens, recouvre une prétention hégémonique non dissimulée : la liberté sera finalement toujours décalée par rapport au monde. Elle-même non soutenue, séparée (par rien) de ce monde qu'elle troue, elle paraît insaisissable. Veut-on l'atteindre : c'est une figure décalée de l'Ego que l'on rencontre, le *Pour-soi* est déjà hors de portée, déplacé, posé *hors identité* constituée, *démarqué* de lui-même :
« Je suis orgueilleux d'être un absolu (...) Mais j'ai **soustrait l'objet de mon orgueil au jugement d'autrui et à toute comparaison**, puisque ce dont je suis fier c'est ce par quoi je suis le plus sûrement unique (encore que chaque homme en son genre soit pareillement unique) et ce qui échappe d'abord au jugement d'autrui puisque c'est la conscience qui rend possible pour moi l'existence d'autrui. »[2] (Nous soulignons).

Contrepartie de cet orgueil : *l'inconsistance*. Comme elle est démarquée de tout, et surtout des figures constituées de l'Ego, la liberté réalise inlassablement la « déterritorialisation » du sujet. En ce sens le thème central des *Mots* est déjà esquissé dans *Les Carnets* : Sartre déploie une forme

---

[1] *Carnets de la drôle de guerre*, p. 128.
[2] *Carnets de la drôle de guerre*, p. 129.

« d'extraterritorialité » native, il est la personnification du surnuméraire : sans lieu, sans foyer ni centre ordonné à l'être, il est déjà *Jean sans terre*, et cela bien avant les premiers brouillons des *Mots* :
« Me voilà « en l'air », sans aucune attache, n'ayant connu ni l'union avec la terre par les travaux des champs, ni l'union avec une classe par la solidarité des intérêts, ni l'union avec le corps par le plaisir. La mort de mon père, le remariage de ma mère et mes dissentiments avec mon beau-père m'ont soustrait de très bonne heure à l'influence familiale, l'hostilité de mes camarades rochelais m'a appris à me replier sur moi-même. Mon corps sain, vigoureux, docile et discret ne fait jamais[1] parler de lui, sauf parfois à se révolter bruyamment dans une crise de coliques néphrétiques. **Je ne suis solidaire de rien, pas même de moi-même ; je n'ai besoin de personne ni de rien. Tel est le personnage que je me suis fait** au cours de trente-quatre ans de vie (...) je n'ai aucune sympathie pour ce personnage et je veux changer. »[2] (Nous soulignons).

Dans ce texte, qui thématise déjà les points essentiels qui feront la trame des *Mots*[3], Sartre estime fort curieusement avoir été soustrait, de bonne heure, à l'influence familiale. Pourtant les dissentiments avec son beau-père, signalés ici au galop, ne supposent-ils pas un attachement préalable décisif à sa mère et à ses grands-parents maternels ? Enfin, ces dissentiments ne révèlent-ils pas une forme de dépendance ? Il est vrai que le récit des *Mots* sera plus explicite sur les « influences » de la famille Schweitzer. Toutefois Sartre choisit alors, non sans bonheur, de présenter ces influences sous le paradigme très équivoque de l'imposture et de la comédie dénoncée. Or, nous avons vu que ce trait de dérision et d'ironie qualifie le rapport que Sartre entretient avec son « personnage ». L'ironie lui permet alors de récupérer les

---
[1] Ce trait sera démenti dans *Les Mots*.
[2] *Carnets de la drôle de guerre*, p. 538.
[3] On retrouve, en effet, dans ce texte nombre des thématiques qui vont contribuer à alimenter *Les Mots*, à savoir : l'inconsistance subjective, la mort du père, (le remariage de la mère, à peine effleuré dans le texte définitif des *Mots*), la violence rochelaise dont l'évocation marque l'épilogue du récit autobiographique.

bénéfices d'une dépossession subjective par conjuration rituelle des « Moi » et des émois enfantins, victimes de la rhétorique de l'imaginaire. À cet égard la forme même des identifications formatrices se voit réduite. Conformément au postulat de la psychanalyse existentielle, Sartre se « réduit » lui-même par variations narratives sur son choix d'écrire. Le noyau de « l'imposture » est sincèrement dénoncé au nom d'une conversion au réel. Désiré comme ce qui échappe à l'imaginaire, le réel configure finalement le renouveau de l'imaginaire sartrien...

Ainsi, la désidentification critique des impostures culturelles et de l'insoutenable légèreté de l'imaginaire s'expose-t-elle paradoxalement à restaurer le plan de fuite de la liberté. La comédie épinglée tend à refluer sur le registre *littéraire* qui commande l'auto(bio)graphie. Sartre, analyste de Jean-Paul, joue sur le refus des « adhérences » subjectives et intimes. Réduit à ses singeries familiales, l'enfant est si manifestement condamné à feindre ses propres sentiments que les identifications doivent finalement tomber une à une, de sorte que « le surnuméraire » des *Mots* ne peut aboutir à un écrivain de l'envergure de Sartre. C'est pourquoi la saine suspicion de Jacques Lecarme nous servira ici de clausule : « Peut-on être sûr que l'écrivain croie complètement à cette entreprise autobiographique lui-même, si le vécu apparent se réduit à feindre ou à du fictif ? Et si la sincérité est inconcevable dans la vie de cet enfant, si le narrateur la déclare absente, comment la retrouverait-on dans le récit lui-même, qu'on peut suspecter d'appartenir à la comédie littéraire : est-ce que dans cette comédie là, comme dans l'autre, on ne parle pas pour la galerie et on n'agit pas pour la montre » ? [1]

---

[1] LECARME (J), « Sartre Palimpseste », *Comment et pourquoi Sartre a écrit « Les Mots »* ?, pp. 186-187, Paris, PUF, 1996

Savoirs et plaisirs

Jacky Beillerot

Les savoirs, les apprentissages, la création, ont provoqué depuis longtemps des émotions dont nous avons de multiples témoignages, soit par des pratiques, des rituels, des constructions sociales, soit par des rêves et des mythes dont les récits ont engendré mille et une formes. A voir aujourd'hui les connaissances sous le seul angle de leur rationalité, de leurs usages, de leurs efficacités, de leur instrumentalisation on risque d'oublier ce qu'elles peuvent aussi signifier et inciter comme imaginaire, fantasmes et même, délires.

A simplement évoquer quelques faits bien connus, on se persuadera qu'il ne faut pas oublier que les savoirs produits dans les sociétés ont été et demeurent la grande aventure de l'humanité. De quelque côté que l'on regarde, dans chaque groupe humain, tribu, clan ou village, du plus loin que nous pouvons savoir jusqu'à l'ultime moment du présent de nos sociétés développées, les savoirs, -- croyances, théories et récits, façons de faire, opinions -- ont été mises en scène, ont été mises en institutions, un jour, d'une façon nouvelle jusqu'à devenir traditions. Ce ne sont pas alors les arguments logiques ou les efficacités des savoirs qui priment, c'est au contraire ce qu'il y a de plus exalté et exaltant que les humains vivent avec et par les savoirs. Savoirs d'ici-bas et savoirs des Olympes, savoirs de l'autre monde, savoirs d'autrefois, tous les savoirs sont faits pour le plaisir et la peur, pour l'utopie et la transformation du monde. C'est à propos et autour des savoirs que se nouent les grands moments, de la vie des cités, des religions. Et l'on peut, jouant à saute-mouton des siècles et des océans, évoquer des scènes qui lient chair et savoir : la pédérastie des grecs, les monastères ou l'enfermement volontaire d'hommes entre eux, les gnostiques et les hérétiques avec leurs cortèges de martyrs, les astrologues et les chamans et leurs transes, les encyclopédistes du siècle du libertinage, les amants romantiques et cachés dans le temps des utopies de la science en gloire. A chaque moment on trouve des sociétés qui font des fêtes en même temps que des individus y participent intensément, tant la séparation de connaître par les faits et connaître par la chair ne s'accomplit pas, ce que les littératures nous racontent si bien.

Contes et légendes, théâtre, poésie, essais et romans ont mis en scène nombre de situations et de drames qui relient savoir et action, connaissance et mystère dans des histoires de vie empreintes des plus grandes attirances ou des plus intenses haines. Le XXème siècle lui-même n'a pas été en reste pour produire de belles œuvres, dont les plus célèbres sont peut-être *La leçon* de Ionesco ou *Siddharta*, de Hesse.
La littérature est donc riche en passions pédagogiques d'ailleurs très souvent dévorantes. Ce qui est plus récent, en revanche, est l'analyse qui est faite de ces relations. Dans ces travaux sont étudiées les dimensions affectives des apprentissages, les relations passionnelles qui peuvent se nouer entre professeurs et élèves.[1] Claude Pujade-Renaud[2] avait été plus loin en réfléchissant aux liens entre rapport amoureux et rapport au savoir ; elle montrait la présence de

---

[1] A titre d'exemple on peut citer :
CL PUJADE-RENAUD, « L'école dans la littérature ». ESF 1986. J. BEILLEROT « Degrés de Michel Butor ou les liens du sang et du savoir », in Savoirs et rapport au savoir. Editions universitaires. 1989. Ph MEIRIEU « Des enfants et des hommes. Littérature et pédagogie. La promesse de grandir ». ESF. 1999.
[2] PUJADE-RENAUD (C.), *Le corps de l'enseignant dans la classe*, ESF, 1984, citation p. 112.

la séduction, des provocations parce que « pour que du savoir « passe », il faut que du désir, au sens large du terme, circule ».

Il est donc justifié de rappeler que nous ne pouvons pas approfondir toutes les questions qui concernent le savoir, sans parler de libido, de pulsions, d'émotions ; et qu'ainsi, si les savoirs nous importent parce qu'ils sont la matière première de nos missions sociales (« en produire », « en transmettre »), cela s'accomplit dans les relations, ce que d'autres, dans ce livre même explorent, et s'accomplit aussi dans de singulières émotions qui vont être maintenant évoquées.

Dès lors qu'on accepte de prendre en considération qu'on ne peut accéder à la complexité du rapport au savoir d'un sujet, seulement par l'étude des dimensions cognitives et épistémiques, ni même en y incluant les dimensions historiques et culturelles, ou en posant la question, complexe du sens, il faut alors interroger d'autres niveaux de la personnalité : la subjectivité et l'affectivité par exemple ou encore le niveau de l'imagination et de l'imaginaire, comme le fait Ch. Wulf lorsqu'il travaille d'un point de vue anthropologique le concept de mimesis. A la frontière de l'imaginaire et du corps s'ouvre ainsi une réflexion possible, que nous assemblons sous le terme de sensualité.
La sensualité serait un mot simple et banal... s'il existait. Or, encyclopédies et dictionnaires lui donnent peu droit de cité. Sous-notion de sens et de sensualisme, la sensualité ne vaut quasiment pas la peine d'être définie ou pensée. La modestie des académies peut nous être utile, puisqu'elle laisse le champ libre à la réflexion. La sensualité signifierait un attachement aux plaisirs des sens, une recherche de ces plaisirs, et les dictionnaires ne manquant jamais d'être sexistes, expliquent au lecteur qu'une femme sensuelle flatte les sens, de qui ?, si ce n'est des hommes !
La proximité de la sensualité et du savoir est depuis longtemps attestée par le langage. Non seulement, l'ancienne proximité de savoir et de saveur, mais également, les métaphores de l'appétit de savoir, de la boulimie, de l'incorporation, de l'assouvissement, etc.

Le goût, la vue et l'audition sont des sens sollicités par les créations d'art ou de science et nous avons à notre acquis tout le vécu et toute l'étude du plaisir esthétique : l'émotion sensitive, et mentalisée de voir, d'entendre, de déguster. Comment nos sens, et lesquels, seraient-ils mobilisés par les savoirs ? Comment nos corps mêmes, au moins la peau du toucher, seraient-ils concernés ? Comment encore, un sujet pourrait-il manifester une propension à s'attacher à ces plaisirs, à être « flatté » par un savoir sensuel ?
Sont des exemples, la vocalisation des sonorités étrangères, le démontage et la manipulation d'objets, la maîtrise d'un geste mille fois répété, l'élégance d'une démonstration ; ou plus modestement, les associations entre les savoirs et leurs apprentissages, les *odeurs* de la craie, de l'encre, de la colle, des livres neufs, des désinfectants, entre savoirs et *toucher*, des papiers glacés ou rugueux, entre savoirs et *visions*, regards échangés, croisés, d'admiration et de colère ; savoirs et *espaces*, les rangs, les places, les tables et les lumières, les voisins et tous les *bruits* encore, brouhahas, cris, silences, grattement de plumes. Savoirs et *sensations*, des déjeuners du matin avant l'école, des retrouvailles quotidiennes des copains, des vêtements neufs parfois et des grands que l'on redoute, des parfums ou des remugles des adultes, des frôlements et des empoignades.
Sensualité encore des actes mêmes d'apprendre, réciter, répéter, apprendre par cœur, se faire interroger, puis les rougeurs, les sueurs, les pâleurs, les excitations cérébrales et corporelles du temps des compositions, des examens, les contractions du ventre, les fortes envies d'uriner, le cœur barbouillé, les intestins qui grelottent, l'estomac noué ; la stupéfaction, la sidération. Un ensemble quotidien, permanent, de sensations qui accompagnent toutes les activités d'apprentissage des savoirs, dans l'école bien sûr, mais qui la dépassent. Sensations associées qui construisent un socle de souvenirs plus ou moins enfouis, à reproduire pour les uns, à fuir pour les autres. Mémoire sensuelle du savoir, de son exercice dont l'importance est d'autant plus grande que les activités d'apprentissage ont été pour tous, précoces mais aussi répétées et longues. **L'apprentissage chez l'humain est l'activité par excellence de son jeune âge, qui a la même importance que ses premières expériences**

physiologiques et affectives. Mémoire sensuelle du savoir dont chacun convoque une parcelle seulement. Les savoirs se sont appris dans un bain sensitif, avec mille et une sensations, que nous gardons peut-être en esprit. Pour l'instant, nous sommes encore autorisés à penser que nous avons davantage de mémoire que nous n'en sommes conscients, et que les mémoires, pour les unes enfouies à jamais, et pour les autres prêtes à ressurgir, les mémoires donc auraient de l'intérêt, de l'influence, postulat certes, sur nos conduites, nos élans et nos dégoûts d'aujourd'hui.

Dans ce « métier » d'enfant puis d'élève, qu'y a-t-il à jouir à étudier ? La question ainsi posée connaît une première réponse simple. Il y a à jouir de voir et d'avoir, une maîtresse ou un maître, un adulte dans une position à admirer, à aimer, duquel il faut chercher à se faire aimer. Soutenu par la force du savoir, le maître ou la maîtresse aura pour quelques mois dans chaque prime enfance donné du plaisir. Ainsi, le commencement des apprentissages sociaux et scolaires s'effectue-t-il dans et par une relation intense, désirée, de la part de l'enfant. Mais qu'en est-il avec l'âge, avec la multiplication des enseignants ? (un jeune, à 18 ans aura connu une quarantaine d'enseignants). Une atténuation des sentiments sans doute, jusqu'à l'indifférence même. Qu'y a-t-il encore à jouir à étudier ? Faire plaisir à autrui, parents le plus souvent, mais se faire plaisir à soi-même lorsqu'on peut ressentir la fierté d'avoir appris, compris ou plaisir encore de la récompense ; ou un faire plaisir qui se négocie en affections et récompenses, dans la promesse de devenir grand. En comblant un manque inconnu, en répondant aux attentes des autres, le petit apprenti de l'enfance se construit une fontaine à plaisirs, comme en témoignent bien des biographies. Le plaisir pris pourra se renouveler. Gage des futurs plaisirs, le savoir soutient et provoque rêve et imagination. Les sensations dont on cherche ici la liste par le biais de la mémoire d'enfance ont bien entendu leur actualité, certes en répétition, en réminiscence, mais aussi dans l'éclat du présent. Peut-être percevrons-nous davantage ces plaisirs en interrogeant les jouissances liées aux savoirs.

Regardons le plus simple d'abord, les plaisirs des métiers liés directement aux savoirs. On s'en soucie moins aujourd'hui qu'il y a trente ans. Mais quelle découverte alors, que de pouvoir nommer les libido. Dégager un chemin entre un droit et un interdit de jouir, lorsqu'il s'agit de chercher, d'enseigner, de former, ces métiers de savoirs par excellence qui ont largement pris le relais, démultiplié des plaisirs de « conférencer » ou de prêcher ; plaisir de séduction, des envolées et des chuchotements, des intrigues, des mises en scène, des modulations de tous les tons de la voix. On a répété à satiété que le caractère majeur de l'éducation instructive était l'existence médiatrice des savoirs entre le formateur et l'élève. C'est bien pourquoi les enseignants se réclament toujours du double plaisir, de faire grandir les enfants, en même temps que leur faire apprendre la matière, le contenu (quels mots !) qu'eux adultes, aiment. Formateur-enseignant toujours plus pélican que jamais !

Enfin, jouissance issue du travail et du résultat, jouissance de maîtrise qui succède à l'emprise du temps archaïque de l'enfance, plaisir de savoir qui s'actualise en plaisir de faire et plaisir d'acte.

Du savoir appris au savoir su, ou la jouissance de l'érudit qui le plus souvent se gardera bien d'être un fat pour redoubler le plaisir dans la modestie solitaire, jouissance encore du collectionneur, ou du modéliste, jouissance du chercheur patenté qui en sait assez pour savoir qu'il frôle l'inconnu. Aux bords des gouffres, les pieds sur la frontière, sur le front même de la science, héros civil qui remplace celui qui était au front de la guerre, être au front, face à l'ennemi, ici la nuit, l'inconnu, l'ignorance ; jouissance d'être un maillon de la chaîne, dont le nom finira peut-être sur une étagère; dans un livre rangé avec d'autres, comme des pots de confiture alignés. Chercher la vérité, l'essence de l'existence, y réfléchir sans trop s'en laisser conter par les protagonistes, les jouissances du savoir sont intrinsèquement réelles, sans compter les plaisirs dérivés mais essentiels, savoirs pourvoyeurs d'argent, c'est-à-dire de salaires, et de bien-être.

Le plaisir est tout à la fois une satisfaction de la tension et une excitation. Ici, ce qui trouble depuis longtemps la réflexion, est de comprendre comment le plaisir naît, se produit, se développe hors de la « matérialité » des zones érogènes, hors de la chair.

Il faut bien sûr, garder à l'esprit ce que nous savons de la genèse de nos émotions et sensations, comment la connaissance et les apprentissages s'appuient et se construisent avec et par des pulsions, dont les noms sont envie, avidité, convoitise, investigation. La curiosité est charnelle comme a pu le montrer Freud et nombre de psychanalystes. Ainsi, plaisir, jouissance, corps, nous conduisent à l'éros après l'agapè, nous ramène à l'éros, devrait-on dire.

Désir de savoir, désir d'amour : l'un avec l'autre, l'un sans l'autre, et si oui, lequel ? Un seul désir qui se divise, deux désirs différents, l'un qui prime l'autre, et si oui, lequel ? L'un qui masque et estompe l'autre, l'un et l'autre du même objet, l'un à la place de l'autre, ou l'autre qui tire l'un ? Toutes ces questions sont légitimes en ce que chacune pourrait se développer en arguments. Dans ce chapitre qui explore plaisirs et savoirs, c'est la liaison intime du désir de savoir et du désir d'amour qui apparaît la plus pertinente.

Plus généralement, pourrait-on envisager que la liaison de ces désirs, leur recouvrement, serait telle que le désir d'amour quasi universel entraînerait dans son sillage le désir de savoir ? Certes, à suivre Freud et quelques autres, le désir de savoir se crée, se construit, d'une question narcissique et métaphysique : d'où viennent les enfants ? Mais aussi ne l'oublions pas, de la question, « que font les parents la nuit dans la chambre ? » Désir de savoir, expression inextinguible, de vision et d'emprise.

L'érotisme nous intéresse alors en ce qu'il est une mise en scène, pas tant au sens théâtral, qu'à celui de l'imaginaire, de ce double désir, de savoir et d'amour, qui se redouble par la distance qu'impose l'érotisme, qui s'exacerbe pour mieux croire qu'ils pourront s'assouvir l'un et l'autre. L'érotisme est un égotisme à deux, chacun pour soi grâce à l'autre. Mais il est aussi une création singulière du désir, même dans sa dimension répétitive. C'est une centration sur la jouissance, sur un échange, sur un jeu, celui du dévoilement des mystères. Pour un instant, qu'importe l'illusion et qu'importe que le désir d'amour soit rabattu sur le désir amoureux, c'est-à-dire du désir de l'autre devenu désir de soi, car l'érotisme est une sorte d'enquête d'enfant, d'investigation, une façon de vouloir savoir plus que de connaître

La dimension érotique du rapport au savoir peut s'entendre de plusieurs manières ; par exemple, comment les productions érotiques, montrées ou cachées, secrètes ou étalées, romans, nouvelles, traités, films, vidéo, etc., recèlent un triple savoir : un savoir, ou savoir-faire technique, ancien et renouvelé, le plus souvent, un savoir sur les fantasmes partagés d'un temps par un nombre plus ou moins important d'individus, un savoir-faire de mise en scène. Rien de moins créatif que l'érotisme « couché » sur papier et sur pellicule avec sa dimension majeure, qui en fait une expression très consciente de l'inconscient et de sa puissance, la répétition, illustrant aussi, le fanatisme de l'inconscient que l'érudition érotique comme culture ne dément pas. Une autre liaison entre érotisme et rapport au savoir emprunterait la nosographie psychiatrique et psychanalytique, cherchant les conjonctions entre voyeurisme et savoir, emprise et savoir, ces couples allant presque de soi, mais aussi s'interrogerait sur les mises en scène et les mises en savoir de l'hystérique, de l'obsessionnel et des pervers, à moins que ce dernier subsume tous les autres.

On approcherait encore une autre réalité à observer la création érotique individuelle ; individuelle en effet, en ce qu'il s'agit de la création par un individu solitaire d'un autre ou des autres. On veut évoquer ici la rêverie érotique, qui peut soutenir ou se soutenir de réminiscences et d'évocations, apaisante d'une pulsion ou propre à la créer, accompagnée des mille et une façons de la masturbation. En quoi le sujet dans l'histoire et l'actualisation de son savoir en est-il partie prenante ? De plusieurs façons, semble-t-il.
Rêverie érotique et apprentissage peuvent aller de pair, chez les jeunes enfants, tendus par l'effort de l'effort intellectuel ; plus tard, ce qui peut s'être passé dans l'enfance se poursuivra, même si le passage à l'acte devient plus rare. L'érotisation du travail intellectuel trouve là son expression : excitation, jubilation, intensité, tension, épuisement, acmé, jouissance, érotisation de la pensée.
La rêverie érotique convoque et consomme du savoir sous une autre forme encore : la réminiscence de scènes antérieures appelées à l'esprit sur volonté, puis l'imagination, l'invention, la création de séquences nouvelles, tout un

roman de savoirs et de dialogues nourris des impressions et expressions de la vie quotidienne aussi bien que de celles du passé. C'est par la rêverie, et notamment la rêverie érotique, que le sujet s'entraîne au récit, à l'histoire, à l'imaginaire, aux frontières donc de l'intérieur et de l'extérieur, du vrai et du faux, des illusions et de la réalité, etc. Le désir de savoir se double toujours du désir de jouir.

L'évocation du plaisir lié aux savoirs et aux apprentissages ne suffirait point à convaincre, même si elle peut provoquer un écho en chaque lecteur jusqu'à le persuader par son trouble même, de liens puissants et « mystérieux ». Il faut chercher à illustrer d'un exemple ou plutôt d'une pratique, les rapports intenses et continus, entre plaisir et exercice de savoirs.
Objets et lieux sont légion pour s'interroger sur le rapport au savoir de chacun d'entre nous, y compris des liens entre savoirs et sensualités. Autant dire la liberté d'en choisir certains, plutôt que d'autres. A saisir la lecture et le livre, ce n'est assurément pas l'originalité qui est avancée, mais plutôt le fait que dans notre société et sa culture, la lecture moins évidente qu'elle n'en a l'air, demeure tout à la fois banale et fragile, élitiste et populaire. La littérature, au sens académique du terme, ne manque pas de pages sur le plaisir de lire.[1]. On voudrait rappeler dans ces lignes ce qui s'engage d'abord pour un individu à lire.
Si l'on exclut les obligations et les contraintes : lire, aussi bien les messages du code de la route, que les prescriptions d'une machine ou d'un produit, ou encore les informations à faire entrer dans une machine, en dehors de ces cas donc, que sait-on des autres situations du plaisir de lire, un journal sportif, une bande dessinée, des publicités, des livres, etc. ? Que sait-on de ce plaisir dont sont exclus ceux qui ne lisent pas ou qui déclarent ne pas lire, renonçant soit à un plaisir inconnu, soit à un plaisir devenu atténué ou insuffisant, ou incompatible maintenant avec l'effort exigé ?

---

[1] Bien entendu, à côté de pages d'hommes ou de femmes de lettres, s'ajoutent aujourd'hui des livres savants sur la lecture. Deux auteurs en représentent l'avant-garde, Chartier en histoire et Bourdieu en sociologie.

Plaisir de lire : décrypter, déchiffrer, recueillir, emmagasiner de l'information, comprendre, faire penser, se souvenir ; c'est le très jeune enfant qui épelle et ânonne et dont le visage s'éclaire d'un rire lorsqu'il réalise qu'il a vu des signes, qu'il a « lu » ces signes et que le mot qu'il prononce, aussitôt évalué par son entourage, le mot de maman peut-être, l'assure d'un tour de force réussi : un lien existe entre des traits sur un papier, sa mère et lui, liens qu'il va pouvoir répéter, reproduire à volonté, reproduire à grande allure, des milliers de fois mais qui n'effacera pas pour autant l'exception du commencement.

Lire est d'abord sensitif : voir des signes, des traits, des traces, puis les comparer dans sa tête, pour nommer et agencer ces lettres et syllabes jusqu'à en faire jaillir un mot qui nomme. L'enfant sait déjà depuis longtemps nommer. Il a acquis un vocabulaire, un peu automatique et répétitif à nommer les objets et les personnes de son entourage, capable donc de repérer des signes distinctifs (animé/inanimé, animal/humain, blanc/noir). La lecture est une opération si complexe qu'il reste encore à réellement comprendre, pourquoi tant d'enfants, puis d'adultes, parviennent à réussir ce qui ne l'oublions pas, n'a que quelques décennies à grande échelle des populations, six à huit mille ans pour une humanité qui se compte en millions d'années. Nouvelle opération mentale, qui émerveille toujours le tout jeune apprenant et son entourage. Ainsi lire s'est appris dans le plaisir de la découverte, dans la reconnaissance d'un exploit. Lire est résoudre une énigme. L'énigme renvoie à l'intention pédagogique et au mystère du présent-absent, du montré-caché, de l'apparence. Résoudre une énigme est faire coïncider deux réseaux logiques. L'énigme ne peut se résoudre sans appel à l'imagination, mais est une proposition contrainte, orientée de l'imagination, une proposition pour faire trébucher. L'énigme joue du double sens, de la métaphore, du rébus et de la charade.
Est-on encore dans la lecture et son plaisir ? Oui, bien sûr ; lire est traduire, lire est donner une signification à un non-sens. Ai-je du plaisir à regarder l'écriture chinoise que je ne connais pas ? Non (sauf du plaisir du mystère ou du plaisir de l'esthétique de la calligraphie). A décoder à grande vitesse,

automatiquement, on perd trop souvent l'émotion renouvelée du déchiffrement, c'est-à-dire de faire apparaître du sens, en provenance de cet autre qui, en écrivant, me permettra de savoir ce qu'il voulait me dire. Le plaisir de transcrire est en quelques sorte le plaisir physique de tirer du néant, du signe, un sens que je comprends et partage. Ce plaisir se double d'un autre encore : la découverte d'un message, la découverte, non seulement d'une information, mais aussi de l'existence, d'un messager, d'un auteur, d'un autre.
Plaisir de déchiffrer, de lire, mais aussi plaisir du livre. Nombreux sont les témoignages des bibliophiles, des grands lecteurs, des grands amateurs. L'ouvrage en main, la main sur l'ouvrage, couverture et pages caressées ; odeurs et glissés fournissent un plaisir à eux seuls : pour les uns, le livre est devenu entièrement objet, pendant que d'autres garderont le plaisir d'imaginer le savoir énoncé dans les pages fermées.
Un livre seul, un livre unique, n'est presque rien ; et nos amas d'ouvrages en vrac restent déprimants. Le livre en effet, prend toute sa réalité dans son rangement, par sa contribution à l'empilement ou à la mise en rayon, jusqu'à devenir bibliothèque. Ici aussi, on a beaucoup écrit sur ces monuments, bâtisses, pièces royales ou roturières. On retiendra combien les bibliothèques font partie des mythes des cultures qui connaissent l'écriture. De l'Extrême Orient à Alexandrie, elles se font merveille du monde. Le grand succès du *Nom de la Rose* tient en partie au lieu mis en scène, la bibliothèque d'un monastère.
Mais Eco a su mettre en roman le deuxième élément du mythe des bibliothèques occidentales : leur destruction, et singulièrement par le feu. Les nazis ne s'y trompèrent pas en organisant leurs autodafés, présents dès le début de la Renaissance et témoignant du combat titanesque entre Dieu et Diable, dont *Fahrenheit 451* de Truffaut, nous donne encore la mémoire de la rage et de la tristesse.

« L'histoire des bibliothèques est habitée par le mythe. Babel et Alexandrie sont deux pôles fondamentaux de cet imaginaire. D'un côté, l'emprise des signes, avec ses jeux de miroir et de mise en abyme, ses liens hypertextuels qui se déploient en labyrinthes, échappant, pour finir, à toute maîtrise intellectuelle : la bibliothèque comme métaphore de l'infini, du temps immobile, de l'immense synchronie de tous les mots et pensées jamais formulés, au risque ultime de la perte du sens et de la référence. De l'autre, l'incendie, la ruine, l'oubli, la mort : la bibliothèque ou le commencement de la destruction, la hantise de l'irrémédiable, l'interruption brutale de la transmission ».[1]

La bibliothèque est devenue sacrée, comme un totem, parce qu'elle montre à elle seule, l'histoire et la mémoire humaines, témoignant contre l'oubli et le néant jusqu'à provoquer le fantasme d'une mémoire absolue[2]. Les bibliothèques privées offrent, à leurs propriétaires et à ses invités, le plaisir des rangements et des classements, le souvenir de chaque achat et de chaque usage ; l'ordre des livres rappelle la carte des savoirs comme une expression des utopies et des inquiétudes de chacun pour la maîtrise du monde qui sans cesse échappe.

---

[1] BARATIN (R.), JACOB (CH.), *Le pouvoir des bibliothèques. La mémoire des livres en Occident*. 1996, 338 p., p. 13, préface Ch. Jacob.
[2] Cf. D. ANZIEU *Contes à rebours*. Christian Bourgois, 1975. Ces lignes étaient écrites au moment de l'annonce de la mort de Didier Anzieu. En hommage à un auteur exceptionnel, relisons la première page de ses Contes :
Inter urinam et faeces nascimur. (Nous naissons entre l'urine et les selles. St Augustin).
« Une bibliothèque est un vagin. J'entends la bibliothèque idéale réunissant les meilleurs livres. Ce vagin m'accueillera-t-il ? Telle est mon ambition d'auteur. Tantôt la bibliothèque totale me reste fermée : son pucelage (ou son vaginisme) m'effraie au point que forcer son entrée me semble impossible. Tantôt en voyant mon bras tendu, porteur d'une de mes œuvres, sur les étagères les lèvres s'animent, ondulent, se serrent, se dilatent, jusqu'à ce que s'ouvre une place exactement suffisante à l'intromission de mon volume et je vois celui-ci happé, entouré, tenu, choyé, capté, installé parmi les pairs qui sont aussi ses rivaux, réintégré dans le giron maternel de l'intelligence universelle. Alors un plaisir délicieux me saisit de sa secousse, un plaisir comme seul l'inceste doit pouvoir en apporter à celui que sa jeune mère ou sa grande sœur accueille pour l'initier, et je pense : l'écriture devient chair.

Cette pensée me réveille en sursaut. Je me suis souillé. Je patauge dans un mélange affreux d'urine et d'excréments. Encore endormi, je m'en souviens maintenant, j'ai dû crier. Je viens de naître».

Les bibliothèques mêlent l'érudition, gourmandise de la connaissance et la méditation, silence du lecteur dans son rapport au savoir.

Patrick Drevet a écrit une très courte nouvelle sur les lecteurs de bibliothèques. En voici trois brefs extraits, faute de pouvoir la reproduire en entier ; on y lira ce que des mots expriment d'une atmosphère, d'un imaginaire pour des lecteurs qui sont autres que ceux saisis à leur place même, et offrant ainsi aux premiers, une sorte de miroir d'eux-mêmes.

« On avance entre des parois de dos bombés. L'éclairage pose au même endroit sur leur voussure la même macule de clarté. Ainsi se courbent en gerbes moirées les épis du champ qu'on foule. On pourrait se croire aussi au bord d'un manège alors que tournent lentement ses rayons chargés de corps accrochés comme à des rames. L'œil survole des nuques de galériens. On inspecte des ouvriers plongés dans un travail à la chaîne. On plane au ras de crânes opiniâtres. Le regard effleure l'ourlet d'oreilles à l'écoute de mondes inaudibles. On surprend le mat éclat de temps qu'écarquillent des songes. Ça et là brille l'étincelle de deux doigts distraitement levés pour ramener une mèche, chasser une démangeaison, essuyer une moiteur.
Comme à la piscine ou dans une église, chacun s'adonne, dans les salles de lecture des bibliothèques, à un exercice individuel et en vérité insondable mais, l'accomplissant au milieu d'une multitude qui fait de même, il paraît n'être qu'un échantillon de l'activité générale, laquelle suscite une présence incommensurablement plus vaste que la sienne. »(...)
« Ce n'est pas la moindre des révélations que de voir, dans un lieu si impropre aux considérations sur la chair, ces torses ployés, ces reins cintrés, ces jambes croisées, l'ensemble de ces lignes bandées qui encagent le corps afin d'en diriger les forces vers la seule tension du regard, comme une figure du dépouillement et de la nudité même. Le galbe de ces dos durs est si lisse, le bombement qui corne leur surface devenue pareille à un bouclier exprime une telle puissance, les renflements qui incurvent leurs flancs évasés dégagent une telle ardeur qu'ils imposent l'irréductibilité de la personne, son inexpugnable identité. »(...)

« Si aucune des personnes attelées aux tables de lecture, dans une bibliothèque, ne se présente en soi comme un objet désirable, l'atmosphère qu'engendre leur ensemble paraît en cacher un susceptible de l'être éminemment ».[1]

Ces lecteurs ainsi vus et décrits dans leur posture et leur acte même de lire, précèdent en quelque sorte d'autres lecteurs saisis par les enquêtes sociologiques. Un imposant volume Histoires de lecteurs[2] dévoile ce que l'on voudrait penser comme une pratique intime.

Quelques lignes de la quatrième page de couverture, et voici les lecteurs enquêtés, mais plus largement, tous les lecteurs, pris dans les rets des catégories où l'on y perd toujours un peu d'individualité pour y gagner un autre plaisir, celui de l'appartenance, à un groupe, à un sous-groupe, un sous-sous-groupe, même. Livres et lectures opèrent alors mieux que d'autres activités, la distinction, parce qu'ils peuvent être communs et cependant demeurer précieux.

Si la lecture, les lectures, sont bien des pratiques culturelles susceptibles d'être soumises à l'enquête sociale, on ne saurait nier aussi qu'elles engagent pour leurs pratiquants, un rapport au savoir dont la sociologie peine à rendre compte.

« Les usages sociaux de la lecture – lectures de divertissement, lectures didactiques, lectures de salut et lectures esthètes – trouvent leur principe dans l'histoire et la position (scolaire, familiale, professionnelle, politique, religieuse, etc.) de chaque lecteur dans l'espace social.
Comment expliquer dès lors les apparentes exceptions à la relation établie entre capital culturel détenu et intensité des pratiques de lecture ? Pour tenter d'en rendre raison, les auteurs se sont efforcés de mettre en rapport la « bibliothèque », l'itinéraire de lecteur » et la « trajectoire biographique » de chacun(e)à des enquêté(e)s.
Ces « histoires de lecteurs », qui se lisent comme des histoires, permettent de dégager de grands principes d'intelligibilité en fonction de l'appartenance de génération,

---

[1] P. DREVET *Petites études sur le désir de voir. II.* Gallimard 1996. 178p. Citations pp. 34-39
[2] B. MAUGER, C. F. POLIAK, B. PUDAL, *Histoire de lecteurs*, Nathan, 1999, 446 p.

de la position occupée dans la sphère professionnelle et de la place dans la division sexuelle du travail. »

Savoirs et plaisirs ne peuvent pas tout à fait se conclure, dans le champ des sciences de l'éducation sans une mention sur ce qu'ils deviennent à l'école ou en formation. Nous avons mis en débat lors de la 5e Biennale de l'éducation et de la formation, un thème intitulé « Souffrance, indifférence et plaisir », pour interroger les sentiments et les émotions des formateurs et des éduqués. Nous ne saurions nier, notamment en France, qu'une part importante de nos plaisirs et de nos rejets de savoir provient des moments de vie de l'école ; parmi des années, des dizaines d'enseignants, des centaines de situations, pourquoi et comment certains moments sont-ils devenus indélébiles ? Très probablement parce que ces moments ont été vécus par chacun de nous dans une relation étroite avec « l'autre vie », la vie civile, opposée à la scolaro-militaire. Quoi qu'il en soit, ce n'est pas à rechercher l'éternel et permanent plaisir d'apprendre qui importe, encore que certaines personnes semblent en témoigner. Il s'agit plutôt de connaître le goût du plaisir de savoir et d'apprendre, ce qui implique pour le moins que les éducateurs patentés soient vigilants à ne pas tout transformer en déplaisir.

Les sociétés de savoirs et de connaissances qu'on nous promet, n'ont de chances d'advenir quelque peu, que si, et seulement si, connaître puis savoir ne sont pas réduits à des instrumentalisations, mais continuent de faire rire, rougir et rêver !

Tables des matières

PRÉFACE 5

THÉORIE 13

LE SAVOIR, UNE NOTION NÉCESSAIRE 15

LE RAPPORT AU SAVOIR 39

POUR UNE CLINIQUE DU RAPPORT AU SAVOIR À
FONDATION ANTHROPOLOGIQUE 59

RAPPORT AU SAVOIR ET PRATIQUES ENSEIGNANTES ... 117

SAVOIR MATHÉMATIQUE ET RAPPORT AU SAVOIR DES
PROFESSEURS DE MATHÉMATIQUES. TRAUMATISMES EN
CHAÎNE ET RÉSONANCES IDENTITAIRES 119

ENSEIGNANT/ES ET INNOVATION : ENJEUX
INSTITUTIONNELS ET RAPPORT AU SAVOIR 151

ALICE : RAPPORT A L'INFORMATIQUE ET RAPPORT AU
SAVOIR. 183

RAPPORT AU SAVOIR ET FORMATION DES ADULTES 201

L'APPRENANCE : RAPPORT AU SAVOIR ET SOCIÉTÉ
COGNITIVE 203

CONFLITS DE RAPPORT AU SAVOIR ET CULTURE
D'ORGANISATION : LE CAS DU COMPLEXE CUCES-INFA DE
NANCY..225

BIOGRAPHIE ET AUTOBIOGRAPHIE..**241**

LA VIE DE GALILÉE DE BERTOLT BRECHT..........................243
POSTURE AUTOBIOGRAPHIQUE ET RAPPORT AU SAVOIR.
APERÇU MÉTHODOLOGIQUE ET CRITIQUE A PROPOS DE LA
POSITION DE JEAN-PAUL SARTRE..261
SAVOIRS ET PLAISIRS..303

655534 - Mai 2016
Achevé d'imprimer par